John & Stacy Eldredge

Das wilde Herz der Ehe

Über die Autoren

John Eldredge ist Therapeut und Referent und Autor mehrerer Bestseller. Zwölf Jahre lang war er für „Focus on the Family“ tätig. Heute ist er Leiter von „Ransomed Heart Ministries“.

Stacy Eldredge leitet die Frauenarbeit von „Ransomed Heart Ministries“. John und Stacy sind seit über 25 Jahren verheiratet und leben mit ihren drei Söhnen in Colorado Springs.

JOHN & STACY
ELDREDGE

DAS WILDE HERZ DER EHE

Warum aus beinahe jeder Liebesgeschichte ein Kampf wird. Und was Sie gemeinsam tun können, um diesen Kampf zu gewinnen.

Deutsch von Ulrike Becker

GerthMedien

Der Verlag weist ausdrücklich darauf hin, dass im Text enthaltene externe Links vom Verlag nur bis zum Zeitpunkt der Buchveröffentlichung eingesehen werden konnten. Auf spätere Veränderungen hat der Verlag keinerlei Einfluss. Eine Haftung des Verlags ist daher ausgeschlossen.

MIX
Papier | Fördert gute Waldnutzung
FSC® C014496

Die amerikanische Originalausgabe erschien im Verlag/
this translation published by arrangement with
Doubleday Religion, an imprint of the Crown Publishing Group,
a division of Random House, Inc., New York.
www.crownpublishing.com
Published in association with Yates & Yates, www.yates2.com,
unter dem Titel: „Love & War“.
in der Verlagsgruppe SCM GmbH,
Dillerberg 1, 35614 Asslar

1. Auflage mit neuer ISBN 2023
(7. Gesamtauflage)
Bestell-Nr. 816 934
ISBN 978-3-95734-934-7

Umschlaggestaltung: Andreas Sonnhüter
Umschlagmotiv: Ana Babii, Here / Shutterstock
Satz: Die Feder GmbH, Wetzlar
Druck und Verarbeitung: GGP Media GmbH, Pößneck
Printed in Germany

www.gerth.de

Inhalt

Für Sam, Blaine und Luke, weil wir euch mehr lieben,
als wir mit Worten sagen können.
Außerdem haben wir den Verdacht,
dass ihr eines Tages heiraten werdet.
Für euch und die Frauen,
denen ihr einmal euer Leben versprechen werdet.
Für die Liebe, die niemals vergeht.

Dank

Wir schulden so vielen Menschen Dank, dass wir sie hier gar nicht alle aufzählen könnten. Wir haben viel von Freunden, Angehörigen, Pastoren, Autoren und Lehrern gelernt. Wir haben viele Ehen beobachtet. Viele haben mitgeholfen, unsere Ehe zu retten. Euch allen – die ihr euch in Vergangenheit und Gegenwart in unser Leben investiert habt – gilt unser Dank. Doch wir möchten auch einige Leute beim Namen nennen.

Craig und Lori: Euer unbedingter Wille, einander immer mehr lieben zu lernen, ist für uns eine Inspiration. Danke, dass ihr uns nach unserer Hochzeit in eure Ehegruppe eingeladen habt. Danke dafür, dass ihr ein so gutes Vorbild für das Leben und die Liebe seid.

Unser Dank gilt auch unserem Lektor, Ken Petersen, und unseren neu gewonnenen Freunden bei Random House: Curtis und Sealy, danke für euren Einsatz, eure Freundschaft und eure endlose Unterstützung.

Und Dank sei dem König aller Könige, Jesus Christus, der unser Leben, unsere Luft zum Atmen, unsere wahre Liebe ist – hoffentlich freust du dich an diesem Buch!

Einleitung

Es ist zu schaffen

„Meine lieben Freunde, wir haben uns heute hier versammelt, um vor Gott die Vereinigung dieses Mannes und dieser Frau im Bund der Ehe zu bezeugen. Gott hat diesen Bund gestiftet, als er die Welt schuf, und unser Herr Jesus Christus krönte ihn durch seine Gegenwart, als er bei der Hochzeit zu Kana in Galiläa sein erstes Wunder vollbrachte ..."

Mit diesen Worten beginnt die Trauzeremonie.

Es ist ein Ritual, so alt wie unsere Zeitrechnung – und so jung wie die Herzen der beiden Menschen, die in diesem Augenblick da vorne stehen. (Die Brautpaare scheinen mit jedem Jahr jünger zu werden.) John leitet die Zeremonie. Braut und Bräutigam sind gute Freunde von uns. Sie sind bis über beide Ohren ineinander verliebt. Wir, ihre Freunde und Angehörigen, haben uns herausgeputzt und sind gekommen, um ihnen beizustehen und sie zu feiern. Die Kirche strahlt im Kerzenglanz. Der Blumenschmuck ist herrlich. Der Bräutigam wirkt angespannt, aber glücklich. Die Braut ist nervös und wunderschön. Plötzlich frage ich mich, ob ich auch auf der richtigen Seite Platz genommen habe: *Die Freunde der Braut links, die vom Bräutigam rechts – oder war es genau umgekehrt?* Die Brautjungfern sehen toll aus. *Schade, diese Kleider werden sie niemals wieder tragen.*

John fährt fort: „Die Verbindung von Mann und Frau – mit Herz, Leib und Verstand – wurde von Gott gestiftet, damit sich beide daran erfreuen können ..."

Er wirkt elegant in Anzug und Krawatte. Ich erinnere mich noch daran, wie gut er an unserer Hochzeit in diesem sagenhaften Frack ausgesehen hat. Ich hoffe, er wird mich nachher bei der Feier zum Tanz bitten.

„Darum sollen wir uns nicht unbedacht oder leichtfertig auf die Ehe einlassen, sondern mit Ehrfurcht, aus einem bewussten Entschluss heraus und im Einklang mit den Zielen, zu denen Gott die Ehe gestiftet hat."

Die Liturgie bringt uns zur Ruhe. In der Kirche wird es stiller, das Hüsteln hört auf, die Menschen hören aufmerksam zu.

„Wer führt diese Braut zum Altar, damit sie die Ehe mit diesem Mann eingeht?"

Egal, wie viele Hochzeiten ich bereits miterlebt habe, dieser Zeremonie mit dem Eheversprechen, dieser Wolke von Zeugen haftet etwas unbeschreiblich Bewegendes an. Etwas ... wie soll ich es nennen? Etwas Mystisches.

„Daniel und Megan, ihr seid dabei, euch selbst um des anderen willen aufzugeben; ihr schlagt jede Warnung in den Wind, gebt eure Unabhängigkeit und Isolation und all das andere auf, nur um dieser Verbindung willen. Ihr werdet einander eure unsterbliche Liebe versprechen. Doch bevor ihr das tut, sollten wir die Dinge beim Namen nennen – das ist der reine Wahnsinn!"

Damit hat John die ungeteilte Aufmerksamkeit aller Anwesenden.

„Ja, es ist eine wunderbare Aussicht, die wahre Liebe zu erfahren. Doch in der Realität finden wir sie selten. Jeder sehnt sich nach Liebe, doch nur wenige scheinen zu finden, wonach sie sich sehnen. Und noch weniger Menschen sind in der Lage, diese Liebe lebendig zu erhalten. Warum um Himmels willen erscheint ihr in dieser Kirche, um euch öffentlich auf ein solches Risiko einzulassen? Auf etwas so Gefährliches, so *Unerhörtes*? ‚Das Herz hat seine eigenen Gründe, von denen der Verstand nichts weiß', so sagte einst Pascal. Tief in eurem Herzen liegt eine Sehnsucht – nach Nähe, Schönheit und Abenteuer. Und egal, was andere sagen, wir suchen nach diesem Ersehnten, solange wir leben.

Liebe Freunde, ich weiß, was Sie jetzt denken. Während Sie dieser Hochzeit beiwohnen, sagt etwas in Ihrem Herzen: ‚Ja, vielleicht. Vielleicht funktioniert es diesmal. Vielleicht bei diesem Paar.' Doch könnte es nicht sein, dass Daniel und Megan – bei all der Zerbrechlichkeit ihres Menschseins – vor unseren Augen Zeuge eines Urbildes sind, einer Metapher für etwas viel Realeres und Grundlegenderes? Ich möchte behaupten, dass es hier nicht um das übliche Spiel der Leidenschaften geht. Die Dinge sind nie so, wie sie scheinen. Wer genau hinsehen will, muss mit den Augen des Herzens schauen. Das ist das Geheimnis jedes Märchens, weil es auf den Kern des Evangeliums verweist, auf das Geheimnis des Lebens.

Die Bibel sagt uns, dass wir Engel beherbergen, wenn wir einen Fremden bei uns aufnehmen. Die Schlange im Garten ist in Wahrheit der Fürst der Finsternis. Auch der Zimmermann aus Nazareth ist weit mehr, als das Auge uns erschließt. Die Dinge sind nicht so, wie sie scheinen. Und darum müssen wir wieder auf das Evangelium hören – und auf die Märchen, die auf es verweisen –, wenn wir unser Leben und noch mehr unsere Ehe verstehen wollen. Um uns herum entfaltet sich ein viel größeres Geschehen – Ereignisse von größter Tragweite. Jemand entzündet eine Lampe und die Liebe geht verloren. Jemand öffnet eine Büchse und das Böse schwirrt hinaus in diese Welt. Jemand nimmt einen Apfel und die Menschheit stürzt in einen finsteren Abgrund. Um uns herum ereignen sich Dinge von größter Tragweite. Und eines davon ist diese Hochzeit.

Meine Lieben, vor uns stehen ein Mann und eine Frau. Doch da ist mehr, als unser Auge wahrnimmt. Gott gab uns dieses Spiel der Leidenschaften, um hier und jetzt das größte Drama aller Zeiten erneut in Szene zu setzen. Es ist das Drama der Menschheit. Eine Geschichte, die wir uns immer wieder erzählt haben – in jedem großen Mythos, in jeder Legende, jedem Gedicht und jedem Lied. Es ist eine Liebesgeschichte inmitten verzweifelter, von Kriegswirren beherrschter Zeiten. Es ist die Geschichte einer gemeinsamen Mission. Es ist eine Geschichte voller Romantik. Daniel und Megan entfalten vor unseren Augen die tiefste und geheimnisvollste Wirklichkeit dieser Welt. Das hier ist die Liebesgeschichte Gottes mit seinen Menschen."

Ich wüsste gern, was die Zuhörer jetzt wohl denken. Was antwortet unser Herz, wenn John davon spricht, dass Liebe und Ehe noch viel geheimnisvoller sind als ein Märchen? Ich weiß, die jungen Frauen, die das gerade gehört haben, denken jetzt: *Oh, ich hoffe, das ist wahr! Ich will, dass es wahr ist!* Und die jungen Männer fragen sich: *Wenn das stimmt, was verlangt das dann von mir?* Die älteren Frauen lassen die Jahre ihrer Ehe an sich vorüberziehen und denken: *Hmmm.* (Dieses „Hmmm" ist eine Mischung aus: *Ja, danach habe ich mich auch mal gesehnt* und: *Vielleicht erfüllt es sich ja für diese junge Braut; ob es wohl auch für mich noch wahr werden könnte?)* Und die älteren Männer sitzen da und denken nur: *Ob es beim anschließenden Empfang wohl anständige Drinks gibt?*

„Sie glauben mir nicht", fährt John fort, „aber das liegt daran, dass wir nicht mehr wissen, was Märchen uns zu sagen haben. Wir begreifen nicht mehr, woran das Evangelium uns erinnern will. Die Märchen und das Evangelium erzählen von Gefahren. Sie sagen uns, dass das Böse etwas sehr, sehr Reales ist. Es sind Geschichten, die viel Mut und Opferbereitschaft fordern. Ein Junge und ein Mädchen auf einer gefahrvollen Reise. Wenn wir wirklich daran glauben würden; wenn wir wirklich erkennen könnten, dass diese Geschichte sich heute, hier, vor unseren Augen abspielt, würden wir uns bekreuzigen. Wir würden beten – ernsthaft und verzweifelt. Wir würden vor diesen beiden Menschen den Hut ziehen und in Erwartung dessen, was als Nächstes geschehen wird, den Atem anhalten. Daniel und Megan, nun ist es an der Zeit, dass ihr einander das Eheversprechen gebt. Danach gibt es kein Zurück mehr."

Ich frage mich: *Was wussten die Menschen früher? Was bewog sie dazu, das Eheversprechen ins Zentrum dieser Zeremonie zu rücken?* Wussten sie, dass die erdrückende Last all unserer Sehnsüchte eine Ehe zum Zerbrechen bringen kann? Wussten sie, dass wir etwas viel Tragfähigeres brauchen, um diesen empfindlichen Bund zu stützen? Ich muss an ein Geheimkommando denken, an Waffenbrüder, die versprechen, das Leben für den anderen einzusetzen, bevor sie sich auf ihre gefährliche Mission begeben, die sie in dunkle Welten führen wird und deren Ausgang ungewiss ist. Auch ein Versprechen.

„... verspreche ich, dass ich dir von diesem Tage an anhangen werde – in guten und in schlechten Tagen, in Wohlstand und in Armut, in Gesundheit und in Krankheit –, bis dass der Tod uns scheidet. Ich will dich lieben und achten, so wie Gott es uns befohlen hat, und jeder anderen entsagen; es soll nur dich allein geben, solange wir beide leben."

In der Kirche ist es nun sehr, sehr still geworden. Nur die älteren Ehepaare können abschätzen, was die beiden Verliebten sich gerade versprochen haben – möge Gott ihnen gnädig sein! Sie glauben tatsächlich, dass ihre Ehe irgendwie diese dunklere Seite des Versprechens fernhalten kann. Natürlich erträumen und erhoffen sie sich im Moment eher die guten Tage, Wohlstand und Gesundheit. Wir alle glauben das. Doch just in diesem Moment hat der stolze Eroberer Cortés seine kostbaren Schiffe in Brand gesetzt.

Als Nächstes folgen die Ringe. Ich liebe diesen Teil der Zeremonie. Was wird dem jungen Mann gesagt, der dabei ist, in den Stand der Ehe einzutreten? Was wird der jungen Frau gesagt?

„Daniel, du bist im Begriff, dein Leben hinzugeben. Du hast dich freiwillig gemeldet, um dich auf den härtesten Einsatz einzulassen, den ein Mann übernehmen kann: Du schenkst Megan dein Herz und deine Kraft – und das immer und immer wieder, für den Rest deines Lebens. Du hast eine Ahnung davon, wie schwer dieser Schritt wiegt. Darum hast du auch dieses nervöse Grinsen im Gesicht. Ich will dich nicht anlügen – es gibt keinen härteren Job als diesen! Und es gibt keinen, der dich derart bereichern wird. Darum lass dir heute von mir gesagt sein: Es ist zu schaffen! Und es ist die Mühe wert. Wenn du entdeckst, dass Megan durch deine Kraft und dein Opfer zu der Frau werden kann, zu der sie geschaffen wurde, und dass deine unbändige Liebe ihr Herz und ihre Schönheit freisetzen kann – dann ist das jede Mühe wert, die es dich kosten mag. Durch Gottes Gnade kannst du das schaffen. Du hast das Zeug dazu!"

„Megan, du hast schon lange von diesem Tag geträumt. Und nun bist auch du dabei, dein Leben hinzugeben. Es mag dir auf den ersten Blick ganz natürlich und leicht erscheinen, Daniel dein Herz und die Verletzlichkeit deiner Schönheit anzuvertrauen. Doch lass dich nicht täuschen! Nichts verlangt einer Frau mehr Mut ab, als sich ihrem Mann immer und immer wieder ganz zu öffnen. Schau dich um: Wie viele ältere Frauen wagen das noch? Aber auch dir sage ich: Es ist zu schaffen. Und es ist die Mühe wert. Wenn du entdeckst, dass Daniel zu dem Mann werden kann, zu dem Gott ihn geschaffen hat, weil du ihm deine Schönheit offenbarst und dich ihm ganz schenkst, dann ist das jede Mühe wert, die es dich kosten mag. Durch Gottes Gnade kannst du das schaffen. Du bist diese schöne Frau!“

„Daniel, Megan, als ihr euch für die Ehe entschieden habt, habt ihr euch entschieden, in dieser Auseinandersetzung um das Herz der Menschen an vorderster Front zu kämpfen. Ihr werdet schweren Zeiten, Leid, Widerstand und Lügen begegnen. Das größte Risiko, das eine Frau eingehen kann, ist, daran zu glauben, dass sie begehrenswert ist, sich dem Begehren ihres Mannes zu öffnen und ihm immer wieder neu ihre innere Schönheit preiszugeben – und dabei zugleich ständig zu fürchten, sie könnte ihm nicht genügen. Das größte Risiko, das ein Mann eingehen kann, ist, ihr seine Stärke anzubieten, ohne zu wissen, was am Ende dabei herauskommen mag. Es ist das Risiko, sich als Mann zu zeigen, bevor einem klar ist, ob man auch das Zeug dazu hat. Sein starkes Herz hinzugeben und zugleich zu fürchten, es könnte nicht genügen.

Ihr beide werdet es bald mit einer Lüge zu tun bekommen, die sich auf subtile und weniger subtile Weise zeigen wird. Sie lautet: ‚Es ist nicht zu schaffen. Es ist viel zu viel verlangt. Unsere Erwartungen waren völlig unrealistisch. Es ist der Mühe nicht wert.‘ Die Lüge, die dir, Megan, begegnen wird, lautet: ‚Du bist eine einzige Enttäuschung.‘ Und dir, Daniel, wird die Lüge entgegentreten: ‚Du bist nicht Manns genug für diese Sache.‘ Und darum hört heute meine Worte, und behaltet sie im Herzen, während ihr euren Weg weitergeht: *Ihr habt das Zeug dazu!* Du, Megan, bist ein strahlendes, funkelndes Juwel von einer Frau. Du bist ein kostbarer Schatz. Und du, Daniel, du bist ein Mann. Du bist stark und kühn. Du hast das Zeug dazu! Bewahrt diese Worte in eurem Herzen. Ihr könnt es schaffen und es ist jede Mühe wert!“

John hält inne, um seine Worte nachwirken zu lassen. Ich weiß, was er gerade macht: Er spricht zu uns allen, die wir zuschauen, mehr noch als zu Daniel und Megan, die viel zu aufgeregt und erschöpft sind. Sie sind aufgeputscht von Adrenalin und Hormonen und befinden sich in einer Art Delirium. An diese Worte werden sie sich erst erinnern, wenn sie sich irgendwann später einmal die Aufnahme anhören. Das ist wie mit den Ehevorbereitungsgesprächen: Die tiefe Weisheit der dort gehörten Worte lernt man erst zu schätzen, wenn man ein paar Jahre Eheleben auf dem Buckel hat. Dann erst hat man die Ohren, um zu hören. Und deshalb hält John für uns alle inne, damit wir die Worte in uns aufnehmen können. Ein kühles Lüftchen weht durch den Altarraum. Die Kerzen flackern. Ich hoffe, dasselbe passiert auch in den Herzen der heute Anwesenden. Dass das Feuer in unseren Herzen angesichts dieser hoffnungsvollen Botschaft auflodert.

Dann betet John. Es ist an der Zeit zu beten. Wir haben buchstäblich die Luft angehalten. Nun brauchen wir ein Ventil für diese Anspannung, und tief in unserem Innern wissen wir, dass wir dazu Hilfe von höherer Stelle brauchen.

„Vater, wir glauben an dich. Wir glauben, dass du Gott bist, der Schöpfer des Lebens und der Liebe, der allein alles gelingen lassen kann. Wir kommen zu dir – und unsere Angst ist dabei größer, als wir ahnen –, wir kommen zu dir, um dich um deine Gegenwart und deine Gunst für Daniel und Megan zu bitten. Wir kommen zu dir, um dich um deinen tiefen Segen für ihre Ehe zu bitten. Gib ihnen Mut. Gib ihnen ein festes Herz und einen klaren Verstand und den unbedingten Willen, zu dem zu stehen, was sie einander soeben versprochen haben. Und schenke uns, ihren Zeugen, Augen zu sehen und Ohren zu hören, was du jedem von uns durch dieses Drama voller Leidenschaft zu sagen hast. Stärke unsere Hoffnung. Schenk der Liebe den Sieg. Im Namen Jesu Christi, unseres Herrn. Amen."

Nun folgt der Kuss. (Na ja, diesen Teil der Zeremonie liebe ich vielleicht am allermeisten. Es ist so romantisch!) Dann präsentiert sich das frischgebackene Ehepaar seinen Gästen. Jubel. Musik. Und irgendwo im Himmel – so stelle ich es mir vor – erschallen Trompetenklänge und eine Wolke weißer Tauben fliegt auf. Wie sehr muss Gott diesen Augenblick erst lieben!

Während wir hinter dem Brautpaar aus der Kirche ausziehen und den warmen Sommerabend spüren, sind wir verzaubert von diesem Augenblick, der so fröhlich und ernsthaft zugleich ist. Dieses zeitlose Ritual zeigt Wirkung auf uns. Und das sollte es auch. In uns regt sich ein altes Verlangen. Die Sehnsucht meldet sich zu Wort. Das ist es, wozu wir geschaffen sind!

Eine laue Brise weht und instinktiv wenden wir unser Gesicht dem Windhauch zu. Ein exotischer Duft von Magnolien und Jasmin liegt in der Luft, dazu die Musik, die aus der Kirche nach draußen dringt. Die Worte der Predigt hallen in uns nach. Selbst die älteren Ehepaare spüren, wie diese Worte sie locken. John und ich halten Händchen. Mir fällt auf, dass noch andere Ehepaare sich an der Hand halten. Es ist zu schaffen! Und es ist jede Mühe wert. Wenn es eines gibt, das Mann und Frau über die Ehe erfahren müssen, dann dieses:

Es ist zu schaffen.

Und es ist jede Mühe wert.

Kapitel 1

Erinnern wir uns daran, was wir einmal wollten

Der Winter ist vorbei mit seinem Regen. Es grünt und blüht, so weit das Auge reicht. Im ganzen Land hört man die Vögel singen; nun ist die Zeit der Lieder wieder da! ... Mach schnell, mein Liebes! Komm heraus, geh mit!
HOHELIED 2,11–13

Wo beginnt die Geschichte einer Ehe? Mit dem ersten Kuss? (Der war berauschend.) Mit Telefonaten zu fortgeschrittener Stunde? (Sie gingen über Stunden.) Mit einem Picknick am Strand bei Sonnenuntergang? (Sehr romantisch.) Mit dem Augenblick, in dem uns ein Kommilitone erwischte? (Das war echt peinlich.) Wo ist der Moment, in dem man entscheidet: „Mit diesem Menschen will ich den Rest meines Lebens zusammenbleiben"?

Vielleicht sollten wir die Geschichte zwei Jahre nach unserem „Ja, ich will" beginnen lassen, als wir an Scheidung dachten.

Es war an einem Sonntag. John und ich saßen in unserem angemieteten Schuhkarton von einem Haus an unserem schäbigen Klapptisch und frühstückten. Es war ein wunderschöner Frühlingsmorgen im südlichen Kalifornien. Rosa und blaue Hortensien blühten auf unserer Veranda. Ich erinnere mich noch daran, wie die Sonne durch das Fenster schien. Ein Lichtstrahl fiel auf den Tisch zwischen uns. Doch er fühlte sich an wie eine Glaswand. Ich saß auf meiner Seite und John war ganz weit weg. Es waren nur ein paar Zentimeter und doch schien er mir meilenweit entfernt. Wieder einmal.

Der Tag war noch jung, aber ich fühlte mich müde. Müde davon, es zu versuchen. Müde davon, dieses Gefühl zu haben, ich sei für meinen Mann eine einzige Enttäuschung. Es war noch nicht lange her, dass er mir lebenslange Treue geschworen hatte. Vor aller Augen, wie ich hinzufügen möchte. War das überhaupt ernst gemeint gewesen? Es funktionierte auf jeden Fall nicht. Unsere Ehe war nicht mal annähernd so, wie ich es mir vorgestellt hatte.

Ich brach die Stille. „Vielleicht sollten wir uns scheiden lassen."

Wir waren noch keine drei Jahre verheiratet. Unsere Ehe hatte so verheißungsvoll begonnen. Schließlich hatte ich diesen Mann bereits Jahre gekannt, bevor wir uns zum ersten Mal verabredeten. Und wir waren drei Jahre zusammen gewesen, bevor wir heirateten. John war bei einer Gemeinde angestellt; ich arbeitete bei einem christlichen Werk, das sich um verhaltensauffällige Jugendliche kümmerte. Alle hielten uns für das ideale Paar.

Wie war es so weit gekommen? Was war so schrecklich schiefgelaufen? Zu dem Zeitpunkt hätte ich gesagt, dass ich mich furchtbar einsam fühlte. Und in der Ehe einsam zu sein, ist der einsamste Ort auf Erden.

John war mit seinem Leben beschäftigt und wurde von Tag zu Tag noch geschäftiger. Es war ein gutes Leben. Er engagierte sich für gute Sachen. Das Problem war nur, dass ich nicht das Gefühl hatte dazuzugehören. Ich kam mir überflüssig vor. Auch ich arbeitete Vollzeit und brachte ihn damit durchs Studium. Wenn ich nach Hause kam, fand ich einen Mann vor, der zu müde war, um sich für meinen Tag, meine Welt und meine kleinen Dramen zu interessieren. Und ich war zu müde, um mich sonderlich für seinen Tag zu interessieren. Ja, ich tippte seine Seminararbeiten – aber was war aus unserer gemeinsamen Vision geworden? Aus unserem Wunsch, *gemeinsam* durchs Leben zu gehen? Damit, dass zwei besser sind als einer und all das?

Mir war klar, dass ich John nicht länger in meinen Bann schlug. Ich fragte mich, ob er mich überhaupt noch sah. Kurz nachdem wir unser Eheversprechen abgelegt hatten, hatte ich angefangen, übermäßig viel zu essen. Ein paar Monate nach unserer Hochzeit hatte ich bereits 12 Kilo zugenommen. Irgendetwas war nicht in Ordnung. Irgendetwas war in mir zerbrochen. Ich brauchte Trost und Entlastung und suchte sie am Drive-in-Schalter des Fast-Food-Restaurants. Die Pfunde, die ich draufpackte, vermittelten John eine eindeutige Botschaft: *Ich lasse dich im Stich. Du bist es nicht wert, dass ich für dich schön bin.*

Und ich sammelte immer mehr Gewicht an. Dann machte ich eine Diät und nahm wirklich einige Kilo ab. Die waren aber schnell wieder drauf, also speckte ich wieder ab ... und nahm wieder zu. Viele von Ihnen kennen diesen Teufelskreis.

Schließlich war ich 35 Kilo schwerer als bei unserer Hochzeit und ich war verzweifelt. Eine gute Freundin hatte mit einer medizinisch überwachten Diät gute Erfolge erzielt und so versuchte ich es damit. Ich blieb eisern dabei und hoffte, sobald ich das Übergewicht los war, würde auch unsere Ehe wieder zu dem werden, was ich mir davon erhoffte. Am Ende der Diät wog ich 10 Kilo weniger als am Tag unserer Hochzeit. Ta-ta!

Doch es half nichts.

Mein Vorschlag, die Scheidung einzureichen, kam Monate nachdem ich mit der Diät aufgehört hatte.

Was wir heute wissen

Im Rückblick erkenne ich, wie innerlich zerbrochen ich als junge Frau war – eigentlich wie ein kleines Mädchen, das sich danach sehnt, geliebt zu werden, und sich beinahe sicher ist, dass das doch nie geschehen wird. Ich verdiente keine Liebe. Als ich jung war, sehnte ich mich nach jemandem, der Gefallen an mir fand. Aber das würde ohnehin nicht geschehen. Man beachtete mich nicht. Ich war nicht gewollt.

Dieses verletzte Herz brachte ich in die Ehe mit. *Hurra! John, du bist derjenige, der Gefallen an mir findet und mich lieben und mein zerbrochenes*

Herz heilen wird. Doch obwohl John mich wirklich liebte, glaubte ich ihm nicht. Da war stets dieser Teil in mir, der nur darauf wartete, verlassen zu werden. Alle Freundschaften in meiner Jugendzeit waren von Verrat und Verlassenheit bestimmt gewesen – einschließlich jeder Freundschaft mit einem Jungen vor John. Ich wartete also nur darauf, weil ich überzeugt war, eine einzige Enttäuschung zu sein. Und wenn man so daherkommt, hat man ständig Angst.

Heute weiß ich, wie ausschließlich ich von John erwartete, meine Sehnsucht zu stillen. Als er diese Erwartung nicht erfüllte, gab ich mir selbst die Schuld daran. Ich begann, zu viel zu essen, weil ich nicht wusste, wie ich mit der Sehnsucht und der Enttäuschung in meinem Herzen umgehen sollte.

*

Lassen Sie mich (John) berichten, was an jenem Sonntagmorgen in mir vorging, als Stacy das Thema Scheidung auf den Tisch brachte. *Scheidung.* Ich fühlte mich wie das berühmte Reh im Scheinwerferlicht. Das Wort erwischte mich völlig ohne Vorwarnung.

Was!? Wo kommt das auf einmal her? Hat sie gerade wirklich von Scheidung gesprochen? Irgendwie packte mich Panik. Alle Alarmlämpchen leuchteten gleichzeitig auf. Doch hätte man mich in dem Augenblick nach meiner Meinung zum Thema: „Vielleicht sollten wir uns scheiden lassen“ gefragt, hätte ich geantwortet: *Wovon redet sie da? Ich bin doch ein toller Kerl. Unsere Ehe ist fantastisch. Das Problem muss bei ihr liegen. Sie verlangt zu viel. Sie erwartet von mir, alles für sie zu sein.*

Es ist mir peinlich, aber ich muss zugeben: Wenn man mir damals am Küchentisch das Messer auf die Brust gesetzt hätte, hätte ich nicht sagen können, auf welche Weise ich selbst dazu beigetragen hatte, dass Stacy so unglücklich war. Ich war konsterniert. (Darin sind wir Männer ziemlich gut.) Ich fragte mich: *Wie ist es so weit gekommen? Wann ist das passiert?*

Doch wenn ich heute zurückschaue, erkenne ich ganz klar, was damals los war. Ich ging als verletzter Junge im Körper eines Mannes in die Ehe. Eine verwirrende Mischung aus Selbstbezogenheit *(Stacy, mein Mäd-*

chen, du hast ja so ein Glück, dass du mich heiraten darfst!) und grenzenloser Unsicherheit *(Ich weiß gar nicht, ob ich das hier packe).* Ich war in meiner Jugend und in vorangegangenen Beziehungen so verletzt worden, dass ich zu der Überzeugung gelangt war, dass Liebe nie lange Bestand hat. Und so hatte ich mir bereits Jahre zuvor geschworen, *dass ich keinen Menschen brauchte.* Ein vergessener, aber unterschwellig vorhandener, gnadenloser Schwur, der viel Leid in unsere Ehe brachte.

Wenn ein Mann weiß, dass er ein Mann ist, gewinnt er die Zuversicht, die er braucht, um dieser Welt mit Mut und Gelassenheit entgegenzutreten. Nichts hätte mir fremder sein können als diese Erfahrung. Ich hatte *Angst.* Und deshalb spielte ich Männlichkeit vor. Ich spielte die Rolle des tollen Kerls. Ich legte mir die Aura eines starken Mannes zu, wie ein Junge, der sich einen Supermann-Schlafanzug anzieht. Ich verschob meine Ängste und wurde zum Perfektionisten. Ich wurde zu einem getriebenen, fordernden Macher mit einem guten Schuss Narzissmus. Nun, bei einem Steuerberater oder Onkologen wünscht man sich vielleicht, dass er ein Perfektionist ist, aber mit einem Perfektionisten verheiratet zu sein, ist grauenvoll.

Der Fairness halber sollte man zugestehen, dass ein Mann das Gefühl braucht, erfolgreich zu sein und alles draufzuhaben, was er für den Job benötigt. Ein Mann wünscht sich die Zustimmung anderer – besonders die seiner Frau. Ich fand mich in einer Ehe wieder, ohne eine Ahnung davon zu haben, wie das geht, verheiratet mit einer lebendigen, liebevollen und zerbrochenen Frau, und ich merkte, dass mir das Wasser bis zum Hals stand. Ich wusste nichts darüber, wie man eine Frau liebt. Ich wusste weder mit ihrer noch mit meiner eigenen Zerbrochenheit umzugehen. Ich war 23 Jahre alt. Ich war auf die Ehe ebenso schlecht vorbereitet, wie ich es auf die Präsidentschaft der Vereinigten Staaten gewesen wäre. Und so tat ich, was die meisten Männer tun – ich flüchtete. In die Arbeit.

Ich leitete damals eine kleine Theatertruppe, und offen gesagt, ich war richtig gut. Ein Naturtalent. Ich konnte Stücke schreiben, schauspielern und Regie führen. Ich verstand es, ein Bühnenbild zu entwerfen und aufzubauen. Ich erlebte Glanz und Gloria. Das Theater war meine Leidenschaft, meine Begabung, meine Berufung. In Schieflage geriet diese

Erfolgsstory dadurch, dass das Theater zu meiner *Geliebten* wurde. Ich verbrachte bald mehr und mehr Zeit mit meiner Arbeit. Ich gab alles für sie und zog mich gleichzeitig von meiner Frau zurück. Im Grunde war das nichts anderes als eine außereheliche Affäre, nur schlimmer, weil man es nicht so leicht benennen konnte. Die Leute fanden mich toll. Und ich glaubte ihnen.

Das Unheil wartete nur darauf zuzuschlagen.

Unter der Rubrik Hochzeitsanzeigen in der Zeitung hätte in unserem Fall stehen müssen:

Frau „Wird mich jemals ein Mann lieben?“ *trat letzte Woche mit Herrn* „Ich brauche niemanden!“ *in den Bund der Ehe ein. Der Bräutigam, von Beruf verunsicherter Perfektionist, schloss in einer örtlichen Freikirche die Ehe mit seiner Braut, einer total von sich überzeugten wandelnden Enttäuschung. Das entzückende Chaosunternehmen bezog eine Wohnung in Monrovia. Eine öffentliche Feier sowie eine private Katastrophe folgen in Kürze.*

*

Was unsere Geschichte so verwirrend machte – und einen Durchbruch verzögerte –, war die Tatsache, dass wir an vielen gemeindlichen Aktivitäten rund um die Ehe teilnahmen. Wir hatten vor der Ehe eine Paarberatung gemacht. Wir hatten mehrere Ehebücher gelesen (na ja, vielleicht auch nur eines). Jemand hatte uns ein Ehewochenende für Frischverheiratete spendiert (ob die wohl etwas bemerkt hatten?) und wir hatten mit Spaß daran teilgenommen und alle Übungen mit Bravour bestanden. Wir nahmen sogar an einem Hauskreis für Ehepaare teil! Wir kannten jeden Tipp und jede Technik!

Doch all diese Werkzeuge halfen offensichtlich nichts, wenn es um unsere Herzensfragen ging. Es war, als würde man auf der sinkenden Titanic die Liegen auf dem Sonnendeck zurechtrücken.

Wenn die Romantik den Boden der Realität erreicht

Vielleicht sollten wir unser Buch an genau dieser Stelle beginnen lassen: Verheiratet zu sein ist unglaublich hart!

Jeder verheiratete Mensch weiß das. Und doch erwischt es uns Jahre nach der Eheschließung noch eiskalt – jeden von uns. Wenn jungverheiratete Paare entdecken, wie schwierig es ist, sind sie verblüfft. Ja, sogar schockiert und entmutigt. *Mache ich etwas falsch? Habe ich überhaupt den richtigen Partner geheiratet?* Die Sirenen, die uns einst in die Ehe lockten – Romantik, Liebe, Leidenschaft, Sex, Sehnsucht, Zugehörigkeit –, scheinen von der Realität des Ehelebens so weit entfernt, dass wir fürchten, einen riesigen Fehler gemacht zu haben. So als habe man den falschen Bus genommen oder den Flieger verpasst. Und so trifft uns die Härte des Ehelebens auch als etwas, wofür wir uns irgendwie schämen. (Ist es Ihnen etwa nicht peinlich zuzugeben, wie schwierig Ihre Ehe ist?) Vielleicht passiert das ja nur uns?

Nein. Es trifft jeden! Das können wir ohne Umschweife sagen. Je schneller wir den Umweg der Scham und Irritation bemerken, umso schneller können wir den Kurs korrigieren. Natürlich ist die Ehe hart! Sie bringt einen Mann und eine Frau zusammen – zwei Geschöpfe, die so unterschiedlich denken, handeln und fühlen, dass man meinen könnte, sie entstammten verschiedenen Sonnensystemen – und zwingt sie, für den Rest ihres Lebens unter einem Dach zu wohnen und miteinander auszukommen. Das ist ungefähr so, als würde man Huckleberry Finn und Aschenputtel zusammen in ein U-Boot sperren. Was dachten Sie denn, was passieren würde?

Ach, und wenn wir schon mal dabei sind, könnten wir in dieses Experiment auch noch all unsere Ängste, unsere Verletzungen, unsere Selbstverliebtheit, unsere Selbstzweifel und unsere feste Entschlossenheit zur Selbstverteidigung einbringen. Großer Gott! Wer nach einem eindeutigen Beweis für die Existenz Gottes fragt, braucht nicht länger zu suchen – die Tatsache, dass *überhaupt* Ehen diesen Test überstehen, ist ein Wunder erster Ordnung! Ein Bona-fide-Beweis dafür, dass es Kräfte in diesem Universum gibt, die sich zum Wohle der Menschen einsetzen.

All die Märchen über einen Jungen und ein Mädchen, die das Schicksal zusammenführt, damit sie sich zusammenraufen und ein gefährliches Abenteuer bestehen, und die beide eine tragische Schwachstelle haben – eine Achillesferse, die ständig schmerzt –, sodass sie ihr Abenteuer nur mit Mühe bestehen ... diese Märchen treffen den Nagel auf den Kopf.

Wenn Sie die erste Ehe der Menschheitsgeschichte genauer betrachten – jene beinahe glücklich endende Geschichte aus dem ersten Buch Mose –, werden Sie entdecken, dass auch Adam und Eva es nicht gerade leicht miteinander hatten. Und sie hatten noch nicht einmal Eltern, die ihnen ihre Kindheit versaut, oder Freunde, die ihnen lächerliche Ratschläge erteilt hätten! Der Sündenfall scheint sich während oder kurz nach den Flitterwochen ereignet zu haben. (Wie viele Flitterwöchner inszenieren dieses Drama wohl von Neuem?) Die Ärmsten gerieten in raue See, sobald sie Segel gesetzt hatten.

Wenn das die Geschichte der ersten Ehe ist, so ist sie recht ernüchternd. Doch sie kann uns auch Mut machen. Es ist normal, wenn die Ehe hart ist! Das gilt selbst für die besten Ehen.

Ich (John) hätte mir gewünscht, dass mich ein älterer Mann beiseitegenommen und aufgeklärt hätte: „Mein Junge, jetzt hör mir mal gut zu. Du bist ein feiner Kerl und Stacy ist eine wunderbare Frau. Ich bin überzeugt davon, dass ihr füreinander geschaffen seid. Ich bin richtig begeistert darüber, dass ihr heiratet. Aber ihr beide seid auch zutiefst gebrochene Menschen. Und sobald ihr ‚Ich will!' gesagt habt, wird diese ganze Zerbrochenheit zutage treten. Lasst euch davon nicht aus der Bahn werfen. Das ist bei allen Ehepaaren so. Es bedeutet nicht, dass ihr etwas falsch macht. Falsch wäre es nur, wenn ihr die Dinge ignoriert, die da zutage treten. Gott wird eure Ehe dazu benutzen, um an Dinge heranzukommen, die er in eurem Leben gern ansprechen möchte. Du hast so deine Art, im Leben zurechtzukommen – genau wie Stacy. Früher oder später werden diese Lebensentwürfe miteinander kollidieren. Vielleicht trägt euch eure junge Liebe durch die ersten ein oder zwei Jahre – und dafür solltet ihr Gott dankbar sein. Doch wenn eure Märchenwelt an der

Realität zerschellt, dann solltet ihr diese Dinge nicht ignorieren. Sucht euch Hilfe!"

Die wenigsten von uns bekommen einen solchen Ratschlag – selbst nach Jahren der Ehe nicht. Und die wenigsten hören dann darauf. Schwierigkeiten kommen unausweichlich; erst reagieren wir überrascht, anschließend bestürzt. Und wenn die Situation nicht besser wird, verfallen wir schließlich irgendwann in Resignation. Wir melden uns ab und ziehen uns zurück – emotional, mental oder komplett. Er schaut das ganze Wochenende fern; sie futtert oder geht shoppen.

Als ich neulich über eine praktikable Definition von Ehe nachdachte, fiel mir Folgendes ein: *Zwei Menschen auf der Hut, die ihre Enttäuschungen verwalten und im Rahmen einer entmilitarisierten Zone – welche sie Ehe nennen – günstigere Bedingungen aushandeln.* Danke, Adam, danke, Eva.

Das Hoffnungsvolle an ihrer Geschichte – das heißt, an der Geschichte von Adam und Eva und auch an unserer – ist, dass Gott die beiden gesucht hat. Sie hatten ein ziemliches Chaos angerichtet und nun hielten sie mit einer Hand das Feigenblatt fest und mit der anderen zeigten sie aufeinander. Und Gott machte sich ganz klein und suchte die beiden. Er wollte sie retten. „Adam, wo bist du?" (1 Mose 3,9). Diese Spur lässt sich seitdem in jeder Ehe verfolgen: eine paradiesisch anmutende Liebesbeziehung (oder zumindest die Verheißung des Paradieses in der noch jungen Liebe) und dann der harte Fall, gefolgt von Versteckspielen, gegenseitigen Beschuldigungen und Zurückweisungen.

Und die Gnade Gottes, die uns einen Neuanfang anbietet.

Hoffnung

Spulen wir die Zeit vor – von der Szene am Küchentisch aus gehen wir 22 Jahre in die Zukunft zum 8. Oktober, unserem 25-jährigen Hochzeitstag. Freunde und Angehörige haben sich versammelt, um mit uns zu feiern. Denn eine Feier schien uns durchaus angemessen. Einer nach dem anderen hielt seine Rede – sie dankten uns für den Segen, den unsere Ehe ausstrahlte, und erzählten, wie unsere Liebe ihr Leben verändert hatte. Auch unsere Söhne ergriffen das Wort:

Papa, Mama, wir sind heute hier zusammengekommen, um euren 25. Hochzeitstag zu feiern. Nicht, weil wir dazu verpflichtet wären oder weil man das so macht, sondern weil eure Ehe es wert ist, gefeiert zu werden. Erst jetzt, wo wir älter geworden sind, ist uns so richtig klar, welchen Einfluss eure Ehe auf uns gehabt hat. Darum wollen wir euch beiden heute dafür danken, dass ihr so seid, wie ihr seid, und dass ihr in einer Welt, in der sich die meisten Eltern auseinandergelebt haben, einander immer noch lieb habt. Ihr habt uns die Chance gegeben, in einer liebevollen Familie aufzuwachsen, mit liebevollen Eltern. Das ist erstaunlich. Augustinus hat gesagt: „Liebe ist die Schönheit der Seele.“ Ihr seid zwei liebende, schöne Menschen, und es war ein Geschenk für uns, in dem Wissen aufzuwachsen, dass so etwas möglich ist. Darum gratulieren wir euch nicht nur, wir danken euch auch.

*

Stacy und ich waren sprachlos. Und ein wenig beschämt. Uns war gar nicht bewusst gewesen, dass man unsere Ehe *wahrgenommen* hatte. Und wir hatten schon gar nicht geahnt, dass sie einen derart großen Einfluss auf die Menschen gehabt hatte, die uns am Herzen lagen. Weil man immer einen Schritt nach dem anderen tut, war uns gar nicht bewusst geworden, wie weit uns unsere Reise geführt hatte. Ich fing an, mich zu fragen: *Wie sind wir so weit gekommen? Wie kam es dazu?*

Natürlich gibt es da eine Geschichte, die wir zu erzählen haben. Eine wilde und versöhnliche Geschichte, in deren Zentrum das Evangelium von Jesus Christus steht. Denn eines ist die gute Nachricht des christlichen Glaubens auf jeden Fall: ein Angebot, dass Zerbrochenes wiederhergestellt werden kann. Gott weiß, dass die Menschheit sich in einem erbärmlichen Zustand befindet. Er weiß, dass unser Leben weit von dem entfernt ist, was wir uns einst erträumten. Er weiß, wie es ist, so weit entfernt vom Paradies zu leben. Und es bricht ihm das Herz. Darum kommt er selbst auf die Erde, in dieses Jammertal, um für uns das zu tun, was wir selbst nicht erreichen können. Er kommt als der *Immanuel* – der Gott *mit* uns. Und was geschieht? Die Blinden werden sehend, die Verstoßenen kehren heim, Familien werden miteinander versöhnt, die Lahmen gehen und die Toten stehen auf. Das sind nicht nur biblische Geschichten; das sind Illustrationen. Gott demonstriert seine Macht und seine *Absichten.*

Er kommt, um zu heilen. Er kommt, um zu retten.

Denn der Sohn des Menschen ist gekommen, zu suchen und zu retten, was verloren ist.
LUKAS 19,10 (ELBERFELDER 2006)

So beschreibt Jesus seine Mission. So sieht er sie. Beachten Sie seine Wortwahl. Er sagt, er sei „gekommen, zu suchen und zu retten, *was* verloren ist". Alles, was verloren ging. (Und es ist doch so vieles verloren gegangen!) Auch all die Schönheit und Kraft der Ehe. Die Ehe war schließlich *seine* Idee. Gott hat die Ehe geschaffen und uns sein Verlangen ins Herz gelegt. Egal, wie Sie beide meinen, zusammengefunden zu haben, egal, welche Kräfte Ihrer Ansicht nach noch beteiligt waren – die hoffnungsvolle Wahrheit ist, dass Gott ein weites Herz für die Ehe hat; auch für *Ihre* Ehe. Wenn der Gott Israels durch den Propheten Maleachi kundtut, er hasse es, wenn Eheleute sich trennen (vgl. Maleachi 2,16), dann hören wir diese Worte mit einem Schaudern. Doch eigentlich sollte uns eine Welle der Hoffnung überkommen. Die Leidenschaft, die sich in diesen Worten offenbart, zeigt, wie sehr Gott die Ehe *liebt* und wie groß sein Interesse daran ist, dass Ehen gelingen.

Darum stehen uns sämtliche Ressourcen des uns zugewandten Herzens Gottes und alle Ressourcen seines Reiches zur Verfügung. Mit ihnen stellt er wieder her, was in unserem Herzen, in unserem Leben und in unserer Ehe verloren ging.

Wir persönlich haben keine Ahnung, wie Ehepaare es ohne Gottes Hilfe schaffen. Das wäre kein Buch, das wir beide schreiben könnten. Würde man von uns verlangen, wir sollten unsere Ehe ohne Gott zum Blühen bringen, so wäre das, als verlange man von einem Baum, ohne Sonne und Wasser zu gedeihen. Manche Arten von Bäumen würden vielleicht irgendwie überleben, aber ihr Anblick würde niemandem gefallen. Die Hoffnung, die wir Ihnen anbieten können, beruht darauf, dass die gute Nachricht des christlichen Glaubens Wiederherstellung und Leben mit sich bringt.

Die meisten von Ihnen haben von dem berühmten Kreuz gehört, von der Zusage der Vergebung. (Der Herr weiß, dass wir für unseren Weg eimerweise Vergebung brauchen.) Am Kreuz setzt sich Gott der völligen Verlassenheit aus, damit wir niemals verlassen sind. Er kennt Trauer, Schmerz, Ablehnung, Unverständnis und Einsamkeit. Doch was auf das Kreuz folgt, ist aus irgendeinem Grund weniger berühmt und bekannt: die *Auferstehung*, der Triumph des Lebens. Das ist für den christlichen Glauben ebenso zentral wie das Kreuz, vielleicht sogar noch zentraler. Denn darin offenbart sich das *Leben*, das er uns anbietet.

George MacDonald erklärt: „... die gesamte Geschichte ist ein göttliches Leiden, um den Geschöpfen göttliches Leben zu geben. Die Folge dieses Leidens ... wird blühendes Leben sein, und seine Blüte ist unaussprechliche Freude."

Dieses Leben in eine Ehe hineinströmen zu lassen, ist wie Sonne und Wasser für den ausgedörrten Baum. Es ist, als würde man sämtliche Türen und Fenster eines seit Jahren verrammelten Hauses öffnen. Licht und Frischluft strömen hinein. Oder wie ein Regenschauer in der ausgetrockneten Wüste. Das Leben explodiert förmlich – das Aufblühen unaussprechlicher Freude. Gottes Leben bringt die Auferstehung hervor, eine Rückkehr wahrer Liebe, echter Freundschaft, von Romantik, Freude, Geduld und einer gemeinsamen Berufung. Das meint die Bibel, wenn sie sagt, dass wir „durch das Leben seines Sohnes ... gerettet werden" (Römer 5,10) – durch das Leben Gottes, das in Jesus Christus zu uns gekommen ist.

Stacy und ich sind die besten Freunde geworden. Wir begannen als Freunde, lange bevor wir heirateten, aber irgendwann auf unserem Weg haben wir diese Freundschaft verloren. Und das nicht nur einmal. Gott hat uns geholfen, sie wiederzufinden. Heute leben wir unser Leben wirklich gemeinsam. Wir befinden uns auf derselben Spur und leben für dieselben Ziele. Wir haben den Weg zu etwas sehr Schönem gefunden. Wir haben herausgefunden, dass die Zusagen der guten Nachricht Gottes wahr sind.

Lassen Sie das Verlangen zurückkehren

Wie sähe es für Sie beide aus, wenn Sie zu etwas wirklich Schönem zurückfinden würden?

Fragen Sie jetzt nicht: Wie soll das gehen? Das Wie kommt zu seiner Zeit; dabei können wir Ihnen helfen. Sie müssen mit dem Verlangen beginnen. Fangen Sie mit dem an, was Sie auf dem Herzen haben. Wovon haben Sie als junger Mann oder als junge Frau geträumt? Was wünschten Sie sich, als Sie sich zum ersten Mal verliebten?

Als Frau weiß ich (Stacy), was ich will. Ich möchte beachtet und als die Person wertgeschätzt werden, die ich bin. Ich möchte, dass mein Mann mich „erkennt". Darum liebe ich den Film *Titanic*. Roses Verlobter versteht sie nicht. Er sieht, dass sie unglücklich ist, aber „gibt nicht vor zu wissen, warum". Und er fragt sie nicht einmal. Jack dagegen versteht, was Rose auf dem Herzen hat. Er sieht sowohl ihre *äußere* als auch ihre *innere* Schönheit und darum schätzt er sie und kämpft um sie. Er erkennt die *wahre* Rose und erfreut sich an ihr. Dadurch gibt er ihr den Mut, eine vermeintlich sichere Zukunft zugunsten von etwas völlig Unbekanntem loszulassen. Ich möchte mich zutiefst von John erkannt und dennoch geliebt wissen. Dass er sich an mir freut, ist meine tiefste Sehnsucht.

Auch möchte ich *mit* meinem Mann leben und an seiner Seite das Abenteuer des Lebens bestreiten. Ich will nicht allein sein. Ich möchte das, was in meinem Herzen vor sich geht, und all die äußeren Kleinigkeiten meines Lebens mit ihm teilen – Freud und Leid, im Kleinen wie im Großen.

Das Leben kann hart und manchmal brutal sein. Oft ist es gefährlich. Es mit meinem Mann zu teilen gibt mir den Mut und den Ansporn, über mich selbst hinauszuwachsen. In *Das scharlachrote Siegel* werden Sir Percy Blakeney und seine Frau Marguerite mit Herz und Seele eins, als sie seine wahre Identität erkennt und sich seiner höheren Berufung anschließt. Als sie ihre unersetzliche Rolle in der Geschichte erfüllt und beide das Abenteuer *gemeinsam* bestehen, wird sein Leben gerettet, und das Gute triumphiert über das Böse. Das möchte ich für John tun. Das möchte ich *mit* ihm gemeinsam tun.

Und schließlich möchte ich mich an Johns Stärke anlehnen. Wenn es hart auf hart kommt, möchte ich wissen, dass John nicht einfach abhaut. Ich möchte sicher sein können, dass er da sein wird und ich mich bei ihm anlehnen kann, wenn ich das brauche. Und ich habe es schon sehr oft gebraucht. So wie die Dashwood-Schwestern in *Sinn und Sinnlichkeit* lernen, wie wunderbar es ist, dass sie sich auf Colonel Brandon verlassen können, möchte ich mich in der Kraft meines Mannes geborgen wissen. Ich denke, das sind Dinge, die sich jede Frau wünscht.

Ich (John) lese, was Stacy gerade geschrieben hat, und denke: *Oh, Mann. Gut zu wissen!* Denn mein Verlangen ist nicht ganz dasselbe. Zuallererst möchte ich, dass man an mich glaubt. In dem Film *Das Comeback* gibt es eine Szene, die mich beinahe zu Tränen gerührt hat. Es ist die Geschichte eines Boxers, dem keiner mehr ein Comeback zugetraut hätte. James Braddock muss sich seinem brutalsten Gegner stellen, einem wahren Goliath, der bereits einige Männer im Ring getötet hat. Es ist der Kampf seines Lebens. Seine Frau Mae fährt quer durch ganz New York und dringt bis in das Untergeschoss des Madison Square Garden vor, wo die Umkleidekabinen sind, nur um „ihrem Jimmy" zu sagen: „Denk immer daran, wer du bist. ... Ich stehe immer hinter dir." Diese Szene liebe ich.

Ich möchte auch, dass Stacy mit mir zusammen ein großes Abenteuer besteht. Vielleicht kennen Sie den Film *Der Mann vom Snowy River* – da ist eine Szene, an die ich mich noch lebhaft erinnere, obwohl ich sie vor über 20 Jahren gesehen habe. Die hübsche junge Jessica wird vermisst. Sie ist in Gefahr, weil sie oben in den Bergen von ihrem Pferd abgeworfen wurde. Der starke junge Cowboy Jim findet und rettet sie. Und auf einmal sind die beiden ganz allein da draußen in der wilden Schönheit dieser Berglandschaft. Ich liebe diese Szene: wilde, ungezähmte Natur und ein gemeinsames Abenteuer.

Und schließlich sehne ich mich nach Schönheit. Ich wünsche mir die Liebe, die im Hohelied Salomos beschrieben wird, wenn die Frau zu ihrem Geliebten sagt: „Komm schnell zu mir, mein Liebster! Komm, eile wie ein Hirsch; sei flink wie die Gazelle, die in den Bergen wohnt" (Hohelied 8,14). Sie findet ihn wunderbar. Sie bietet ihm ihre Schönheit an. Sie lädt ihn ein, der Mann an ihrer Seite zu sein. Ich denke, Männer wissen, wovon ich spreche. Eine Szene in dem Film *Hook* hat mich da kalt erwischt: Peter Pan ist nach vielen Jahren nach Nimmerland zurückgekehrt. Er ist inzwischen erwachsen. Die Fee Tinkerbell – gespielt von Julia Roberts – ist begeistert, ihn wieder bei sich zu haben. Sie benutzt ihre Zauberkräfte, um sich in eine ausgewachsene, absolut verführerisch gekleidete Frau zu verwandeln. Peter fragt: „Wow, Tink – was wird hier gefeiert?" – „Du!", antwortet sie.

Ich denke, jeder Mann teilt diese drei Wünsche. Und wie ist das bei Ihnen, lieber Leser? Welche Filmszenen haben Ihr Herz über die Jahre erobert? Welche Songs, welche Geschichten, welche Momente haben in Ihrem tiefsten Herzen eine brennende Sehnsucht geweckt?

Sehen Sie, wir alle verlieren irgendwann auf unserer Ehe-Reise den Mut. Jeder von uns. Auch die Besten. Vielleicht finden wir einen Weg, unsere Enttäuschungen zu verkraften. Und vielleicht tun wir unser Bestes, uns gegen die Resignation zu stemmen, doch irgendwie verschafft sie sich Zutritt. Wir geben auf, was wir einst wollten und erträumten und wozu wir geschaffen wurden. Wir arrangieren uns.

Weil die Ehe hart, manchmal schrecklich hart ist, besteht unser erster großer Kampf darin, nicht den Mut zu verlieren. Das beginnt damit, dass wir unser ursprüngliches Verlangen zurückgewinnen – das Verlangen nach der Liebe, die uns ins Herz geschrieben wurde. Lassen Sie dieses Verlangen neu zu. Lassen Sie zu, dass es Sie an all das erinnert, was Sie einmal wollten und wozu Sie geschaffen wurden.

Und dann denken Sie über folgende Möglichkeit nach: Wie wäre es wohl, wenn Gott Ihnen das geben könnte, wonach Ihr Herz verlangt? Es ist nicht zu spät. Es ist nicht zu schwer. Sie sind nicht schon zu weit entfernt. Sie und Ihr Ehepartner haben sich noch nicht zu fest im *Status quo* eingerichtet. Gott ist der Gott aller Hoffnung. Er ist schließlich der Gott der Auferstehung. Ihm ist nichts unmöglich. Darum geben Sie dem Verlangen Ihres Herzens etwas Raum zum Atmen.

Wie wäre es, wenn Sie beide sich zu etwas Schönem auf den Weg machen könnten?

Das wäre die Anstrengung wert.

Kapitel 2

Liebe und Krieg

Die Vision ist stets solide und verlässlich. Die Vision ist stets eine Tatsache. Es ist die Realität, die sich oft als Täuschung erweist.
G. K. Chesterton

Stacy und ich hatten längere Zeit keinen Sex mehr gehabt.

Ich weiß gar nicht mehr so recht, woran es lag. Vermutlich war es die vorweihnachtliche Hektik, verbunden mit dem Stress, den jeder von uns in seiner Lebenswelt zu bewältigen hatte. Nein, wenn ich jetzt so darüber nachdenke, dann waren das nur oberflächliche Gründe – die Ablenkungsmanöver, die eine Entschuldigung lieferten, wo doch die eigentlichen Gründe bei all den Dingen lagen, die hochkommen, wenn man gemeinsam ein Buch über die Ehe schreibt. (Können Sie sich vorstellen, so etwas gemeinsam mit Ihrem Ehepartner zu machen? Wenn Sie diese Schranktür öffnen, wissen Sie doch nie so genau, was Ihnen entgegenkommt, oder?) Dass wir zu Fragen über Leidenschaft und Liebe und Enttäuschung vorstießen, warf uns beide aus dieser „einvernehmlichen Nachlässigkeit", die die meisten Paare Ehe nennen und mit der wir schon eine Weile gelebt hatten.

Sex kann ein aussagekräftiges Barometer für die Ehe sein.

Wenn die Dinge in anderen Bereichen nicht so gut laufen, braucht es nicht lange, bis sich das auch im Bett auswirkt. Stacy schien in den vergangenen Wochen kein großes Interesse an mir zu zeigen. Ich zog mich zurück. Vor uns lagen öde Aussichten. Also betete ich und bat Gott, in unserer Sexualität gegenwärtig zu sein. Ich bat ihn, unser Ehebett mit seiner Herrlichkeit zu erfüllen. Ich begeisterte mich immer mehr für diese Aufgabe und bat Gott, er möge uns die Leidenschaft zurückschenken, die wir hatten, als wir noch jung waren. Damals, als es nur einen Kuss brauchte, um das Feuer zu entzünden. Es schien das einzig Sinnvolle zu sein, Gott in unsere Beziehung einzuladen. Blumen und Pralinen erschienen mir viel zu klein. Und so rief ich eine höhere Macht an.

Dann liebten wir uns. Und es war gut. Richtig gut. Es tat uns beiden gut. Diese Sinnlichkeit dunkler Schokolade unter der Bettdecke, die üppige Lust zweier ineinander verschlungener Körper. Die sanfte Schönheit weiblicher Rundungen, die die maskuline Stärke wachrufen. Wir fanden den Weg zurück ins Paradies – und sei es nur für einen Augenblick. All die Spannungen, die uns auseinandertrieben, hatten sich in nichts aufgelöst. Wir waren wieder ineinander verliebt, tauchten buchstäblich ein in unsere Liebe und genehmigten uns einen tiefen Schluck vom Elixier der Liebe. Sex ist etwas so Mythisches, dass man es mit Worten nicht beschreiben kann. Völliges Einssein. Ungezähmtes Verlangen – geweckt, dargeboten und befriedigt.

Wenn Sex gut ist, ist er wie ein Fenster zum Paradies.

Als wir anschließend beieinanderlagen – Stacys Kopf an meiner Schulter –, schien es uns, als sei die Zeit enteilt und habe alles, was zwischen uns gekommen war, mit sich genommen. So wie Wellen sich aufbauen und schließlich auf den Strand herabdonnern und ihn reinwaschen, bevor sie sich mit einem sanften Rollen wieder ins Meer zurückziehen. Als ich so dalag, wusste ich: *Das hier ist das Wahre* – die Wahrheit über die Liebe, über uns, über die Ehe. Wie konnte ich das nur vergessen? Warum verlieren wir so leicht den Blick für das, was im Tiefsten wahr ist? Mir wurde wieder ganz neu bewusst, dass dies die Frau ist, die ich liebe; dass es dies ist, was ich will; dass dies die Wahrheit über unsere Ehe ist.

Wie kann ich das im Alltag unseres Ehelebens bewahren?

So vieles hat sich gegen die Ehe verschworen. Es raubt uns die Sicht wie ein Sandsturm. Kehren wir doch zurück ins Paradies, und versuchen wir gemeinsam, uns an das zu erinnern, was uns so tief ins Herz geschrieben wurde. Erinnern wir uns an die Geschichte, für die wir geschaffen wurden.

Unsere Ehen sind Teil einer größeren Geschichte

Die Bibel beginnt mit einer Ehe und endet mit einer Ehe.

Das war uns bisher nie aufgefallen.

Dies ist die Geschichte, die Gott erzählt. Die Geschichte, die uns unser Leben erklärt; die Geschichte, in der alle anderen Geschichten ihren Sinn finden. Schlagen Sie das Buch auf der ersten Seite des ersten Kapitels auf und da stoßen Sie auf ... eine Ehe.

Da versetzte Gott, der Herr, den Menschen in einen tiefen Schlaf, nahm eine seiner Rippen heraus und füllte die Stelle mit Fleisch. Aus der Rippe machte er eine Frau und brachte sie zu dem Menschen. Der freute sich und rief:
„Endlich! Sie ist's!
Eine wie ich!
Sie gehört zu mir, denn von mir ist sie genommen."
Deshalb verlässt ein Mann Vater und Mutter, um mit seiner Frau zu leben.
Die zwei sind dann eins, mit Leib und Seele.
Die beiden waren nackt, aber sie schämten sich nicht voreinander.
1. MOSE 2,21–25

Alles beginnt mit einem Paar. Kein einsamer Held, der sich gegen die anschwellende Brandung dieser Welt stemmt. Eine *Ehe*. Ein Mann und eine Frau, die einander im Morgenrot unserer Zeit gegeben werden. Die Menschheit steht kurz davor, sich ins Leben aufzumachen. Gott beginnt, seine wilde, Furcht einflößende und wunderschöne Geschichte zu erzählen, und stellt uns seinen Helden und seine Heldin vor. Und die beiden sind ... verheiratet. Nun, das ist eine Überraschung. Die Ehe scheint in diesem Drama, das sich da vor den Augen der Welt entfaltet, eine wichtige Rolle zu spielen.

Und nun schlagen Sie einmal die letzten Seiten der Geschichte auf.

Die epische Erzählung erreicht mit dem Ende dieser uns bekannten Welt ihren Höhepunkt. Nach dem Auftritt des weißen Pferdes mit seinem Reiter, nach der legendären Schlacht von Armageddon, in dem Augenblick, in dem die ganze Schöpfung die Auflösung des Dramas erfährt, begegnet uns plötzlich ... wieder eine Ehe.

Dann sah ich einen neuen Himmel und eine neue Erde. ... Ich sah, wie die Heilige Stadt, das neue Jerusalem, von Gott aus dem Himmel herabkam. Sie war festlich geschmückt wie eine Braut für ihren Bräutigam. ... „Komm! Ich werde dir die Braut zeigen, die Frau des Lammes!"
OFFENBARUNG 21,1–2.9

Auf den letzten Seiten der Offenbarung findet die Saga Gottes mit den Menschen ihr atemberaubendes Ende. Posaunen ertönen, ein großes Fest wird gefeiert – eine *Hochzeit.* Eine Ehe läutete im 1. Buch Mose das Zeitalter der Menschheit ein und nun läutet eine Ehe den Beginn des Gottesreiches ein.

In gewisser Weise *ist* die Ehe das Reich Gottes. Sie ist das Ziel, für das Gott all die Jahre gekämpft hat – die Ehe Christi und seiner Kirche. Alle anderen Ehen enden hier, weil Gott sich mit seinem Volk vereint.

Und so können wir sehen, welche Rolle uns in dieser großartigen Geschichte zugedacht ist, die mit einer Ehe beginnt und endet.

Oh Mann, was haben wir da übersehen? Warum gibt Gott der Ehe eine solch zentrale Rolle in seiner Erlösungsgeschichte? Was weiß er, was wir noch nicht erkennen?

Es ist eine Liebesgeschichte

Fangen wir doch damit an: Liebe Freunde, dies ist eine Liebesgeschichte.

Gott ist Liebe, so sagt uns der Apostel Johannes und wiederholt es gleich, damit wir es ja nicht vergessen: „Gott ist Liebe. Wer in der Liebe lebt, lebt in Gott und Gott lebt in ihm" (1. Johannes 4,16). Liebe ist das wichtigste Merkmal, das Gottes Wesen und Leben auszeichnet. Gott ist ein leidenschaftlicher und eifersüchtiger Liebhaber. (Gibt es überhaupt eine andere Art von Liebhaber?) Aus seiner Liebe heraus hat er uns auf Liebe hin geschaffen. „Wir lieben, weil Gott uns zuerst geliebt hat" (1. Johannes 4,19). Die Bibel sagt uns, dass wir nach Gottes Ebenbild geschaffen wurden. Sie werden auch schon bemerkt haben, dass wir Menschen vor allem und zutiefst *Beziehungswesen* sind. Weil *er* so ist. Gott ist der Dreieinige, eine Gemeinschaft der Liebe. Liebe und Vertrautheit stehen im Zentrum seines Seins, und darum gibt er jedem von uns ein Herz, das seinem gleicht. Auf diese Weise drückt er aus, was er im Tiefsten beabsichtigt – zu lieben und geliebt zu werden.

Es ist schließlich eine Liebesgeschichte.

Warum sonst sollte die Liebe unsere größte Herzenssehnsucht sein?

Besteht nicht die größte Freude menschlichen Seins in der Liebe? Und bereitet der Verlust von Liebe uns nicht den größten Schmerz? Bestätigen dies nicht auch die beiden wichtigsten Gebote: „Liebe den Herrn, deinen Gott, von ganzem Herzen ... Liebe deinen Mitmenschen wie dich selbst" (Lukas 10,27)? Liebe ist unser Schicksal – Gott zu lieben, einander zu lieben. Das Herrschaftsbanner des Reiches Gottes ist ein Banner der Liebe. Es geht nicht um Bibellesepläne und um sonntäglichen Kirchenbesuch, ja noch nicht einmal um eine pflichtbewusste Eheführung. Wenn Sie diese Dinge ohne Leidenschaft und Liebe tun, werden sie Ihr Tod sein. Diese Geschichte ist als leidenschaftliche Liebesgeschichte gedacht. „Mit unendlicher Liebe habe ich dich geliebt", sagt Gott, „darum habe ich dich zu mir gezogen aus Güte" (Jeremia 31,3; Zürcher).

Wir leben mitten in einer Liebesgeschichte, einer romantischen Geschichte, die bereits geschrieben wurde, bevor der Grund der Erde gelegt war. Handeln die leidenschaftlichen Aufrufe der Bibel nicht stets von Liebe?

Hört nicht auf, einander aus reinem Herzen zu lieben!
1. PETRUS 1,22

Ihr Lieben, wir wollen einander lieben!
1. JOHANNES 4,7

Ich gebe euch jetzt ein neues Gebot: Ihr sollt einander lieben!
JOHANNES 13,34

Sicher bekommen Sie ein Gespür dafür, wie zentral die Rolle der Liebe in dieser Geschichte ist. Wir werden *beschworen*, einander zu lieben. Uns wird *geboten*, einander zu lieben. Wir werden *ermahnt und angefleht*, einander zu lieben. Ohne großes Überlegen und immer und immer wieder hören wir diese Botschaft. Warum, um Himmels willen?

Weil so viel auf dem Spiel steht.

Denn diese Liebesgeschichte ereignet sich inmitten eines verbissenen Kampfes.

Die Geschichte eines Kampfes

Denken Sie noch einmal an all die Märchen. Fällt Ihnen auf, dass es kaum ein Märchen gibt, in dem nicht ein Königreich auf Messers Schneide stünde? Stets greift das Böse an. Was wollen uns diese archetypischen Geschichten sagen? Das Gleiche, was uns auch die Bibel zu sagen versucht.

Adams und Evas Flitterwochen – und ihre gemeinsamen Flitterwochen mit Gott – haben gerade erst begonnen, und schon schleicht sich das Böse ein, um allen das Herz zu brechen. Der Teufel überzeugt die Frischvermählten davon, dass sie Gott nicht trauen können. Die Schlange täuscht sie. Sie brechen eines der Gebote, die Gott ihnen gab. Sie greifen nach der Frucht und fallen in Sünde. Das wunderschöne Königreich wird von Finsternis übermannt. Der Kreis der Vertrautheit wird durchbrochen.

Darum fließen meine Tränen unaufhörlich,
ich weine mir die Augen aus dem Kopf.
Ich habe niemand, um mich zu trösten,
niemand, der mir Erleichterung bringt.
Meine Kinder haben keine Zukunft mehr,
die Übermacht der Feinde war zu groß.
KLAGELIEDER 1,16

Denken Sie an Auschwitz. Denken Sie an die Massengräber von Kambodscha. Diese wunderschöne Liebesgeschichte ist im Begriff, zu einer unaussprechlichen Tragödie zu werden.

Die Völker wurden ausgeplündert und verheert, gefangen und in Kerkern und Gefängnissen vergessen. Sie wurden zur Beute, und keiner ist da, der sie retten könnte. Sie wurden geraubt, und keiner ist da, der sagen würde: „Gib wieder her!" (Jesaja 42,22; Luther). Nun ist „die ganze Welt in der Gewalt des Teufels" (1. Johannes 5,19).

Doch die Liebe ist mächtiger, als Satan gedacht hat. Gott wird seine geliebten Menschen nicht verlassen, obwohl wir ihn verlassen haben. Er kommt, um uns zu helfen. Er kämpft darum, uns zurückzugewinnen.

*

Denn der Herr zieht aus wie ein Held, er führt seine Scharen zum Kampf und feuert sie an. Er erhebt das Kriegsgeschrei und wirft seine Feinde zu Boden ... Völker gebe ich für dich hin, ja die ganze Welt, weil du mir so viel wert bist und ich dich liebe. ... Zu den Enden der Erde sage ich: „Lasst meine Söhne und Töchter aus der Fremde heimkehren! Alle sollen zurückkehren,

die ich zu meiner Ehre geschaffen und ins Leben gerufen, die ich zu meinem Eigentum erklärt habe!"
JESAJA 42,13; 43,4.6–7

In der finstersten Stunde der Menschheit strahlt die Liebe auf. Trotz unseres Verrats, unseres Götzendienstes und unseres chronischen Unglaubens liebt und sucht Gott uns. Seine Liebe bezahlt das Lösegeld für die Menschheit. Jesus von Nazareth – der Prinz, der Sohn des Königs – kommt und gibt sein Leben, um die Menschen zu retten, die er liebt.

Die christliche Botschaft ist die größte Liebesgeschichte, die die Welt je gehört hat!

Und dies alles ereignet sich übrigens noch heute – in diesem Augenblick, in dem Sie diese Zeilen lesen. Der große und schreckliche Zusammenstoß des Reiches Gottes mit dem Reich der Finsternis ereignet sich auch heute noch. Beide kämpfen gegeneinander um das Herz der Menschen. Im Grunde geht es bei diesem jahrhundertealten Kampf um eine einzige Frage: Wird die Liebe den Sieg davontragen?

Gott behauptet: „Die Liebe hört niemals auf" (1. Korinther 13,8; Luther). Satan lacht darüber. Die Welt lacht darüber. Selbst in uns lacht etwas über diese Worte. Sie klingen so durch und durch naiv. Hört die Liebe wirklich niemals auf? Dieses Ziel scheint wie kein zweites auf dieser Welt zum Scheitern verurteilt.

Wir stecken gemeinsam in dieser Sache drin

Gott erzählt eine Liebesgeschichte, doch sie spielt inmitten eines Kampfgeschehens. Das allein könnte Ihnen für den Rest Ihres Lebens Orientierung geben, wenn Sie wirklich daran glauben würden.

Aber warum die Ehe? Warum gibt Gott ihr eine solch zentrale Rolle?

Dafür gibt es viele Gründe, die wir noch untersuchen werden. Lassen Sie uns hier nur einige nennen: Erstens, weil wir Hilfe nötig haben werden. In der erbitterten Auseinandersetzung, in der wir uns wiederfinden, geht es um das Herz der Menschen. Und falls Sie es noch nicht bemerkt haben sollten: Das menschliche Herz ist bekannt dafür, sehr verletzlich zu sein, und braucht dringend eine Zuflucht. Die Ehe hat den Sinn, das Kräftegleichgewicht zu unseren Gunsten zu verschieben. *Sie werden einander brauchen.*

Zwei sind allemal besser dran als einer allein. Wenn zwei zusammenarbeiten, bringen sie es eher zu etwas. Wenn zwei unterwegs sind und hinfallen, dann helfen sie einander wieder auf die Beine. Aber wer allein geht und hinfällt, ist übel dran, weil niemand ihm helfen kann. Wenn zwei beieinander schlafen, können sie sich gegenseitig wärmen. Aber wie soll einer allein sich warm halten? Ein einzelner Mensch kann leicht überwältigt werden, aber zwei wehren den Überfall ab. ... Es heißt ja: „Ein Seil aus drei Schnüren reißt nicht so schnell."
PREDIGER 4,9–12

Als Gott damals im Paradies Mann und Frau schuf, entwarf er uns Menschen als herrliche „Gegenstücke", die sich ergänzen und einander Kameraden sind. Das Herz des Mannes sehnt sich danach, eine Schlacht zu schlagen, ein Abenteuer zu erleben und eine schöne Frau zu retten. Schauen Sie sich doch einmal die Filme an, die Männer lieben, und die Spiele, die kleine Jungen spielen! Das Herz der Frau sehnt sich nach jemandem, der um sie kämpft. Sie sehnt sich danach, in einem großartigen Abenteuer eine unersetzliche Rolle zu spielen und jemandem ihre ganze Schönheit darzubieten. Schauen Sie sich doch nur die Filme an, die Frauen lieben, und die Spiele, die kleine Mädchen spielen! Fällt Ihnen auf, wie vollkommen unsere Herzenswünsche zueinanderpassen? Unsere Seelen sind auf diese Einheit hin geschaffen und ebenso wunderbar sind unsere Körper aufeinander abgestimmt. Gott hat uns dazu gedacht, einander leidenschaftliche Freude zu bereiten.

Wenn Sie die vollkommene Liebesgeschichte schreiben könnten, wie würde sie aussehen? Die meisten von uns stellen sich eine solche Geschichte in stark verkürzter Form etwa so vor: „Eine wunderschöne Frau und ein toller Mann, die ewig und glücklich zusammenleben – und das in einer perfekten Welt!"

Ich hätte nichts dagegen, mich wieder ins Paradies einzuschleichen. Wir würden sicher ein königliches Lösegeld dafür geben, wenn wir einen Weg fänden, unsere Ehen wieder zum Paradies zu erheben. Aber was dann? *Was dann?*

Wenn wir nichts anderes zu der Geschichte beizutragen hätten, als einander in die Augen zu schauen, würden wir uns bald zu Tode langweilen. Eine Woche Tahiti ist eine Erholung, ein Monat Tahiti ist heilsam. Aber jeden Tag Tahiti ohne Ende – wir würden die Wände unserer kleinen Hütte hochgehen. Denn das Herz eines Mannes und das Herz einer Frau sehnt sich auch danach, gemeinsam eine große Aufgabe zu bewältigen, *gemeinsam* eine bedeutende Schlacht zu schlagen.

(Und wenn wir diese große Schlacht nicht finden, fangen wir eben an, aufeinander loszugehen, weil es uns offenbar so juckt, gegen irgendwas zu kämpfen.)

In all den großartigen Geschichten werden der Junge und das Mädchen gemeinsam in ein Abenteuer hineingeworfen, das sie sich nicht ausgesucht haben, und sie brauchen einander, um es zu bestehen. Shasta und Aravis treibt der Löwe zueinander. Mossy und Tangle werden auf die Suche nach dem goldenen Schlüssel geschickt. Hänsel und Gretel nehmen sich auf ihrem Weg durch den finsteren Wald aus Angst an die Hand. Die Schöne und das Biest lernen, einander zu lieben, um beide frei zu werden. Selbst Jack und Jill brauchen einander, um zu dem Wassereimer zu gelangen. Überall auf der Welt liebt man diese Geschichten.

Die meisten von Ihnen haben den Zusammenhang jedoch noch nicht erkannt. Der Grund, warum Ihr Herz bei solchen Geschichten schneller zu schlagen beginnt, liegt darin, dass sie Ihnen etwas über *Ihre eigene* Geschichte erzählen.

Wirklich!

Auch Ihre Ehe ist Teil einer größeren Geschichte – einer Geschichte, die mindestens so romantisch und gefährlich ist wie jede andere, die Ihr

Herz erbeben lässt. Je früher Sie das verstehen, umso eher können Sie begreifen, was in Ihrer Ehe vor sich geht.

Wir jubeln dem Helden und der Heldin zu, weil wir erkennen, wie viel auf dem Spiel steht – ein Königreich hängt von ihrem Erfolg ab! Doch im Blick auf unsere eigene Ehe fehlt uns dieser klare Zusammenhang. Es würde uns vermutlich schwerfallen, auch nur eine Sache zu nennen, die wirklich von uns abhängt – mal abgesehen von unserem Verstand und Großmutters Tafelsilber.

Ich wette, dass all die Verwirrungen, Missverständnisse, Auseinandersetzungen und Enttäuschungen in unseren Ehen zu 90 Prozent damit zusammenhängen, dass wir nicht begreifen, worum es Gott geht.

Wenn ich auf die ersten Jahre unserer Ehe zurückblicke, scheint mir, dass wir beide damals dachten, die Geschichte laufe in etwa so: „Liebt Gott, liebt einander, und alles wird gut!" Das war eine außerordentlich naive Weltsicht, auch wenn sie sehr populär ist. Warum wird denn aus beinahe jeder Liebesgeschichte voller Romantik schließlich ein verzweifelter Kampf ums Überleben? Das liegt an dieser größeren Geschichte, in der wir leben. Wir wurden dazu geschaffen, Teil einer großartigen und ehrfurchtgebietenden Geschichte zu sein. Und deshalb erleben wir eine großartige und ehrfurchtgebietende Geschichte.

„Wenn zwei beieinander schlafen, können sie sich gegenseitig wärmen." Das ist ein gutes Bild für Männer, die nachts im Feld Rücken an Rücken schlafen, um sich warm zu halten. Gott hat uns andere Menschen gegeben, weil wir jemanden brauchen, der uns den Rücken wärmt. Wir brauchen jemanden, der uns stützt, wenn wir straucheln. Wie anders wäre unsere Weltsicht, wenn wir uns als Paar abends ins Bett legen und dabei an zwei Kameraden denken würden, die gemeinsam für ein glorreiches Ziel einstehen? Genau das ist nämlich die Realität, ob wir sie erkennen oder nicht.

Was uns zum zweiten Grund führt, warum Gott die Ehe gestiftet und ihr eine so zentrale Rolle in seiner großen Liebesgeschichte gegeben hat.

Es geht um Leidenschaft und Opferbereitschaft

Was sehen Sie, wenn Sie an die Ehe denken? Einen Mann und eine Frau.

Doch dahinter steckt mehr, als das Auge sieht.

Die Bibel sagt uns, dass die Ehe ein geheimnisvolles Schaustück über die Liebe Gottes für sein Volk ist:

Nehmt also Gott zum Vorbild! Ihr seid doch seine geliebten Kinder! Euer ganzes Leben soll von der Liebe bestimmt sein. Denkt daran, wie Christus uns geliebt und sein Leben für uns gegeben hat, als eine Opfergabe, an der Gott Gefallen hatte ... Ihr Männer, liebt eure Frauen so, wie Christus die Gemeinde geliebt hat! Er hat sein Leben für sie gegeben, um sie rein und heilig zu machen ... „Deshalb verlässt ein Mann Vater und Mutter, um mit seiner Frau zu leben. Die zwei sind dann eins, mit Leib und Seele." In diesem Wort liegt ein tiefes Geheimnis. Ich beziehe die Aussage auf Christus und die Gemeinde.
EPHESER 5,1–2.25–26.31–32

Gott schuf die Ehe als ein lebendiges, atmendes Porträt seiner großen Geschichte, die für aller Augen sichtbar sein sollte. Eine Liebesgeschichte inmitten verzweifelter Zeiten. Eine Geschichte über Erlösung, Heilung und Liebe.

Gott gibt uns die Ehe, damit wir erkennen können, in welcher Haltung Gott uns begegnet. Dies ist die tiefste und geheimnisvollste Realität der Welt – dass Gottes Liebe wahrhaftig ist und dass Gott uns nachgeht.

Unsere Liebe ist ein Bild sowohl für Gottes Liebe als auch für Gottes Kampfbereitschaft. Das Maskuline und das Feminine, Mut und Opfer, ja und auch das: Blut, Schweiß und Tränen. Dies alles entfaltet sich vor unseren Augen und vor den Augen dieser Welt in jener Geschichte, die im tiefsten Sinn dieses Wortes von *der* wahren Liebe und seinen geliebten Menschen erzählt. Gott kämpft um das Herz seines Volkes. Er ist ein tapferer König und Liebhaber, der nicht ruhen wird, ehe sein Volk frei ist.

Um Zions willen will ich nicht schweigen, und um Jerusalems willen will ich nicht innehalten, bis seine Gerechtigkeit aufgehe wie ein Glanz und sein Heil brenne wie eine Fackel, dass die Heiden sehen deine Gerechtigkeit und alle Könige deine Herrlichkeit. Und du sollst mit einem neuen Namen genannt werden, welchen des Herrn Mund nennen wird. Und du wirst sein eine schöne Krone in der Hand des Herrn und ein königlicher Reif in der Hand deines Gottes. Man soll dich nicht mehr nennen „Verlassene" und dein Land nicht mehr „Einsame", sondern du sollst heißen „Meine Lust" und dein Land „Liebe Frau"; denn der Herr hat Lust an dir, und dein Land hat einen lieben Mann. Denn wie ein junger Mann eine Jungfrau freit, so wird dich dein Erbauer freien, und wie sich ein Bräutigam freut über die Braut, so wird sich dein Gott über dich freuen.
JESAJA 62,1–5 (LUTHER)

Gott ist ein großer Liebhaber, und er hat die Ehe geschaffen, um dieser Welt ein dauerhaftes, lebendiges Bild zu geben, das die vertraute Beziehung darstellt, die er sich zu seinem Volk wünscht. *Schluck!* Darum nimmt die Ehe eine derart zentrale Rolle ein. Sie ist eine Art Inkarnation, ein Drama über die Liebe und Vereinigung Jesu und seiner Braut – voller Leidenschaft und Opferbereitschaft.

Das mag Ihnen helfen zu verstehen, warum die rasende Wut der Hölle sich an der Ehe austobt. Gott erzählt eine Liebesgeschichte, doch in ihrem Umfeld herrscht Krieg.

Halten Sie bitte einen Moment inne. Gott erwählt die *Ehe* als ein Bild für seine Liebe zu seinem Volk und unsere Liebe zu ihm?! Mir verschlägt es die Sprache. *Was vertraust du uns da alles an?*

Andererseits gab er ja auch der Kirche den Auftrag, die Welt mit seinem Evangelium zu erreichen, und machte deutlich, dass diese Aufgabe unerledigt bleiben wird, wenn wir sie nicht tun. Dieser Auftrag hat erstaunliche Auswirkungen und Gott legt das Ganze in die Hände der Kirche – um Himmels willen: Das sind Ihre Tante Erna und der Frauenkreis; der übersensible Pastor und seine dominante Frau; die Jungschar-Jungen, die gerade ihren Gruppenraum demolieren; der Küster, der sich weigert, das Gemeindehaus aufzuschließen, weil er bereits Feierabend hat und Sie keine Autorisation durch einen Gemeindeältesten vorweisen können. *Das* sind die Leute, die Gott ins Feld schickt, um die Welt zu retten!

Vielleicht hilft Ihnen dieser Vergleich zu verstehen, dass Gott gern mit hohem Einsatz spielt.

Wenn Sie sich die Geschichten, die Gott schreibt, noch einmal genauer anschauen, werden Sie feststellen, dass fast alle von den unmöglichsten Helden und ihrem verzweifelten Kampf gegen unüberwindliche Widerstände handeln.

Und fast immer trifft die Rettung in letzter Sekunde ein: Noah und seine kleine Familie mitten auf dem unendlichen Ozean; David, der auf Gedeih und Verderb einem brutalen, übermächtigen Philister gegenübersteht; Daniel in der Löwengrube. Esther, die bei dem Versuch, ihr Volk zu retten, Kopf und Kragen riskiert und alles auf die Hoffnung setzt, den König in guter Laune vorzufinden. Der Erlöser der Welt an der Brust eines Teenie-Mädchens. Die bloße Anzahl dieser Geschichten ist erschütternd und Furcht einflößend.

Übrigens: Ihre Ehe wurde vom selben Autor verfasst.

Wenn Gott uns wieder zur Vernunft bringt

„Der Arzt hat gerade angerufen!"

Stacy musste mir nicht erst sagen, dass sie am Apparat war. Wir kennen die Stimme des anderen so gut, dass wir uns mit verbundenen Augen auf dem Hauptbahnhof finden würden. Außerdem hatten wir beide auf diesen Anruf gewartet.

„Was hat er gesagt?"

Durch drei Geburten war Stacys weibliches Leitungssystem undicht geworden. Darüber hinaus gab es Komplikationen und beunruhigende Befunde im Ultraschall, sodass der Arzt auf einer Biopsie der Gebärmutterwand bestanden hatte. Wir warteten schon eine Woche auf das Ergebnis und versuchten, den Gedanken abzuschütteln, dass bereits Stacys Mutter an Krebs gestorben war. Durch Freunde, die so etwas gerade durchgemacht hatten, wussten wir, wie viel Leid damit verbunden ist, und hielten innerlich den Atem an.

„Alles war normal."

Ich konnte kein Wort sagen. Die Erleichterung, die mich in diesem Moment durchfuhr, machte mich sprachlos.

Es ist schon merkwürdig, wie ein einfacher Telefonanruf einen aus der Belanglosigkeit – ich antwortete gerade auf eine E-Mail – herausreißen und plötzlich etwas viel Größeres aufblitzen lassen kann. Als vor ein paar Wochen die Möglichkeit einer Krebserkrankung aufkam, war das ein ziemlich krasser Einschnitt. Ich hatte mir über die Jahre, in denen wir harte Zeiten zu bestehen hatten, manchmal eingebildet, das Leben könne ohne Stacy leichter sein. Mit der plötzlichen Aussicht, Stacy tatsächlich zu verlieren, riss Gott mich aus dieser Illusion. Auf einmal erschienen mir all die Kleinigkeiten, die mich an ihr störten, so trivial. Auf einmal nahm ich das Leben von einer höheren – und *realeren* – Warte aus wahr.

Ich denke nicht oft über meine Ehe nach, und zwar aus demselben Grund, aus dem ich neulich die Karte meines Zahnarztes im Müll versenkt habe („Ihre Vorsorgeuntersuchung ist überfällig. Bitte vereinbaren Sie einen Termin!"). Mir wurde klar, dass meine Einstellung zu meiner Ehe jener Nachlässigkeit entsprach, zu der ich mich weiter oben bereits bekannt habe – ein freundliches Einvernehmen, bei dem wir beide ein gutes Stück Leidenschaft aufgegeben hatten, damit im Alltag alles reibungsloser lief.

Mir wird bewusst, dass ich meiner Ehe ähnlich begegne wie meiner Gesundheit. Ich tue nur das Nötigste und hoffe, mit meiner Unvernunft und meinen Versäumnissen davonzukommen, indem ich hier und da ein wenig Kommunikation und Romantik einstreue, so wie ich als eine Art Lebensversicherung ab und zu Vitaminpillen schlucke.

Wir Menschen machen das ständig – wir verlieren aus dem Blick, was wirklich zählt. Und darum schickt uns Gott solche störenden Einschnitte, um uns wieder zur Vernunft zu bringen. Manche dieser Störungen zeigen sich in einem plötzlichen Verlangen nach dem Leben, wie es eigentlich sein sollte. Manche störenden Einschnitte sind Krisen. Manche bestehen einfach nur aus dem Gefühl, unglücklich zu sein. Wir erkennen, dass wir abgedriftet sind. Manchmal erhaschen wir einen Blick auf das, wonach wir uns sehnen, wenn wir einer anderen Frau (oder einem anderen Mann) tief in die Augen schauen, und dann erwischt es uns so unvorbereitet wie Turbulenzen im Flugzeug.

Unsere Armut besteht in dieser mangelnden Vision, dieser Zusammenhanglosigkeit – das ist der Hauptgrund, warum wir so leicht den Mut verlieren. Es lähmt uns zu hundert Prozent.

Wir müssen wieder eine Vision für unsere Ehe gewinnen. Wir müssen die wahre Geschichte wiederentdecken, in der wir leben und in der uns eine Rolle zugedacht wurde. Als Stacy und ich den Charakter der Geschichte, in der wir beide leben, erkannten und bejahten, gelang es uns (mehr als einmal), unsere Ehe vor dem Abgrund der Scheidung zu bewahren. Wir fanden den Mut, alle möglichen Hindernisse zu überwinden und dahinter etwas Schönes zu entdecken.

Die Schönheit der Ehe

Es gibt keinen besseren Ort als die Ehe, um die Sehnsucht zu erfüllen, die Gott uns damals im Paradies ins Herz gelegt hat – die Sehnsucht nach einem Auftrag, bei dem wir uns tapfer schlagen, nach Schönheit und einem gemeinsam bestandenen Abenteuer; die Sehnsucht nach Vertrautheit, Kameradschaft und Liebe. Freundschaften belegen den zweiten Platz. Sie sind ebenfalls eine der größten Gaben des Lebens. Doch ihnen fehlt die Beständigkeit der Ehe, ihre Tagtäglichkeit, ihre Exklusivität, ihr Bündnischarakter und die Erfüllung, die man in der sexuellen Intimität findet. Auch fehlt einer Freundschaft die Fähigkeit, für unsere größte Verwandlung – unsere Heiligung – zu sorgen.

Nennen Sie mir eine Sache auf dieser Erde, die kostbarer wäre als das Herz eines Menschen.

Das ist unmöglich.

Sie könnten „Liebe“ anführen, doch das wäre unsinnig, weil wir ohne Herz nicht lieben können. Sie könnten auf irgendein unsterbliches Kunstwerk hinweisen oder auf ein unglaubliches Opfer, doch nichts von alledem hätte geschehen können, wenn nicht das Herz eines Menschen dafür eingestanden wäre. Selbst die höchsten Höhen der Anbetung erreichen wir niemals ohne unser Herz. Es gibt natürlich die alles übertreffende Bedeutung des Evangeliums, doch auch darin geht es im Grunde nur um Gottes Erlösung und Wiederherstellung des menschlichen Herzens. Ohne Herz hat die Gute Nachricht kein Ziel. Das Herz ist die erstaunlichste Schöpfung Gottes und der Siegespreis, um den er mit dem Reich der Finsternis ringt.

Und nun bedenken Sie Folgendes: Die Ehe ist der Zufluchtsort des Herzens.

Ihnen wurde das Herz eines anderen Menschen anvertraut. Egal, welche Mission Ihr Leben sonst noch hat – dieses Herz zu lieben und zu schützen, gehört zu Ihren größten Aufgaben.

Die Ehe beinhaltet das Privileg und die Ehre, dem Herzen eines anderen Menschen so nahe zu sein, wie man es überhaupt nur sein kann. Niemand sonst bekommt die Gelegenheit, so vertraut zusammenzuleben wie Mann und Frau in der Ehe. Wir sind eingeladen, am verborgenen Leben, am wahren Ich des anderen teilzuhaben. Wir lernen die kleinsten Nuancen des anderen kennen: was er besonders mag, was er lustig findet und was ihn auf die Palme bringt. Uns sind die Hoffnungen und Träume, die Verletzungen und Ängste des anderen anvertraut.

Sowohl dem Menschen, mit dem wir unser Leben verbringen wollen, als auch uns selbst wird ein großes Privileg zuteil. Die Ehe tut nicht nur gut (im Schnitt lebt ein verheirateter Mann sieben Jahre länger als ein unverheirateter, eine verheiratete Frau drei Jahre länger als eine unverheiratete); verheiratete Menschen sagen in der Regel auch häufiger von sich, sie seien glücklich, als unverheiratete. Verheiratete sind meist gesünder und finanziell bessergestellt. Und es ist sehr ernüchternd zu sehen, welchen Einfluss eine dauerhafte Ehe auf Kinder hat: Scheidungskinder kommen im Leben nicht annähernd so gut zurecht wie Kinder, die in einer intakten Familie aufgewachsen sind.

Und warum ist das so? Weil wir nach dem Bild Gottes geschaffen sind. Wir wurden als Ebenbild der Liebe geschaffen. Wir wurden geschaffen, um zu lieben und geliebt zu werden. Und es gibt kein besseres Umfeld und keine idealere Gelegenheit als die Ehe, um einen anderen Menschen ein Leben lang zu lieben und von ihm geliebt zu werden. Natürlich ist das auch gefährlich – die beiden sind schließlich immer zusammen. Es ist auch der Ort, an dem man am meisten Schaden anrichten kann. Gott setzt die Ehe dazu ein, um uns die tiefste Freude des Lebens zu ermöglichen. Satan versucht, die Ehe dazu zu benutzen, um Zerstörung anzurichten.

Ohne Sie wird Ihr Ehepartner niemals zu dem Mann oder der Frau werden, als die Gott ihn oder sie gedacht hat, und das Reich Gottes wird nicht in der Weise voranschreiten, wie Gott es will.

Ihr Ehepartner spielt in Ihrem Leben die wichtigste Rolle. Sie spielen im Leben Ihres Ehepartners die entscheidende Rolle. Niemand übt einen größeren Einfluss auf die Seele Ihres Ehepartners aus als Sie. Niemand hat einen offeneren Zugang zum Herzen Ihres Ehepartners als Sie. *Das ist eine ungeheure Ehre.*

Halten Sie einen Moment inne. Atmen Sie tief durch. Lassen Sie diese Wirklichkeit ein wenig tiefer sinken – Sie sind der Mensch, der im Leben Ihres Ehepartners die bedeutendste Rolle spielt. Nicht die Mutter oder der Vater. Nicht sein Lieblingslehrer, sein Pastor oder sein Lieblingsschriftsteller. *Sie* sind es. Das ist eine ernüchternde Tatsache, nicht wahr? Sie stehen auf heiligem Boden. Sie besitzen mehr Bedeutung, als Sie selbst gedacht hätten.

Der Preis der Ehe

Verheiratet zu sein kostet Sie alles. Tränen. Schlaflose Nächte. Unglaubliche Verletzungen und Opfer. Die Ehe wird sie dazu veranlassen, Ihr Herz und Ihre Seele, Ihre Sehnsüchte und Ihren Charakter genauestens unter die Lupe zu nehmen. Das tut weh. Das ist nicht leicht. Aber das wissen Sie ja bereits!

Natürlich kostet es uns alles, wenn wir lieben – denken Sie nur an das Kreuz. Doch die Liebe ist es *immer* wert.

Wir alle wissen, dass es schwer ist zu lieben. Die Ehe ist hart. Sie ist hart, *weil sie angefeindet wird.* Der Teufel hasst die Ehe. Er hasst das wunderschöne Bild von Jesus und seiner Braut, für das die Ehe steht. Er hasst die Liebe und das Leben und alles Schöne. Die Welt hasst die Ehe. Sie hasst Einheit und Treue und Ausschließlichkeit. Und auch unsere menschliche Natur ist in dieser Sache nicht unser Verbündeter – sie rebelliert dagegen, dass wir etwas anderes höherstellen sollen als uns selbst. Unsere menschliche Natur stirbt nur ungern.

Aber Gott liebt die Ehe! Die Heilige Dreieinigkeit ist *für* die Ehe. Gott liebt Vertrautheit, Freundschaft, Einheit, Selbstaufgabe, Lachen, Vergnügen, Freude und das Bild der heiligen Liebesbeziehung, die Sie vor der Welt repräsentieren. Gott steht Ihnen zur Seite. Er ist für Sie. Er hat uns sogar *geboten* zu lieben, und er sichert uns zu, dass durch ihn und in ihm alle Dinge möglich sind. Nicht einfach, aber möglich!

Die Ehe wird Ihnen alles abverlangen und darum benötigen Sie eine Vision für Ihre Ehe. (Was denken Sie? Warum lässt Gott uns den Ehebund wohl mit einem Versprechen besiegeln?)

Da haben Sie's: Wir leben in einer großartigen Liebesgeschichte, die inmitten einer kriegerischen Auseinandersetzung spielt. Wir brauchen einander – unbedingt. Uns wurde das Herz eines anderen Menschen anvertraut. Unsere Liebe wird der Welt beweisen, dass die Liebe real ist. Vor den wachsamen Augen dieser Welt verkörpern wir die größte Liebesgeschichte aller Zeiten.

Kapitel 3

Ein ausgewachsener Sturm

Ich geriet mitten in einen Ring aus Feuer.
JOHNNY CASH

Also ... Gott erschafft Adam und Eva, Mann und Frau. Er führt sie zusammen – in die wohl engste Beziehung, die zwei Menschen überhaupt eingehen können. Mörderisch eng. Gott verbindet die beiden durch die Ehe. Und dann leben sie glücklich und zufrieden bis an das Ende ihrer Tage. Oder etwa nicht?

Habe ich da ein zynisches Schnauben gehört?

Heute Morgen erst sprachen Stacy und ich über die Ehen in unserem Bekanntenkreis und kamen zu einer ernüchternden Erkenntnis:

Wir können nicht eine Ehe nennen, die in den letzten drei Jahren nicht durch heftige Stürme gegangen wäre. Nicht eine einzige. Und wir kennen viele Menschen und darum auch viele Ehen.

Unter all unseren Angehörigen, Freunden, Gemeindegliedern, Arbeitskollegen und Nachbarn sollten wir – so möchte man meinen – doch wenigstens ein Paar nennen können, das ohne Sorgen und Probleme ist. Wir können keines finden. *Nicht ein einziges.* Jedes verheiratete Paar, das wir kennen, steckt entweder gerade in einer Krise oder hat bereits einige schwere Auseinandersetzungen hinter sich oder hat das Handtuch geworfen.

Nun würden wir die Mühsal der Ehe ja gerne ganz und gar auf den großen Kampf zwischen Gut und Böse schieben, aber das wäre wohl nicht ganz ehrlich, oder? Es sind noch andere Faktoren am Werk. Je eher wir sie verstehen, umso eher werden wir begreifen, warum die Liebe zwischen Mann und Frau sich so schnell in einen Krieg verwandeln kann. Es gibt einen Feind, der mit allen Mitteln versucht, unsere Ehen zu zerstören. Doch wir müssen auch mit uns selbst und mit unserem Ehepartner zurechtkommen – und jeder von uns hat seine Geschichte, seine Persönlichkeit und seine ganz spezifische Art, das Leben irgendwie in den Griff zu bekommen.

Der Versuch, Wasser und Öl zu mischen, ist eine echte Herausforderung. Und erst recht der Versuch, zwei hochexplosive Stoffe zu mischen.

Gegensätze ziehen sich an

Stacy unterhält sich gern. Vor allem morgens, während wir in den Tag starten, oder abends beim Zubettgehen. Ich stehe morgens in der Küche, und sie unterhält sich vom Schlafzimmer aus mit mir, obwohl ich gerade den Mixer betreibe und überhaupt nicht hören kann, was sie sagt. Und dann kommt sie in die Küche und fragt mich: „Und? Was sagst du dazu?" Oder abends. Da wartet sie, bis ich mir gerade die Zähne putze, um mir (wieder aus einem anderen Zimmer heraus) irgendeine Geschichte zu erzählen. Ich habe dieses Geräusch wie von einer Waschanlage im Kopf und kann noch nicht einmal die Hälfte von dem verstehen, was sie von sich gibt.

Das macht mich wahnsinnig.

Wie bei vielen anderen Ehepaaren auch hat Stacy „ihr" Auto und ich habe „meines" (genau gesagt einen Honda und einen Ford Pick-up). Wir sind gerade auf dem Sprung zu irgendeiner Besorgung oder etwas Ähnlichem, steigen in meinen Wagen, und was macht sie? Sie stellt einen anderen Sender ein oder drückt auf irgendwelchen Knöpfen herum, um die Innentemperatur zu verändern. Ich werfe ihr einen Blick zu, der sagen soll: *Was machst du da in meinem Auto?* Und sie sagt: „Was denn?" Sie begreift es einfach nicht.

Das macht mich wahnsinnig.

Und dann ist da noch die Sache mit den Lampen. Egal, um welchen Raum es geht, Stacy liebt gedämpftes Licht. (Sie ist das reinste Höhlenwesen – sie mag es dunkel und kühl.) Ich dagegen mag es, wenn es so hell wie möglich ist. Da sitzen wir also zusammen in einem Zimmer und Stacy geht einfach hin und dimmt die Beleuchtung runter.

Das macht mich absolut wahnsinnig ...

*

John riecht gern an Lebensmitteln, bevor er sie isst. Wie ein Hund. Er macht eine Packung Müsli auf und schnuppert daran, bevor er sich etwas davon nimmt. Ich biete ihm etwas von meinen Kartoffelchips an, und bevor er sie nimmt, schnüffelt er an der Tüte. Er macht das mit Obst, Milch, Senf, einfach mit allem, was irgendwann einmal schlecht werden könnte.

Das macht mich verrückt.

Außerdem hat er diese Angewohnheit, unvermittelt den Raum zu verlassen, ohne zu sagen, warum und wohin er geht. Wir sitzen gerade als Familie zusammen und er geht auf einmal einfach aus dem Wohnzimmer. Wenn ich ihn dann suche, finde ich ihn in der Garage, wo er an irgendetwas herumbastelt. „Was ist denn?“, fragt er nur. Er verlässt auch das Haus, ohne „Auf Wiedersehen“ zu sagen oder „Ich fahre ins Büro“ oder etwas Ähnliches.

Neulich hatten wir eine unserer seltenen Verabredungen zu zweit. Wir wollten ins Kino und waren etwas spät dran. Ich hatte etwas länger gebraucht, um mich zurechtzumachen – John nennt das „herummachen“ –, aber eigentlich hätten wir meiner Meinung nach noch genügend Zeit gehabt, wenn wir uns beeilt hätten. Als wir nun an diesem überfüllten Freitag in den Parkplatz einbogen, steuerten wir geradewegs auf einen freien Platz zu. *Super,* dachte ich mir, *das geht ja flott.* Dachte ich. Aber John fuhr an dem Parkplatz vorbei. Er tuckerte die ganze Reihe ab und ließ noch zwei weitere freie Plätze aus, um es in der nächsten Reihe zu versuchen. Er fuhr doch tatsächlich minutenlang herum und suchte den *idealen* Parkplatz!

Mich treibt er damit zum Wahnsinn.

Ich bin eine Frau, die feste Strukturen braucht. Am besten funktioniere ich mit konstanten Größen; eine durchdachte, wenn auch flexible Zeitplanung ist mein bester Freund. Für unseren Haushalt führe ich einen großen Kalender. Wann sind welche Rechnungen zu bezahlen? Bei wem ist wann was los und welchen Beitrag muss wer dazu leisten? Vor allem *ich*? Ich mag es nicht, wenn Dinge in letzter Sekunde auf mich zukommen. Bitte keine Überraschungspartys! Das geht bei mir nicht gut. Wenn mein Tagesablauf durcheinandergerät, fühle ich mich innerlich aus der Balance geworfen. Am glücklichsten bin ich, wenn ich weiß, was wann auf mich zukommt, und wenn alle nötigen Entscheidungen getroffen sind und ich die Dinge auf meiner To-do-Liste abhaken kann. Mit plötzlichen Veränderungen komme ich nicht gut zurecht. John ist genau das Gegenteil – er liebt schnelle Entscheidungen und Diskussionen mit offenem Ausgang. Wenn er etwas sagt, dann nicht, weil er sich – wie ich – bereits eine Meinung gebildet hat, sondern um seine Optionen zu durchdenken. Er handelt je nach Bedarf.

Das macht mich verrückt.

Addieren Sie zu diesen Persönlichkeitszügen nun noch die Tatsache, dass er ein Mann ist und ich eine Frau bin, dann bekommen Sie unterm Strich zwei höchst unterschiedliche Menschen, die einander oft ein totales Rätsel sind.

Ich kann mich bei einem heißen Wannenbad mit Lavendelduft herrlich entspannen. Manchmal, wenn John gestresst ist, schlage ich ihm ein schönes Bad vor. Dann schaut er mich an, als hätte ich ihm gerade geraten, er solle sich doch mal die Fingernägel lackieren. Ich sehe mir gerne Kochsendungen an, in denen gezeigt wird, wie man Torten kunstvoll verziert; John fährt auf Reportagen ab, in denen harte Männer der Wildnis trotzen. Er raucht gern mal eine Zigarre, ich kann den Gestank nicht leiden. Ich mag Duftkerzen, John verabscheut sie. Ich tue mir etwas Gutes, indem ich mir eine Pediküre gönne. John findet einen Tag dann gelungen, wenn er mit Pfeil und Bogen auf die Jagd gehen kann.

Und wir beide leben zusammen. Im selben Haus! Es ist ein Wunder, dass wir uns noch nicht gegenseitig an die Gurgel gegangen sind. Manchmal treiben wir uns gegenseitig in den Wahnsinn, einfach weil jeder von uns so ist, wie er ist. Moorwackler (ein Geschöpf aus den „Chroniken von Narnia") hat recht:

Wir müssen uns alle anstrengen, nicht die Beherrschung zu verlieren, in Anbetracht der harten Zeiten, die vor uns liegen. Es bringt nichts, wenn wir uns streiten. Auf jeden Fall sollten wir nicht zu früh damit anfangen. Ich weiß, dass derartige Expeditionen gewöhnlich so enden. Vermutlich werden wir mit dem Messer aufeinander losgehen, bevor wir am Ziel sind ...
C. S. LEWIS, DER SILBERNE SESSEL (S. 64; BRENDOW VERLAG 2000)

Es ist ein Wunder, dass noch keiner von uns zum Messer gegriffen hat.

Es gehört zur Liebe dazu, dass wir lernen, mit unserem Gegenüber und all seinen kleinen Schrullen zu leben. „Die Liebe ist ein Stein, der vom Fluss glatt geschliffen wird", singt Shawn Mullins. Wir wollen, dass unsere Liebe fest und unerschütterlich ist wie ein Felsblock. Beständig und sicher. Doch das mit dem Fluss ist eine andere Sache – das liegt uns weniger. Aber seien wir doch ehrlich: Wir alle haben eine etwas kantige Persönlichkeit, oder etwa nicht? Bei jedem von uns muss so einiges glatt geschliffen werden. Und damit dieser wunderbare Prozess gelingen kann, hat Gott ... uns einen Ehepartner gegeben. Die Ehe ist der rauschende Fluss, den Gott dazu benutzt, um aus uns den Menschen zu formen, als die er uns gedacht hat.

Der zweite große Schock

Aus irgendeinem Grund erinnere ich (John) mich noch lebhaft an dieses Gespräch. Ich fuhr mit einem noch jungen Freund auf einer Schnellstraße durch Colorado Springs, als er verkündete: „Ich bin ja so froh, dass Megan keine inneren Verwundungen mit sich herumträgt." Er sprach von dem Mädchen, mit dem er sich in Kürze verloben wollte. Ich bemühte mich, nicht die Augenbrauen hochzuziehen, und schwieg in der Hoffnung, er werde seinen Gedankengang fortsetzen. „Ich meine, denk doch nur an all die Mädchen, die so herumlaufen – die meisten sind doch völlig versaut. Aber nicht Megan. Sie ist *heil.*"

Ich blickte weiter geradeaus, nickte und sagte so etwas wie: „Das ist toll." Er war noch nicht bereit für das, was ich eigentlich dazu zu sagen hatte. Sollte er doch die rosa Seifenblase genießen, solange er konnte. Ich musste doch nicht derjenige sein, der sie zum Platzen brachte. In mir spürte ich ein trauriges Seufzen. *Bruder, du wirst noch dein blaues Wunder erleben.*

Tja, sechs Jahre später beschrieb er die vergangenen Jahre als die schwersten seines Lebens. Wie sich herausstellen sollte, trug Megan mehr Kaputtes in sich, als er gedacht hatte.

Das ist immer so.

Der erste große Schock in der Ehe besteht darin zu entdecken, wie hart sie ist. Der zweite Schock folgt dem ersten meist auf den Fuß: Beide Ehepartner sind ein ansehnlicher Scherbenhaufen.

Warum muss er sich ständig verteidigen? Warum hat sie keine Lust auf Sex? Warum kann er keine Kritik vertragen? Warum klebt sie so an ihm? Was ist das für eine nur mühevoll unterdrückte Wut? Wo kommt diese Sucht her? Warum redest du nicht mit mir? Wer bist du überhaupt?!

Vielleicht sollte man die Geschichte lange vor der Hochzeit beginnen lassen – bei dem kleinen Jungen und dem kleinen Mädchen, die sich eines Tages ineinander verlieben und einander ihr ganzes Leben versprechen werden. Ich (Stacy) brachte ein verwundetes Herz und eine tiefe Unsicherheit mit in unsere Ehe. Die entscheidende Wunde wurde mir mit drei Jahren zugefügt, als ich am Küchentisch saß und meiner Mutter dabei zuschaute, wie sie das Abendessen zubereitete. Damals erzählte sie mir zum ersten – aber nicht zum letzten – Mal, wie verzweifelt sie gewesen war, als sie erfuhr, dass ich unterwegs war. Sie hatte bei der Nachricht, dass sie schwanger war, schrecklich geweint. Ihre Worte stachen mir ins Herz, denn ich hörte die Botschaft: *„Du bist eine einzige Enttäu-*

schung. Allein die Tatsache, dass du auf der Welt bist, bereitet mir großen Schmerz."

Wie jedes andere kleine Mädchen wurde ich mit einer tiefen Herzensfrage geboren, die in etwa so lautet: *„Freust du dich an mir?"* Die Antwort, die ich von meiner Mutter erhielt, war ein klares „Nein". Doch so groß der Einfluss einer Mutter auf ihre Tochter auch sein mag, noch entscheidender ist der Einfluss ihres Vaters. Darum trug ich diese Frage meines Herzens vor allem meinem Vater vor.

Als Handelsvertreter war mein Vater regelmäßig zwei Wochen am Stück unterwegs. Dann verbrachte er ein Wochenende zu Hause, um anschließend wieder für zwei Wochen auf Tour zu gehen, und so weiter. Er war, wenn er da war, nicht unfreundlich zu mir, aber er war eben selten da. Ein beginnender Alkoholismus, eine schwierige Ehe – bevor mein Vater nach Hause kam, genehmigte er sich stets ein paar Drinks in einer Kneipe oder sogar bei unseren Nachbarn. So ging das, bis ich 10 Jahre alt war. Anschließend sorgten eine Beförderung und die angeknackste Beziehung zu meiner Mutter dafür, dass er abends meist noch lange im Büro blieb. Oft sah ich ihn tagelang nicht und dachte, er sei auf Reisen. Doch er hielt sich einfach nur von zu Hause fern.

Die Botschaft, die ich als kleines Mädchen in unserer instabilen Familie vermittelt bekam, lautete: „Mach bloß keinen Ärger, sonst geht unsere Familie kaputt." Ich hatte nicht das Gefühl, dass sich jemand an meiner Existenz freute. Ich fühlte mich noch nicht einmal wahrgenommen. Als letztes von vier Kindern einer überforderten Mutter und eines abwesenden Vaters lernte ich sehr schnell, mich im Hintergrund zu halten. Ich verbarg mein wahres Ich vor meinen überbeschäftigten Eltern, denn ich glaubte, dass die wankende kleine Welt, in der ich lebte, auseinanderbrechen würde, wenn ich zu viel von meinen Eltern verlangte oder ihnen Kummer bereitete. Ich wollte nicht schuld sein, dass unsere Familie unterging. Die Welt war ein gefährlicher Ort, an dem man sich in Acht nehmen musste: Ein Fehltritt konnte alles zerstören.

Und dies alles brachte ich mit in unsere Ehe.

Ich glaubte, dass John mich irgendwie durchaus liebte, aber ich war ständig auf der Hut vor der nächsten Pleite. Innerlich glaubte ich, dass ich eine einzige Enttäuschung sei, und darum versuchte ich verzweifelt, die Frau zu sein, die John sich in meinen Augen wünschte. Ich zeigte John mein wahres Selbst nicht, weil ich glaubte, es sei nicht das, was er wollte. Ich versuchte herauszufinden, wie ich möglichst wenig „Ärger machen" konnte.

John war zu dieser Zeit ein gnadenloser Perfektionist – es war unmöglich, *keine* Konflikte heraufzubeschwören. Er korrigierte, wie ich das Gemüse für den Eintopf schnitt. Er bügelte die Hemden, die ich bereits für ihn gebügelt hatte, noch einmal nach. Wo immer er mit etwas nicht zufrieden war, was mit mir zu tun hatte, interpretierte mein verwundetes Herz dies als die Aussage: *„Ich bin ganz und gar enttäuscht von dir."*

Ich liebte meinen Mann, aber ich hatte Angst. Und darum verbarg ich mich. Indem ich immer mehr zunahm. Indem ich mich weigerte mitzuteilen, was ich wirklich fühlte. Indem ich mich zurückhielt, wenn John eine Korrektur von mir gebraucht hätte. Ich gestaltete meine Ehebeziehung so, dass ich weitere Verletzungen vermied. Es erschien das einzig Logische zu sein. Meine Ehe hätte es beinahe zerstört.

*

Die entscheidende Wunde in meinem (Johns) Leben war der Alkoholismus meines Vaters. Auch jeder kleine Junge trägt eine alles entscheidende Frage in seinem Herzen, doch sie ist spezifisch männlich: „Habe ich das Zeug dazu?" Und ein kleiner Junge sucht die Antwort auf diese Frage bei seinem Vater.

Meine Vaterwunde lautet (wie viele spätere Wunden): Verlassenheit – „niemand wird jemals für dich da sein". Das ist einer der Leitsätze meines Lebens. Das ist meine Zerbrochenheit, zu der es einiges zu erzählen gäbe, doch das Entscheidende ist, dass mein junges Herz diesen Satz für wahr hielt. Er wurde meine Realität: So funktioniert diese Welt – niemand wird jemals für dich da sein. Du bist auf dich allein gestellt.

Ich entdeckte bald, dass ich clever und wortgewandt genug war, um im Leben allein zurechtzukommen. Doch dabei wurde ich zu einem innerlich getriebenen Perfektionisten, der überzeugt war, dass Liebe nicht von Dauer ist, und der sich mit großer Entschlossenheit selbst zu schützen versuchte. Mein Schlachtruf lautete: „Ich brauche niemanden!"

Eine Frau mit der tiefen Wunde, eine Enttäuschung zu sein, heiratet einen Mann, den sie unmöglich zufriedenstellen kann. Ihre Angst, niemals wirklich geliebt zu werden, trifft auf seine Entschlossenheit, keinen anderen Menschen zu brauchen. Das ist so, als würde ein Mensch mit Höhenangst einen Job als Fensterputzer beim *Empire State Building* antreten! Ein Mann, der durch die Sucht seines Vaters eine tiefe Wunde der Verlassenheit in sich trägt, heiratet eine Frau, deren innere Unsicherheit sie dazu veranlasst, sich von ihm zurückzuziehen. Seine Angst, nicht gut genug zu sein, trifft auf den Abgrund in ihrem Herzen, den keine noch so große Liebe füllen kann. Wie diese Dinge ineinanderspielen, jagt einem einen kalten Schauer den Rücken hinunter. Man kann sich kaum ein furchteinflößenderes Szenario vorstellen.

Gegensätze ziehen sich tatsächlich an. Unsere Wunden zogen sich gegenseitig an wie Schwarzpulver und Feuer.

Gott hängt übrigens in dieser ganzen Sache mit drin. Er ist der Schöpfer Ihrer Ehe. Er hat sich das so ausgedacht.

Unsere Zerbrochenheit verbindet sich mit unserer Sünde und führt zu einem ganz bestimmten Beziehungsstil. Zu einer Art, das Leben anzugehen, die uns völlig gerechtfertigt und sinnvoll erscheint; doch in Wirklichkeit wird sie uns und die Menschen um uns herum zerstören, wenn wir sie nicht durchschauen.

Was denkt sich Gott dabei?

Erfahrene Expeditionsteilnehmer geben Anfängern den einhelligen Rat: „Such dir deinen Zeltgenossen sorgfältig aus!" Denn mit ihm muss man Wochen und Monate auf engstem Raum verbringen. Bei schlechtem Wetter werden Sie mit diesem Menschen die erzwungene Zweisamkeit eines kleinen Kokons aus Zeltstoff teilen müssen. Nach wenigen Tagen schon wird jede Kleinigkeit an ihm Sie zum Wahnsinn treiben – wie er isst, wie er atmet, wie er vor sich hinsummt, wie er an seinen Fingernägeln kaut. Um zu verhindern, dass das Ganze in einem großen Donnerwetter endet, müssen Sie sich mit einem Partner zusammentun, der sich möglichst gut mit Ihnen verträgt.

Gott macht genau das Gegenteil. Er steckt uns mit jemandem zusammen, der völlig anders ist als wir selbst. Unsere jeweilige Zerbrochenheit spielt der des anderen so perfekt in die Hände, dass es schon fast grotesk anmutet. Als würde man einen Hund und eine Katze zusammen in einen Wäschetrockner sperren. Ist Gott denn völlig verrückt? Warum tut er so etwas?

Weil die Ehe eine göttliche Verschwörung ist.

Es ist eine Verschwörung, die von Gott höchstpersönlich angezettelt wurde und hinter der eine göttliche Absicht steckt.

Gott lockt uns mit fadenscheinigen Vorwänden wie Liebe oder Sex oder Einsamkeit oder einfach dadurch in die Ehe, dass uns endlich jemand wahrgenommen hat. Es gibt so viele Gründe, warum Menschen heiraten. Sie spielen eigentlich gar keine Rolle, denn Gott tut alles, was nötig ist. Er lockt uns in die Ehe, und dann benutzt er diese Ehe, *um uns zu verändern*.

Kommen wir zurück zu den Märchen. In jeder dieser Erzählungen haben der Junge oder das Mädchen eine fatale Schwachstelle. Wenn sie nicht zulassen, dass sie verwandelt werden – ein wichtiges Element der Geschichte –, können sie es niemals schaffen. Das Böse wird siegen, sie werden ihr Herz verlieren und sich trennen, und niemand wird glücklich bis an das Ende seiner Tage. Shasta – der zum Selbstmitleid neigt – muss sich ständig rechtfertigen. Aravis – die eine sehr hohe Meinung von sich selbst hat – verhält sich herablassend. Sie sind ständig im Clinch miteinander, und die Geschichte von Narnia kann erst voranschreiten, als Shasta aufhört, sich zu beklagen, und Aravis sich zurücknimmt. In *Die Schöne und das Biest* verhält sich die Schöne wie eine Primadonna, und das Biest hat Probleme damit, seine überschäumende Wut zu zügeln. Sie muss zu ihrem Mut finden und er zu seiner Zärtlichkeit. In jeder dieser Geschichten hängt das Happy End an einer ganz bestimmten Wendung der Ereignisse und in deren Zentrum steht die Verwandlung der Hauptfiguren.

Das alles geht zurück auf Adam und Eva. Sie haben die Sünde gewählt und nun ist ihre Sünde unsere Sünde. Seit damals sind alle Menschen von dieser Sünde infiziert.

Adam als Mann war die Ebenbildlichkeit Gottes vor allem in seiner Stärke verliehen worden – eine Stärke, die ihm zum Wohle anderer gegeben war. Dabei geht es nicht um Muskeln, sondern um die *innere* Kraft. Ist Ihnen aufgefallen, dass Männer, die versagen, in der Regel auf eine von zwei Arten reagieren? Entweder werden sie passiv und verstummen oder sie werden dominant und gewalttätig. Entweder setzen sie ihre Stärke nicht mehr für andere ein oder sie richten mit ihrer Kraft Schaden an. Ich (John) habe beides getan. Ich war völlig passiv, als es darum ging, Stacy meine Nähe anzubieten, und flüchtete mich stattdessen in die Arbeit. Und ich wurde getrieben von meinem Perfektionismus und verhielt mich im Grunde aggressiv.

Eva als Frau war die Ebenbildlichkeit Gottes in ihrer Schönheit verliehen worden – einer inneren Schönheit, die sich oft in Zärtlichkeit und Verletzlichkeit zeigt. Ist Ihnen schon mal aufgefallen, dass das Versagen der Frauen entweder in einer kontrollierenden Haltung oder einer verzweifelten Bedürftigkeit besteht? Entweder weigern sie sich, ihre Verletzlichkeit zu zeigen, oder sie klammern sich an ihren Mann, um den Schmerz ihrer Seele zu stillen. Ich (Stacy) habe beides getan. Über mein Körpergewicht polsterte ich mein Inneres ab und schützte mich gegen Intimität. Meine Angst, eine Enttäuschung zu sein, hielt mich davon ab, mein wahres Selbst zu zeigen. Und doch erwartete ich von John, mein seelisches Vakuum zu füllen.

Wir haben jeder eine eigene Art, mit dem Leben umzugehen. Man könnte es auch unseren persönlichen Stil nennen: die Art, wie wir mit Stress umgehen, unsere Art zuzuhören, die Art, wie wir unser Glück suchen, die Art, wie wir die Welt um uns unter Kontrolle zu halten versuchen. Wir haben uns nicht irgendwann hingesetzt und beschlossen, das so zu machen. Und doch ist es unsere eigene Entscheidung. Nennen wir es unseren Beziehungsstil. Es ist eine sorgsam ausgearbeitete Herangehensweise an das Leben – insbesondere an unsere Beziehungen. Sie verleiht unserer Art, zu arbeiten, zu lieben, auf andere zu reagieren und mit Menschen zu kommunizieren, ihre ganz eigene Färbung. Ist das nicht eine echte Erleuchtung? Sie haben eine ganz bestimmte Art, Beziehungen zu gestalten, die es Ihnen ermöglichen soll, das Leben zu meistern.

Unser Beziehungsstil entspringt unter anderem unserer Zerbrochenheit und Sünde. Er ist das größte Hindernis für wahre Liebe und echte Freundschaft, für das gemeinsame Abenteuer und das Funktionieren einer Ehe. Es ist tatsächlich so simpel:

Das, was Ihnen am meisten im Weg steht, ist Ihre persönliche Eigenart. Und damit meine ich nicht das Beharren auf den eigenen Vorstellungen im Hinblick auf das gedämpfte Licht oder den idealen Parkplatz. Ich meine Ihre Art, mit dem Leben umzugehen, Ihren Beziehungs- und Lebensstil.

Jeder von uns ist seinem „Stil“, seiner Herangehensweise an das Leben, zutiefst verpflichtet. Wir haben keinerlei Intention, ihn aufzugeben. Nicht einmal für die Liebe. Darum schafft Gott ein Umfeld, in dem wir ihn aufgeben *müssen.* Man nennt dieses Umfeld *Ehe.*

Nehmen Sie die fundamentalen Unterschiede zwischen Mann und Frau. Fügen Sie die Tatsache hinzu, dass Gegensätze sich anziehen und unsere jeweiligen Eigenheiten sich fast immer in dem einen oder anderen Bereich beißen. Dazu noch unsere tiefe Zerbrochenheit, unsere Sünde und unseren eigenartigen Beziehungsstil. Und heraus kommt ein ausgewachsenes Chaos.

Gott möchte, dass wir glücklich sind. Das tut er wirklich! „Ich“, so sagt Jesus, „bin gekommen, um ihnen das Leben zu geben, Leben im Überfluss“ (Johannes 10,10). Doch er weiß auch, dass wir nicht glücklich sein können, wenn wir nicht an unserer Zerbrochenheit, unserer Sünde und unserem Beziehungsstil arbeiten. Auch in unserem Umfeld wird ohne eine Veränderung keiner glücklich werden. Die meisten Dinge, die Ihnen in den letzten 12 Monaten widerfahren sind, gehören zu Gottes Versuch, Sie dazu zu bringen, dass Sie sich Ihre Verbogenheiten eingestehen und umkehren.

Einst, als ich noch ein Kind war, da redete ich wie ein Kind, ich fühlte und dachte wie ein Kind. Als ich dann aber erwachsen war, habe ich die kindlichen Vorstellungen abgelegt.

1. KORINTHER 13,11

In dieser Aussage zeigt sich das alte christliche Verständnis der Welt: Glück ist die Frucht anderer Dinge, vor allem aber unserer Heiligung, und darum *müssen* wir uns einer Verwandlung unterziehen. Wir müssen glatt gewaschen werden wie die Flusskiesel. Wie in den Märchen müssen wir an Gottes Heiligung Anteil haben, bevor die Geschichte zum Ende kommen kann.

Diese Ansicht ist ein Schlag ins Gesicht einer beliebten Lebensauffassung jüngerer Prägung – der „Glücksperspektive". Sie bestimmt die Erwartungen, die die meisten Menschen an die Ehe (und an alles andere) stellen: „Wir sind auf der Welt, um glücklich zu sein, und darum sollen die anderen uns gefälligst glücklich machen."

Da kann die Erkenntnis, dass Gott vielleicht etwas anderes im Sinn haben könnte, schon eine ziemliche Störung unserer glückseligen Erwartungshaltung sein!

Es geht darum zu lernen, wie man liebt

Ein Leben *mit* Ihnen sollte besser sein als ein Leben *ohne* Sie. Keinesfalls ist es so gedacht, dass das Leben mit Ihnen noch härter wird als ohne Sie.

Wir haben den ersten Schock der Ehe als den Moment beschrieben, in dem uns klar wird, wie hart die Ehe ist, und den zweiten Schock als den Moment, in dem wir erkennen, was für ein Scherbenhaufen wir sind. Doch das sollte uns eigentlich Hoffnung machen, denn diese Entdeckungen führen uns zum Geheimnis des Lebens: *Wir sollen lernen, wie man liebt.* „Dies ist mein Gebot", so sagt Jesus: „Ihr sollt einander so lieben, wie ich euch geliebt habe" (Johannes 15,12). Schließlich ist das Ganze eine einzige große Liebesgeschichte. Und wie sieht das aus, wenn man lieben lernt? Nun, zum einen geht es darum, dass Sie der Zerbrochenheit Ihres Ehepartners Mitgefühl entgegenbringen, während Sie gleichzeitig beschließen, sich von Ihrem eigenen, als Selbstschutz gedachten verbogenen Beziehungsstil abzuwenden.

Wir müssen uns dazu natürlich unserem Beziehungsstil stellen. Als Männer achten wir darauf, wo wir passiv sind und wo wir uns dominierend, herzlos oder gewalttätig verhalten. Als Frauen stellen wir uns den Situationen, in denen wir kontrollieren oder verzweifelt klammern. Und während Gott uns dies alles offenbart, fällen wir tausend kleine Einzelentscheidungen, durch die wir uns von unserem verbogenen Beziehungsstil abwenden. Wir fällen die bewusste Entscheidung zu lieben.

Wenn Sie bisher – als passiver Mann oder als kontrollierende Frau – Konflikte vermieden haben, dann sagen Sie jetzt: „Konflikte dürfen sein. Lass uns über die Dinge reden. Ich gehe sie mit dir zusammen an!" Wenn Sie bisher Intimität vermieden haben, sagen Sie nun: „Ich brauche dich. Ich will keine Insel sein, keine unbezwingbare Festung. Ich beschließe, mich auf andere Menschen einzulassen, und du bist der wichtigste Mensch von allen." Wenn Sie bisher kontrollierend gewesen sind, öffnen Sie jetzt Ihre Fäuste. Wenn Sie sich bisher versteckt haben, zeigen Sie sich jetzt. Wenn Sie voller Zorn waren, legen Sie jetzt Ihre Wut beiseite und beschließen Sie, verletzlich sein zu dürfen.

Können Sie ehrlich über Ihren Beziehungsstil sprechen? Haben Sie überhaupt eine Ahnung, wie Ihr Stil aussieht? Fragen Sie Gott. Es kostet Mut, mit unserem Ehepartner über diese Dinge zu sprechen. Wir spüren, wie hoch das Risiko ist und wie verletzlich wir uns dabei machen. Doch diese Art von Gespräch lohnt sich. Ein Gespräch, das nicht von Kritik und Anschuldigungen bestimmt wird, sondern in dem wir einander in Liebe die Wahrheit sagen. Ein Gespräch, das helfen soll, einander *besser* verstehen und lieben zu können.

Es ist für Sie beide sehr, sehr hilfreich, wenn Sie die Lebensgeschichte Ihres Partners kennen. Meine Damen, kennen Sie die Lebensgeschichte Ihres Mannes? Und Sie, meine Herren, kennen Sie die Lebensgeschichte Ihrer Frau?

Im geschützten Umfeld unserer Kleingruppe haben in den vergangenen Jahren sechs von uns „ihre Geschichte“ erzählt. Wir nahmen uns für jede Lebensgeschichte jeweils einen Abend Zeit. Angefangen bei der Kindheit berichteten wir einander von den prägenden Momenten unseres Lebens – den schmerzhaften ebenso wie den glücklichen. Wir legten die Seiten unseres Lebensbuches offen. Und obwohl jedes der Ehepaare in unserem Kreis bereits mehr als zwei Jahrzehnte miteinander verheiratet war, hörten alle Ehemänner und Ehefrauen ganz neue Geschichten, die sie zutiefst bewegten. Es gab unzählige „Aha“-Momente. Viele Tränen. Viel Gnade.

Es war ein guter Anfang, um einander tiefer zu verstehen. Fehlende Puzzleteile der Persönlichkeit des anderen kamen an ihren Platz. „Ach, deshalb telefonierst du so ungern!“ Oder: „Also liegt es daran, dass du oft das Gefühl hast, dich vor mir rechtfertigen zu müssen? Jetzt verstehe ich das.“

Den eigenen Ehepartner besser zu verstehen, weil man Einblick in seine Lebensgeschichte und Beweggründe bekommt, ist unbezahlbar. Sie können sich viel leichter und liebevoller neben Ihren Partner stellen und ihm oder ihr dabei helfen, Schwierigkeiten zu überwinden, wenn Sie wissen, wo der andere herkommt. Wenn wir anfangen, die Zerbrochenheit des anderen zu verstehen, werden wir sehr viel mehr Erbarmen mit Handlungsweisen haben, die uns zuvor einfach nur auf die Palme gebracht haben.

Die Zeit, die Sie sich nehmen, um sich die Geschichte Ihres Mannes oder Ihrer Frau anzuhören, ist gut investiert. Wir möchten Ihnen dazu Mut machen. Schenken Sie sich gegenseitig ein paar Stunden Zeit. Stellen Sie Fragen. Hören Sie zu. Laden Sie Gott ein, diese Zeit zu leiten und zu füllen. Es wird sehr viele gute Früchte tragen.

Sagen Sie nicht mehr: „Ändere dich!", sondern: „Ich verändere mich."

An einem frühen Winternachmittag dieses Jahres fuhren wir von einer Matinee nach Hause, als John mich fragte: „Was glaubst du – warum bist du so wütend?"

Huch? Was? Wo kommt das auf einmal her? Wir verbringen einen angenehmen Tag und auf einmal so etwas! „Es ist doch gerade alles bestens!", verteidigte ich mich. „Warum fragst du mich das gerade jetzt?"

John antwortete: „Stacy, nach all den Jahren, die wir verheiratet sind, habe ich gelernt, dass es keine geeignete Zeit gibt, um dir eine solche Frage zu stellen."

Okay. Das war wohl wahr.

Auch wenn der Zeitpunkt überraschend gewählt war, so kam die Frage an sich nicht unerwartet. Ich hatte an diesem Morgen mit Gott über etwas gesprochen, was mir in meinem Innern bewusst geworden war: eine ungestillte Wut, ja geradezu roter Zorn. Ich erlebte, wie diese Wut ungebeten explodierte – nicht als Reaktion auf eine Situation oder Person, sondern offenbar aus einer ganz eigenen Quelle heraus. Und meine Wut nahm zu. Ich war kurz angebunden und barsch zu den Kindern und zu meinen Freundinnen. Ich hatte Beziehungen geschadet, die mir besonders viel bedeuteten, und das schon länger, als mir bewusst war. Und ich wusste nicht, warum. Ich wollte das ändern, aber ich konnte es nicht aus eigener Kraft. Ich brauchte Hilfe. John meinte, es wäre gut, wenn ich mit einer Seelsorgerin darüber sprechen würde.

Natürlich sprechen John und ich über solche Dinge, aber wir sind zu dem Schluss gekommen, dass es am besten ist, wenn der Ehepartner *nicht* die Rolle des Seelsorgers einnimmt. (Wir haben beide in der Vergangenheit therapeutische Seelsorge in Anspruch genommen – einmal gemeinsam in den ersten Jahren unserer Ehe und dann vor etwa 14 Jahren jeweils jeder für sich.) Gott hatte mir eine begabte und geistlich sehr klare Frau an die Seite gestellt, die sowohl willens als auch fähig war, mir die Wahrheit in Liebe zu sagen. Als ich dieses Jahr erneut ihre Beratungspraxis betrat, war das ein großes Geschenk. Unsere Gespräche begannen im zeitigen Frühjahr. Es sollte ein Jahr mit einem bis dahin ungekannten Maß an Verlust, Trauer, Wachstum, Umkehr, Heilung und Veränderung werden.

Gott verändert mich und dafür danke ich ihm. Ich kann heute sagen, dass meine Wut größtenteils weg ist und mit ihr auch der zerstörerische Beziehungsstil, der aus ihr erwachsen war. Ich erkenne mehr und mehr meine wahre Identität und den Wert, den ich vor Gott besitze. Ich bedaure den Schmerz, den ich anderen zugefügt habe, aber ich kann mich auf das stützen, was Jesus für uns vollbracht hat, und das ist *mehr als genug* für mich und all mein Versagen. Dass ich ihm immer mehr vertraue, macht mich frei, meinen Mann und die Menschen, die Gott mir anvertraut, zunehmend so zu lieben, wie Gott es sich wünscht. Heilung ist möglich. Sie steht uns offen. Hurra!

Als ich überlegte, mithilfe welcher Begebenheiten ich die Wunde beschreiben könnte, die mein Vater mir zugefügt hat, fiel mir nichts entsprechend Gewichtiges mehr ein. Geschichten, bei denen ich früher in Tränen ausgebrochen war, erscheinen mir heute klein und unbedeutend. Jesus hat mein zerbrochenes Herz geheilt und den Stachel des Schmerzes aus meiner Kindheit gezogen. Ich erinnere mich an Situationen und Worte, aber diese Erinnerungen tun nicht mehr weh.

Doch Gott geht noch weiter.

Wenn ich heute an meinen Vater denke, dann erinnere ich mich daran, wie sehr er mich geliebt hat. Ich erinnere mich an einzelne Momente, kleine Geschenke, freundliche Worte und winzige Zeichen, die ich bereits vergessen hatte. Ich erinnere mich an sein Lachen und daran, wie oft er mich einlud, Zeit mit ihm zu verbringen: an viele Gespräche, an Tischtennisspiele, an gemeinsame Tage am Strand, an die gutmütigen Streiche, die er meiner Mutter spielte. Ich erinnere mich daran, wie ich ihm Freude bereitete und wie es sich anfühlte, wenn er sich an mir freute. Gott schreibt meine Lebensgeschichte um! Meine Schritte werden leichter. Mein Herz ist glücklich.

Ich wusste bisher gar nicht, dass es so eine Heilung und Freiheit gibt. Doch es gibt sie. Im Himmel freuen sich mein Vater und meine Mutter mit mir, da bin ich ganz sicher. Es gibt weder Bitterkeit noch Bedauern, nur Liebe. Ich bitte Gott, diese Heilung in jeden Bereich meines Lebens und in jede Zerbrochenheit meines Herzens zu tragen. Wie der Aussätzige aus dem Matthäusevangelium bitte ich ihn, mich zu heilen, wenn er es will. Und erinnern Sie sich noch an die unumstößliche Antwort, die Jesus dem Aussätzigen, mir und Ihnen gibt? Er sagt: „Ich will" (Matthäus 8,3).

Und ich (John) kann sagen, welch ein Geschenk Stacys Entscheidung, Heilung zu suchen, für mich und unsere Jungs bedeutet. Es war eine mutige und demütige Tat und die Früchte sind wunderbar. Ich hoffe, Stacy kann das Gleiche auch von mir sagen, obwohl Gottes Einladung an mich etwas ... nun, sagen wir, offensiver war. Vor zwei Jahren wurde ich von einem Pferd abgeworfen. Mein linkes Handgelenk war gebrochen, mein rechtes ausgerenkt. Ich musste mich operieren lassen. Neun Wochen lang trug ich beidseitig einen Gips. Ich konnte mir nicht die Schuhe binden. Ich konnte keine Knöpfe zumachen. Ich konnte kein Steak schneiden. Ich konnte ohne fremde Hilfe schlichtweg so gut wie gar nichts tun. Das war für einen Mann, der sich vor langer Zeit dem Lebensmotto „Ich brauche niemanden" verschworen hatte, unglaublich hart.

Doch was mir das Herz am meisten brach, war die Freude, die ich an Stacy beobachtete, weil sie endlich gebraucht wurde. Sie blühte förmlich auf. Es machte sie glücklich, mir beim Schuhezubinden zu helfen. Ich empfand mich als Last, als Zumutung. Doch sie war glücklich, dass sie mir morgens beim Anziehen helfen konnte. Sie wusch mir die Haare. Sie war froh, etwas für mich tun zu können. Und darin erkannte ich die Problematik unserer Ehe: Sie war deshalb so glücklich, weil ich sie bis dahin so selten gebraucht hatte.

Gott hat mir diese Sache zugemutet, um mir zu sagen: „John, dein Beziehungsstil ist schlimm. Er richtet unsagbaren Schaden an. Du musst dir das anschauen. Du musst zulassen, dass ich diesen alten Beziehungsstil demontiere und etwas Neues in dir schaffe."

Zu meinem Weg gehörte es, den Menschen zu vergeben, die mich vor langer Zeit verletzt hatten – allen voran meinem Vater. Auch musste ich den Schwur widerrufen, dass ich niemanden brauchen würde. Und schließlich brauchte es die vielen kleinen täglichen Entscheidungen, durch die wir entweder in unseren alten Stil zurückfallen oder die uns zu einer neuen inneren Haltung führen, die es uns möglich macht, andere zu lieben. Ich muss Stacy erlauben, mir zu helfen. Wenn ich den Perfektionismus wieder in mir hochkommen spüre, löse ich mich davon. (Dieses Buch gemeinsam zu schreiben war eine unglaublich gute Gelegenheit, das einzuüben.)

Zwei Arten von Menschen

Warum kümmerst du dich um den Splitter im Auge deines Bruders oder deiner Schwester und bemerkst nicht den Balken in deinem eigenen? Wie kannst du zu deinem Bruder oder deiner Schwester sagen: „Komm her, ich will dir den Splitter aus dem Auge ziehen", wenn du selbst einen ganzen Balken im Auge hast? Scheinheilig bist du! Zieh doch erst den Balken aus deinem eigenen Auge, dann kannst du dich um den Splitter in einem anderen Auge kümmern!
MATTHÄUS 7,3–5

Es gibt zwei Arten von Menschen auf dieser Welt – die, die keine Ahnung haben, und die, die umkehren. Menschen, die offen dafür sind, sich ihr Leben wirklich ehrlich anzuschauen, und Menschen, die es nicht sind. Leute, die wissen, dass sie Gott brauchen, damit er sie verändert, und Leute, die von allen anderen erwarten, dass *sie* sich ändern.

Für die erste Gruppe haben wir sehr viel Hoffnung. Der zweite Haufen entschließt sich zur Ignoranz, und der Schaden, den sie anrichten, ist beinahe unverzeihlich.

Darum funktionieren Ansätze nicht, die Eheproblemen mithilfe einiger einfacher Grundsätze zu Leibe rücken wollen. Solange wir vor unserer Gefallenheit als Mann und als Frau und vor unserem – von unserer Sünde und Zerbrochenheit geprägten – Beziehungsstil die Augen verschließen, werden wir unserer Ehe immer weiteren Schaden zufügen. Wir werden die Hoffnungslosigkeit unseres Ehepartners nur vergrößern. Sie wollen Ihrer Ehe doch sicher nicht noch Zynismus und Resignation hinzufügen, oder? Nein, Sie wollen, dass Ihr Ehepartner die Erfahrung macht: *Er (oder sie) verändert sich tatsächlich! Er denkt darüber nach, wie sein Verhalten auf mich wirkt!* Das weckt so viel Hoffnung, so viel Mut. Da beginnt sich etwas in unserem Herzen zu regen. *Wow, das könnte richtig gut werden! Ich glaube, wir könnten es wirklich zu etwas bringen!*

Es beginnt damit, dass wir unsere Energie nicht mehr darauf verwenden, den anderen zu verändern (nach dem Motto: „Wenn du dich nur ändern würdest, könnte mein Leben so viel schöner sein!"), sondern Gott fragen: „Wo muss ich mich verändern?"

Was könnte in Ihrer Beziehung geschehen, wenn Sie beide diesen Schritt gehen – von: „Ändere dich!" zu: „Ich ändere mich"?

Erstaunliche Dinge ereignen sich, wenn wir unsere Lebensgeschichte annehmen; wenn wir nicht nur erkennen, sondern auch bejahen, dass es um *unsere* Verwandlung geht. All das Glück, nach dem wir uns sehnen, hängt an unserer Bereitschaft, uns verändern zu lassen und zu lernen, andere zu lieben.

Stacy und ich befinden uns in der Lebensphase, in der man die Hochzeiten der Kinder seiner Freunde feiert. Eine neue Generation gibt sich das Eheversprechen. Wir sitzen dabei und schmunzeln, denn wir können uns ehrlich mit ihnen freuen. Wir freuen uns, dass sie zueinandergefunden haben. Wir freuen uns, dass sie sich auf ihre gemeinsame Reise begeben.

Wir wissen aber auch, dass diese Frischvermählten keine Ahnung haben, worauf sie sich da einlassen. Auch das gehört zu unserem Schmunzeln. Nein, wir sind keine Sadisten. Die Jahre haben uns mit der Tatsache versöhnt, dass wir alle auf dieser Welt sind, um uns zu verändern.

Und wir erkennen, dass es für die Art von Veränderung, die Gott im Sinn hat, keinen geeigneteren Ort gibt als die Ehe.

Kapitel 4

Das größte Geschenk, das Sie machen können

Der Einzige, der den schmerzenden Abgrund des menschlichen Herzens stillen kann, ist Jesus Christus.
Oswald Chambers

Ich hasse den Valentinstag. So, jetzt ist es raus.

Die meisten Männer, die das jetzt lesen, werden denken: *Jawohl! Der traut sich ja was, so etwas zu sagen.*

Die meisten Frauen werden sich denken: *So ein Mistkerl! Der traut sich ja was, so etwas zu sagen.*

Aber es stimmt. Ich hasse den Valentinstag. Und Stacy liebt ihn; er ist einer ihrer liebsten Festtage. (Gott, was hast du dir dabei nur gedacht?!) Ich hasse es, wenn man mir sagt: „Heute bist du gefälligst romantisch. Heute bist du ein wundervoller Mann. Heute machst du alles richtig. Und heute Abend arrangierst du alles so, dass es der romantischste Abend des Jahres wird. Heute Abend wird sich der Sex in himmlischen Sphären bewegen, und Hollywood wird sich wünschen, es hätte diesen Tag auf Zelluloid gebannt."

Wer möchte schon unter einem derartigen Druck leben?

Das ist so, als verspräche man sich selbst beim Einschlafen: „Morgen werde ich glücklich sein ... und freundlich ... und großzügig ... und einfach traumhaft. Morgen wird der schönste Tag meines Lebens sein."

Kann ja alles sein.

Schon möglich.

Aber ich bezweifle es.

Es scheint der menschlichen Natur zu entsprechen, dass unser Herz umso schneller die Flucht ergreift, je mehr Druck man ausübt. Das ist das newtonsche „Dritte Gesetz der Seele“: Jede Aktion löst eine gleich starke Gegenreaktion aus. (Dieses Wissen könnte so manche Ehe retten. Also passen Sie gut auf!) Je mehr wir unser Herz zwingen wollen, sich zu zeigen, umso besser versteckt es sich. Wir können noch so sehr versuchen, alles richtig zu machen – aus Furcht oder aus einem schlechten Gewissen heraus (wie das bei den meisten Männern am Valentinstag der Fall ist) oder möglicherweise sogar in dem Wunsch, etwas Gutes zu tun. Doch das ist keine Liebe. „Ich führe dich zum Essen aus, weil es von mir erwartet wird. Ich gebe dir einen Gutenachtkuss, weil man das so macht.“ Welche Frau will denn so etwas?

Um fair zu sein, muss man sagen, dass ein Gutteil dieser Schuldgefühle kulturell bedingt ist. „Man kann Millionen daran verdienen, wenn die Jungs sich schuldig fühlen.“ Das ist eine geniale Marketingstrategie. Und es funktioniert ja auch. Männer wollen erfolgreich sein. So sind wir gestrickt. Wir fühlen uns gut, wenn wir erfolgreich sind. Und wir fühlen uns als Versager, wenn wir es nicht sind. Ja, ich weiß schon, dass die Frauen uns sagen: „Du musst das nicht alles mitmachen. Ich möchte nur wissen, dass du an mich gedacht hast.“ Äh – das macht es nicht unbedingt einfacher, nicht wahr?

Also ertappe ich mich dabei, wie ich dem Valentinstag entgegenzittere. *Kriege ich das hin? Wird sie auch glücklich und zufrieden sein?* Nun leben wir ja in einer Gesellschaft, die ständig etwas Neues braucht. Ein leckeres Abendessen und eine schöne Karte waren früher schon die halbe Miete. Heute klingt das, als hätte man sich überhaupt keine Mühe gegeben. Wie langweilig! Heute muss die Show den ganzen Tag gehen – Blumen am Morgen, mindestens ein Anruf und ein selbst gesungenes Lied vom Büro aus, eine Karte mit einem (möglichst selbst verfassten) Gedicht, das Abendessen natürlich (und bitte keinesfalls im selben Restaurant wie letztes Jahr), aber dann muss noch etwas *richtig* Romantisches folgen –

zum Beispiel eine Fahrt mit dem Ballon oder eine Tour in einem gemieteten Sportwagen. Wir haben diesen Tag derart aufgeblasen, dass er gar keinen Spaß mehr macht.

Und Tatsache ist, dass auch die Frauen den Druck zu spüren bekommen – diesen Zwang, schön zu sein, die passenden Ohrringe zum perfekten Kleid zu tragen, die vollkommene Frisur zu haben – „sexy" zu sein, ohne ins „Billige" abzugleiten. (Edith Head hat gesagt, das Kleid einer Frau soll eng genug sein, um zu zeigen, dass sie eine Frau ist, und weit genug, um zu zeigen, dass sie eine Lady ist.) Frauen fühlen sich unter dem Druck, nichts Verkehrtes zu sagen, nicht zu viel zu essen („Ich nehme nur einen Salat") und das wenige auf keinen Fall aufzuessen. Und die Frauen spüren den Druck der sexuellen Erwartungen, die ihnen entgegengebracht werden. Sie sollen in Stimmung sein – entweder, „weil schließlich Valentinstag ist", oder um ihren Mann glücklich zu machen. (Ist Ihnen schon aufgefallen, wie viele Babys im November geboren werden? Rechnen Sie mal neun Monate zurück. Ich kenne eine Familie, in der sämtliche Kinder im November Geburtstag haben. Das war einer der wenigen „Sextage" im Jahr.)

Aber echte Romantik funktioniert so nicht.

Etwas Romantisches ereignet sich nicht, weil Sie krampfhaft versuchen, romantisch zu sein, sondern gerade dann, wenn Sie beide ganz andere Dinge im Blick haben: Ein schöner Herbsttag lädt zu einem spontanen Spaziergang im Wald ein. Ein Abend, an dem Sie „einfach so" ausgehen, bekommt etwas Zauberhaftes, weil Sie zufällig auf ein hübsches kleines Restaurant stoßen. Oder vielleicht leihen Sie sich einfach einen Film aus und lümmeln gemütlich auf dem Sofa herum, doch weil der Film ganz tief in Ihnen etwas anrührt, führen Sie anschließend ein erstaunliches Gespräch, das Sie einander so nahe bringt, dass Sie sich die Kleider vom Leib reißen möchten.

Das Herz muss frei sein, damit sich etwas Romantisches ereignen kann.

Wo jedoch Druck entsteht, wird alle Romantik erstickt.

Ein Hochzeitstag, der zu einer Offenbarung wurde

Unser 25. Hochzeitstag steht vor der Tür.

Mir (Stacy) war schon geraume Zeit bewusst, dass dieser Hochzeitstag für mich eine große Sache ist. Ich meine: 25 *Jahre!* Das ist eine lange Zeit! Wir hätten es beinahe nicht über die ersten drei hinaus geschafft. Um das 10. Jahr herum hatten wir eine ziemlich heftige Krise. 25 Jahre verbunden mit der Tatsache, dass wir einander wirklich immer noch lieben, ist ein wahrer Triumph. Im Schreibwarenhandel gibt es für solche Gelegenheiten spezielle Karten. Jeder weiß, dass man Silberhochzeit feiert. Da gibt es Geschenke. Man macht eine tolle Reise. Meine Freundin fragt mich ständig, was ich John schenken werde. Die Frage irritiert mich! Ich habe ihm eine Karte gekauft! Was soll ich denn noch schenken? Aber ... wenn er mir einen hübschen Ring schenken würde, wäre das völlig in Ordnung. Hm!

Wie auch immer. Ich kündige meinen Kindern diesen Hochzeitstag schon seit 10 Jahren an. (Ich sollte wohl besser sagen, ich drohe ihn an.) Und das jedes Jahr. Meine Botschaft lautet in etwa: „Wir feiern heute unseren Hochzeitstag. Ihr müsst nur gratulieren, mehr nicht. Aber wenn wir unsere *Silberhochzeit* feiern, dann erwarte ich einiges von euch. Ein Fest. Ein Geschenk. Irgendetwas müsst ihr euch einfallen lassen!"

Und jetzt rückt der große Tag näher und es lastet ein immenser Druck auf uns. Ein wirklich *immenser* Druck. Je näher der Tag rückt, umso mehr wächst meine Angst. Was, wenn die Jungs nun gar nichts vorbereiten? Was, wenn John nichts macht? Zu diesem Hochzeitstag braucht es mehr als eine Karte (in meinen Augen zumindest). Blumen sind okay, aber bitte noch etwas dazu.

In mir brach ein regelrechter Sturm los. Aus meiner Sehnsucht wurden Forderungen. Aus der Einladung eine Pflichtveranstaltung.

Ich träumte von einem Festessen mit Tanz in einem grandiosen Hotel. Ich wollte mit John vor all unseren Freunden und Verwandten zu Josh Grobans Song *When You Say You Love Me* tanzen. (Diesen Wunsch teilte ich John schon vor vier Jahren bei einem Spieleabend mit, als der Hochzeitstag noch in weiter Ferne lag. Ich sagte ja bereits, der Druck war immens.)

Ich wollte Blumen! Ich wollte mit silbernen, extra gravierten Kelchen anstoßen, die unsere Kinder uns schenken sollten. Ich wollte, dass wir unser Eheversprechen erneuerten. Ich wollte ein atemberaubendes Kleid tragen und richtig gut darin aussehen. Ich wollte schön sein. Ich wollte, dass die Feier ein Stück Himmel sein würde. Ich wollte diesen „goldenen Moment".

Was ich nicht wusste, war, dass ich mir eigentlich meine Eltern zurückwünschte.

Als kleines Mädchen träumte ich nicht von meiner Hochzeit. Ich überlegte mir nicht, welches Kleid ich tragen oder wie viele Brautjungfern ich haben würde. Ich machte mir keine Gedanken darüber, wie viele Kinder ich einmal haben wollte oder welche Namen ich ihnen geben könnte. Ich malte mir in meinen Tagträumen nie aus, wie das Haus aussehen sollte, in dem ich einmal wohnen würde, oder mit wem ich darin wohnen wollte. Aber *einen* Wunschtraum brachte ich mit in meine Ehe – ich hatte eine ganz spezielle Vorstellung davon, wie unsere Silberhochzeit aussehen sollte.

Die Ehe meiner Eltern kannte nicht viele goldene Momente, zumindest nicht, soweit ich es mitbekommen habe. Ich erinnere mich an drei. Der erste war während eines Urlaubs in Kanada. Wir machten eine Wanderung und meine Eltern hielten sich an den Händen und alberten beim Fotografieren herum. Ein glückliches *Miteinander*. Der zweite war ein Abend, an dem ich hinter ihrer verschlossenen Schlafzimmertür ausgelassenes Lachen hörte, nachdem wir gemeinsam einen lustigen Film angeschaut hatten. Und der dritte war ihre Silberhochzeit, die sie feierten, als ich 17 war.

Meine älteren Schwestern hatten sich eine Überraschungsparty für sie ausgedacht. Wir verbrachten den ganzen Tag im Haus unserer Nachbarn und bereiteten ein kaltes Buffet vor. Genau im richtigen Moment kam meine Schwester Kelly nach Hause, um meine Eltern zu einem Drink auszuführen.

Als sie wieder zurückkamen, war das Haus voller Blumen und leckerer Speisen, und alle Freunde und Nachbarn gratulierten ihnen aus voller Kehle. Wir schenkten meinen Eltern silberne Kelche mit dem eingravierten Datum des Tages, aus denen sie Champagner tranken. Auch der Pfarrer kam genau im richtigen Moment, um uns durch die Zeremonie zu leiten, in der meine Eltern ihr Eheversprechen erneuerten.

Ich sehe sie noch deutlich vor mir. Ich weiß noch, was sie anhatten und was ich anhatte. Meine Mutter sah bezaubernd aus und mein Vater sehr attraktiv. Sie waren beide durch und durch glücklich. Es ist ein Augenblick, der mir kostbar ist und den ich in Gedanken und im Herzen bewahre.

Und genau *das* wollte ich auch.

Zu unserer Silberhochzeit wünschte ich mir genau das! Doch je näher der Tag rückte, umso deutlicher wurde mir, dass es dieses exakte Abbild, nach dem ich mich sehnte, nicht geben würde. Und so fing ich – als der Kontrollfreak, der ich nun einmal bin – an, die Feier zu planen. Ich stellte Listen auf, aber ich tat es nicht gern. Ich wollte das nicht übernehmen. Müssten meine Kinder nicht für diese Überraschungsparty sorgen? Was hatten die jahrelangen Hinweise gebracht? Nun war mein Ältester auf dem College, und ich traute ihnen nicht zu, dass sie die Sache in die Hand nehmen würden. Ich wusste nicht genau, was ich mir eigentlich wünschte, aber ich wollte, dass John es wusste und mich verstand. Ich wollte, dass meine Söhne es wussten. Wie bittet man um etwas, wie ersehnt und erhofft man etwas, wenn man gar nicht weiß, was dieses Etwas ist?

Ich ging zum Konditor und bestellte eine Torte.

Wie viel Druck doch eine Frau auf ihren Mann und ihre Kinder ausüben kann, nur um ein kindliches Sehnsuchtsloch in ihrem Herzen zu füllen, dessen sie sich nicht bewusst ist! Sehr viel Druck. Sehr, sehr viel Druck. Tonnenschwere Lasten. Ganze Schiffsladungen voll. Ich übermittelte John die Botschaft, dass er an diesem Tag gefälligst alles auf die Reihe zu kriegen hatte wie an keinem anderen Tag unseres Lebens. Ich *brauchte* das. Nein, ich *verlangte* das von ihm. Er sollte etwas ganz Erstaunliches, Wunderschönes und Geheiligtes schaffen, woran ich mich für den Rest meines Lebens erinnern konnte. Und ganz nebenbei wollte ich, dass auch meine Kinder diesen Moment für den Rest ihres Lebens im Herzen bewahrten.

Oje! Was für ein Chaos!

Erlauben Sie, dass ich (John) an dieser Stelle einhake. Ich komme etwa zwei Wochen vor dem Ereignis in die Küche und sehe, dass Stacy weint. *Oho, was ist denn hier los?* Ich wage mich also in dieses Land des Schreckens vor, das jeder Mann fürchtet: „Schatz, was ist los?"

Unter Tränen antwortet sie: „Ich habe das Gefühl, dass du keinen meiner Wünsche zu unserer Silberhochzeit beachtest."

Innerlich geht mein Alarm los. Vor mir eine weinende Ehefrau mit einer Schiffsladung voller Erwartungen, es sind vielleicht noch zwei Wochen Zeit und ich habe – oh ja – mir bisher kaum Gedanken um die ganze Sache mit der Feier gemacht. Ich dachte, da wären die Jungs dran. *Alarm! Abtauchen! Abtauchen! Abtauchen!* Diesen Alarmruf kennt jeder Mann. *Ich stecke knietief drin und sollte schauen, wie ich da schleunigst wieder herauskomme.* Und so mache ich mich hastig ans Werk. Ich rufe Sam an der Uni an und sage ihm, dass ich ihm den Heimflug für die Feier bezahle, die wir noch gar nicht geplant haben. Ich schicke E-Mails an Freunde, um das Fest zu retten. Ich versuche, noch etwas auf die Beine zu stellen.

Nun, die herrliche Wahrheit über unsere Ehe lautet: Es gibt niemals nur uns beide. Gott ist auch da. Und er griff genau zur rechten Zeit ein.

Es begann mit einem Gespräch zwischen uns beiden. (Das war ein paar Tage nach den Tränen in der Küche.) Ich (Stacy) war aufgewühlt und John bemerkte es. Er änderte seine Pläne für den Sonntagnachmittag und setzte sich mit mir zusammen, um mein Herz mit einer sanften Frage zu bestürmen: „Schatz, ich begreife nicht, warum dich das so aufwühlt." Ich erzählte ihm vom Hochzeitstag meiner Eltern und brach wieder in Tränen aus.

Meine tiefe Sehnsucht kam zutage – eine Sehnsucht nicht nach irgendeinem goldenen Moment, sondern nach genau *diesem* goldenen Moment. Mir wurde bewusst, dass ich etwas Vergangenes zurückholen wollte – etwas, das ich vor langer Zeit verloren hatte. Ich wollte, dass meine Eltern wieder jung und glücklich und innerlich miteinander verbunden waren. Ich wollte das Gesicht meiner Mutter wieder vor Hoffnung und Liebe strahlen sehen. Ich wollte meinen Vater vor Stolz fast platzen sehen. Ich wollte, dass sich meine Welt wieder so zusammenfügte, dass sich alles gut und sicher anfühlte. Ich wollte diesen Teil in meinem

Herzen, in dem ich immer noch 17 war, wissen lassen, dass alles gut wird und der Schmerz endlich aufhört.

Bis zu diesem Augenblick hatte ich keine Ahnung gehabt, was hinter all meinen Hoffnungen und Erwartungen steckte. Ich merkte nur, dass ich immer mehr Trauer, Schmerz, Verzweiflung und sogar Wut über unsere bevorstehende Silberhochzeit empfand.

Wir beteten. Jesus kam. Ich weinte. Wieder. Und ich konnte alles loslassen. Nach einer Stunde blickte ich auf und sagte: „Gut. Jetzt ist es in Ordnung. Ich brauche kein großes Fest mehr."

Ein Leben unter ständigem Druck

Ich (John) war von diesem Durchbruch natürlich begeistert. Sie blickte auf und sagte: „Es ist gut. Ich brauche das heilige Fest, den goldenen Moment nicht mehr", und ich dachte mir: *Das kann doch nicht wahr sein. Darum ging es die ganze Zeit? Halleluja!*

Ich denke, die meisten von uns haben gar keine Vorstellung davon, wie viel Druck wir in die Ehe mitbringen!

Da ist der Druck, glücklich sein zu müssen, den wir von unserem Partner vermittelt bekommen. Das kommt gewöhnlich dann vor, wenn ein Partner eine unglückliche Kindheit erlebt hat und es nun nicht erträgt, wenn sich in der Ehe eine schlechte Stimmung auch nur andeutet. Oder wir machen uns selbst diesen Druck, weil wir im Tiefsten davon überzeugt sind, *dass es an uns liegen muss, wenn der andere nicht glücklich ist.* Diese Art von Druck äußert sich subtiler als andere Formen, aber die Botschaft ist laut und deutlich: „Sei auf keinen Fall unglücklich!" Der Ehepartner erlebt dies als unterschwelligen Zwang und wehrt sich dagegen.

Da ist auch der Druck, dass der Ehepartner gefälligst die Ursprungsfamilie des anderen zu mögen hat – oder die Freunde. Doch dass wir andere mögen, kommt von selbst, man kann es nicht erzwingen (newtonsches Gesetz). Das Problem dabei ist, dass der Ehepartner Dinge sieht, die wir nicht sehen – zum Beispiel, dass Onkel Herbert ein selbstgefälliger Typ und außerdem Alkoholiker ist oder dass Freundin Becky immer nur über sich redet. Wenn Sie nun darauf bestehen, dass Ihr Ehepartner Ihre Familie mag (und jeden Feiertag glücklich im Kreise der Lieben verbringt), dann wird das früher oder später in einem faustdicken Streit enden.

Christliche Ehepaare erleben zusätzlich den Druck, eine *vorbildliche* Ehe führen zu müssen, denn sie sollen ja für Freunde und Verwandte „Zeugen des Evangeliums" sein. Da darf nichts verkehrt laufen. Wir müssen der Welt ein positives Gesicht zeigen. Wir fühlen uns genötigt, gemeinsam zu beten, Familienandachten abzuhalten und mit Begeisterung sonntags zur Kirche zu gehen. Wir spüren den Druck, unsere Ehe perfekt zu führen. Und da keiner von uns dieses Maß an Heiligung auch nur annähernd erreicht, empfinden wir Schuld und Scham. Doch wir meinen, das alles verbergen zu müssen, denn schließlich sind wir ja Christen.

Frauen üben auf ihre Männer den Druck aus, mit den Nachbarn mitzuhalten und Karriere zu machen. Sie wünscht sich ein größeres Haus, ein schöneres Auto. Männer üben auf ihre Frauen den Druck aus, schön zu sein und einem Maßstab zu entsprechen, den sie aus dem Fernsehen oder der Pornografie aufgeschnappt haben.

Und wie ist das mit dem Druck, „alles miteinander zu teilen"? Da hat einer ein Buch gelesen oder einen Film angeschaut, in dem sich ein Paar so nahestand, dass beide die Gedanken des anderen bereits kannten, bevor der andere sie zu Ende gedacht hatte. (Ich weiß, das klingt abgefahren; es *ist* auch abgefahren.) Deshalb ist es nicht erlaubt, Gedanken oder Stimmungen für sich zu behalten. Freundschaften mit anderen sind eine Bedrohung: „Wo warst du? Worüber habt ihr gesprochen?" Das ist eine Art Beziehungsklaustrophobie.

Wir sprachen über den Druck, den diese „goldenen Momente" ausüben. Weihnachten *muss* zauberhaft, besinnlich und harmonisch sein. Oder man besucht Jahr für Jahr denselben Urlaubsort, um die Erinnerung an vergangene Urlaube zu re-inszenieren. „Und wir müssen unbedingt wieder am Strand ein Lagerfeuer machen." Aber vielleicht mag Ihr Ehepartner den Strand gar nicht – oder Lagerfeuer. Vielleicht geht es ja gar nicht um Ihre Ehe. Vielleicht geht es darum, irgendeinen verloren gegangenen Moment aus der eigenen Kindheit zurückzuholen – und alle bezahlen dafür, weil das gar nicht machbar ist.

Und so verrückt es ist, es gibt auch noch den Druck, von jemandem geliebt zu werden. Natürlich möchten wir geliebt werden. Natürlich tut es weh, nicht geliebt zu werden – besonders wenn es um die Person geht, die einem am nächsten steht. Doch wenn wir darauf bestehen, dass der andere uns zu lieben hat, dann ist das so, als würde man einem Reh, das sich gerade in die Büsche geschlagen hat, hinterherrufen: „Komm sofort wieder raus da!" Oder als würde man einem Kolibri befehlen, auf dem Finger zu landen und still zu sitzen.

Und dann gibt es da noch den wohl größten Druck überhaupt: den Druck, sich gegenseitig glücklich zu machen. Die Ehe hat ja schließlich den Sinn, dass wir glücklich sind, oder etwa nicht?!

Klingt das vertraut? Trifft das auch auf Ihre Ehe zu?

Es ist nicht „machbar"

Ich (John) war heute Morgen früher aufgewacht, als mir lieb gewesen war – etwa um 4:30 Uhr. Nachdem ich mich etwa eine Stunde lang im Bett herumgewälzt hatte, wurde mir klar, dass ich nicht mehr einschlafen würde. Und so kapitulierte ich vor dem neuen Tag, ging in die Küche und brühte mir einen Matetee auf. Dann setzte ich mich auf das Sofa. Um diese Jahreszeit ist es um 5:30 Uhr noch dunkel. Ich saß einfach da, umfasste die Tasse mit meinen Händen und ließ die Wärme auf mich wirken. Es fühlte sich an, als kehrte meine Seele von einem weit entfernten Ort zurück. Wohin wandert die Seele bei Nacht? Ich habe keine Ahnung. An meine Träume kann ich mich nur vage erinnern. So saß ich im Schneidersitz auf dem Sofa, meine Teetasse im Schoß, und wandte meine Gedanken Gott zu. Es tat gut zu wissen, dass ich einfach Zeit hatte, bei Gott zu verweilen. *Was willst du mir heute Morgen sagen, Jesus? Was brauche ich?*

Einige Augenblicke blieb es still, dann hörte ich: *Meine Liebe.*

Ich befand mich in keiner Krise. Der Tag zuvor war gut gewesen. Wir hatten sehr effektive Besprechungen im Büro geführt, die mir Spaß gemacht hatten. Als ich nach Hause gekommen war, hatte ich den undichten Abfluss in der Küche repariert – ein Triumph, der einem Mann ein echt starkes Gefühl vermittelt. (Ich hatte versucht, Stacy an diesem Gefühl teilhaben zu lassen: „Stell dir vor, du hättest gerade zwei Kilo abgenommen.") Nach dem Essen hatte ich ein Buch zu Ende gelesen, das mir gut gefallen hatte. Stacy und mir geht es gerade richtig gut miteinander. Beim Zubettgehen hatten wir noch ein wenig gekuschelt.

Doch das alles war gestern gewesen. Als ich heute Morgen zu mir kam, war davon nichts mehr übrig. Meine Seele war wieder neu bedürftig. Oh Mann, ich fühlte mich wie ein Schwamm. Ich kann den Tag über erstaunlich viel wegstecken und fühle mich trotzdem gut dabei, aber am nächsten Tag bin ich wie ausgedörrt. Wieder einmal.

So sind wir Menschen. Wir sind alle rissige Gefäße. Wie sandiger Boden. Wenn es ums Glücklichsein geht, ist unsere Seele wie ein Sieb, wie ein Reifen, in dem ein Nagel steckt, wie das Gedächtnis unseres Großvaters. Es scheint, als gäbe es in uns einen Obdachlosen, der mit seinem Einkaufswagen ziellos umherirrt.

Für eine Ehe ist das brutal.

Wir können den tollsten Sex haben, dass die Wände wackeln, aber ich will es am nächsten Morgen gleich wieder so haben. Das eine war gestern. Und was ist heute? Wir können die innigsten Gespräche führen, in denen unsere Seelen tief miteinander verbunden sind, doch Stacy will am nächsten Tag gleich wieder so weitermachen.

Manchmal schaue ich Stacy morgens in die Augen, wenn sie die Küche betritt, und sehe ihre Frage: *Ist mit mir alles in Ordnung? Stimmt unsere Beziehung?* Und dann denke ich mir: *Das gibt's doch nicht. Wir hatten gestern so einen tollen Abend. Hat das denn überhaupt keine Bedeutung? Was braucht sie denn noch?* Es kann einen mürbe machen. Immer noch nicht zufrieden?

Machen wir uns nichts vor: Wir sind unersättlich. In jedem von uns regt sich ein unermessliches Verlangen nach mehr. Eine schmerzliche Leere. Ein nicht enden wollender Hunger. Wenn wir uns dessen nicht bewusst sind und nicht wissen, wie wir damit umgehen sollen, wird unsere Unersättlichkeit großen Schaden anrichten.

Natürlich sind Sie enttäuscht

Das menschliche Herz besitzt eine unendliche Aufnahmekapazität für Glück und ein nicht enden wollendes Bedürfnis nach Liebe, weil es für einen ewigen Gott geschaffen wurde, der die unendliche Liebe ist. Verzweiflung setzt dort ein, wo wir uns gegenseitig den schmerzenden Abgrund unseres Herzens hinhalten und damit die Hoffnung und den Appell verbinden: „Mach mich glücklich! Füll dieses Loch!" Und aus Liebe versuchen wir tatsächlich, den anderen glücklich zu machen ... und fragen uns, warum es niemals anhält.

Es ist nicht zu schaffen.

Sie werden sich umbringen, wenn Sie es versuchen.

Wir sind zerbrochene Menschen und in unserem Herzen herrscht ein rohes, ungestilltes Verlangen. Jeder von uns ist ein gefallenes Geschöpf. Es ist schon vor so langer Zeit geschehen, dass es den meisten von uns gar nicht bewusst ist – damals im Paradies war das, am Anfang der Geschichte. Doch mit den *Folgen* des Sündenfalls leben wir jeden Tag, und es wäre das Beste für Sie beide, wenn Sie verstehen könnten, was das mit der Seele von Mann und Frau gemacht hat.

Jede Frau hat nun ein unersättliches Bedürfnis nach Beziehung, das niemals gestillt werden kann. Es ist ein Schmerz in ihrer Seele, der eigentlich dazu gedacht ist, sie in Gottes Arme zu treiben. Männer wissen instinktiv, dass da diese bodenlose Zisterne ist, und sie schrecken davor zurück. *Ich will nicht von diesem Abgrund verschlungen werden. Egal, wie viel ich ihr biete, es wird niemals genug sein.* Das ist Evas Schmerz. Das ist der Riss in ihrem Gefäß. Sie sehnt sich nach einer vertrauten Beziehung, in der sie wahrgenommen, geliebt und *erwählt* wird. Und das erklärt auch ihre tiefste Angst – die Angst, verlassen zu werden.

Männer haben mit einer anderen Leere zu kämpfen. Wir sind ständig frustriert darüber, dass wir das Leben so unzureichend meistern. Das ist diese Sache mit dem „Schweiß" und den „Dornen und Disteln": „Deinetwegen ist der Acker verflucht. Mit Mühsal wirst du dich davon ernähren, dein Leben lang. Dornen und Disteln werden dort wachsen ..." (1. Mose 3,17–18).

Männer sehnen sich nach Anerkennung, nach Bestätigung. Sie wollen wissen, dass sie etwas erreicht haben. Das erklärt auch die größte Furcht des Mannes – die Angst vor dem Versagen.

Und nun nehmen Sie diese Ängste, diese Zerbrochenheit und dieses unstillbare Verlangen, stecken alles zusammen in ein Haus und verschließen die Tür. Was daraus folgt, sind ebendieser Schmerz, diese Enttäuschungen und dieses Chaos, das die meisten Menschen als Ehe bezeichnen. Aber was haben Sie erwartet? Ich meine, sind Sie denn wirklich überrascht darüber?

Natürlich sind Sie von Ihrer Ehe enttäuscht!

Das einzugestehen ist keine Schande. Das ist kein Verrat. Und es muss noch nicht einmal ein Erdbeben erzeugen. (Vielmehr ist es so, dass Sie Ihre Ehe zum Götzen machen, wenn Sie Ihre Enttäuschung nicht zugeben können. Dann ist sie zu etwas geworden, „was nicht infrage gestellt werden darf".)

Natürlich sind Sie enttäuscht. Auch Ihr Ehepartner ist enttäuscht. Wie könnten wir einander auch jemals genügen? Zwei rissige Gefäße können einander nicht füllen. Das Glück rinnt durch uns hindurch wie Wasser durch ein Volleyballnetz.

„Ich sage ihm immer wieder, dass er seine Sache gut macht. Aber es scheint nicht bei ihm anzukommen."

„Ich weiß gar nicht, wie oft ich ihr schon gezeigt habe, dass ich für sie da bin. Es ist, als würde sie mir nicht glauben."

Es ist so entmutigend. Wir fühlen uns dafür verantwortlich, dass unser Ehepartner unglücklich ist: *Ich tue nicht genug für ihn/sie. Ich bin nicht gut genug. Wenn ich ein besserer Ehemann/eine bessere Ehefrau wäre, wäre sie/er glücklich. Es muss an mir liegen.*

Wenn das eine Weile so läuft, wird aus Schuldgefühlen Abwehr: *Kannst du denn mit nichts zufrieden sein? Nie ist es genug! Dein Befinden ist ein mieses Zeugnis für meine Leistung. Wenn du nicht glücklich bist, mach ich etwas falsch oder tue nicht genug für dich.*

Das ist ein Teufelskreis – besonders für Menschen, die sich alle Mühe geben, den anderen zu lieben. Die gute Nachricht lautet: Natürlich genügen Sie nicht! Sie werden niemals genügen. Eigentlich sollte diese Nachricht eine ungeheure Erleichterung sein: *Oh, ich dachte, das geht nur uns so. Ich dachte, wir hätten beim Seminar über die glückliche Ehe einmal gefehlt, und nun verpatzen wir alles.* Nein, es geht nicht nur Ihnen so. Es geht allen so. Und wenn Sie das wissen, können Sie aufhören, sich von Ihrem Ehepartner ein Zeugnis ausstellen zu lassen.

Wie es Ihrem Ehepartner geht, sagt nichts über Sie aus.

Lassen Sie das einen Augenblick sinken: Wie es Ihrem Ehepartner geht, ist kein Urteil über Ihre Person.

Wenn Ihr Ehepartner unglücklich ist, bedeutet das nicht, dass Sie als Person und als Ehepartner eine „6“ bekommen. Dass Ihr Ehepartner – und Sie – unglücklich sind, bedeutet, dass in Ihnen beiden ein Verlangen steckt, das nur Gott allein stillen kann. Sich das klarzumachen wird Sie entlasten, weil Sie Ihren Ehepartner gar nicht glücklich machen *können.* „Natürlich bist du enttäuscht, mein Schatz. Das verstehe ich voll und ganz. Es ist nicht mein Fehler. Bitte geh damit zu Gott.“

Nun wollen wir damit nicht dazu anregen, auf der anderen Seite vom Pferd zu fallen. Wir haben einige Freunde, die in ihrer Ehebeziehung zutiefst darunter leiden, dass ihr Ehepartner ein völlig unzugänglicher Mensch ist. „Ich brauche nichts von dir.“ Das hat nichts mit Gott zu tun. Das ist ihr oder sein verkorkster Beziehungsstil: „Ich lasse dich nicht an mich heran.“ Ein derartiger Selbstschutzmechanismus ist das exakte Gegenteil von Liebe.

Was wir sagen wollen, lautet schlicht und ergreifend: Sie brauchen jemanden, an den Sie sich wenden können, wenn Sie Trost suchen oder Verständnis oder Heilung Ihrer Zerbrochenheit oder bedingungslose Liebe. Um Leben geben zu können, müssen Sie Leben *haben.* Und das bekommen Sie nur von Gott.

„Nur bei Gott komme ich zur Ruhe“ (Psalm 62,2; HFA).

Wenn Sie ohne Gott an Ihrer Seite einen Weg durch das Dickicht Ihrer Ehe suchen, ist das, als würden Sie versuchen, freundlich zu sein, obwohl sie seit Tagen nicht geschlafen haben. Irgendwann verliert man die Fähigkeit, freundlich zu sein. Man verliert den Weitblick. David Wilcox singt:

Wir können Leere nicht durch Leere ersetzen.
Wir müssen zum Wasserfall gehen,
denn unser Gefäß, das die Liebe aufnehmen soll, ist brüchig ...
in jedem von uns.
DAVID WILCOX

Der Wasserfall

Das größte Geschenk, das Sie Ihrer Ehe machen können, ist also, eine echte Beziehung zu Jesus Christus aufzubauen. Das ist auch das Liebevollste, was Sie für Ihren Ehepartner tun können.

Wir sprechen hier nicht nur davon, an Gott zu glauben. Es gibt viele gute Menschen, die an Gott glauben, aber aus den verschiedensten Gründen trotzdem noch von ihrem Partner erwarten, dass er sie glücklich macht. Wir sprechen hier von einer Beziehung, durch die Sie in Gott das Leben und die Liebe finden, die Ihre Seele so verzweifelt nötig hat. Das ist nichts, was mystischen Heiligen vorbehalten wäre. Die Liebe Gottes ist real und ganz persönlich und jederzeit für uns zugänglich. Gott *will* das alles für Sie sein. Das ist doch der *Grund*, warum er uns allen dieses unstillbare Verlangen und dieses zerbrechliche „Gefäß" unseres Körpers gegeben hat!

Ein Auto ist dazu gemacht, mit Benzin zu fahren. Mit einem anderen Stoff würde es nicht ordnungsgemäß funktionieren. Nun hat Gott die menschliche Maschine dazu gemacht, mit ihm selbst als Brennstoff betrieben zu werden. Er selbst ist der Kraftstoff, mit dem unsere Seelen angetrieben werden – oder die Nahrung, von der sich unsere Seele ernähren soll. Es gibt keine andere. Darum ist es nicht gut, wenn wir Gott bitten, uns auf unsere eigene Weise

glücklich zu machen. ... Gott kann uns Glück und Frieden nicht losgelöst von sich selbst geben, weil es das nicht gibt. Es gibt so etwas nicht.
C. S. Lewis, Pardon, ich bin Christ

Das Geheimnis des Glücks lautet: Gott ist die Liebe, nach der Sie sich sehnen.

Wir leben mitten in einer Liebesgeschichte. Wir wurden auf Romantik hin geschaffen und besitzen eine unendliche Aufnahmekapazität für Liebe. Gott gab uns dieses Herz. Es war eines seiner ersten Geschenke an uns. (Man braucht ein Herz, um in einer Liebesgeschichte leben zu können.) Und dann gab er uns diese atemberaubend schöne Welt. „Die Erde ist voll der Güte des Herrn" (Psalm 33,5; Luther). Sie können das daran sehen, dass Gott das Gras gerade so fest gemacht hat, dass es aufrecht steht, aber nicht so fest, dass man sich daran wehtut, wenn man barfuß darüberläuft. Und den Schnee machte er fest genug für Schneebälle und Schlitten, aber nicht so fest, dass er uns beim Herunterfallen Löcher in den Kopf schlägt. Der Schnee fällt ganz sanft. Gott machte den Gesang der Vögel gerade so laut, dass wir uns daran freuen können, und er gab uns Ohren, die diesen Klang angenehm finden. Können Sie die Zärtlichkeit und Liebe Gottes in all seiner Schöpfung entdecken?

Und darüber hinaus gibt er jedem von uns diese speziellen Dinge, die unser Herz gefangen nehmen – Dinge, die wir geliebt haben, als wir noch jung waren, und Dinge, die wir heute noch lieben: die Pferde, den Wind, ein Instrument oder ein Spiel wie Baseball. Er hat Ihnen all diese Dinge gegeben, die Sie irgendwann einmal gernhatten oder noch haben. Er hat Ihnen all die Freuden gegeben, die Ihnen eigen sind: den Hund, den Sie mit 7 Jahren bekamen, oder die Freude, barfuß über eine Wiese zu laufen, wenn das Gras abends feucht und kühl, aber der Tag noch warm ist. Das alles sind Zeichen von Gottes Liebe, mit denen er um Sie wirbt. Manche von Ihnen sind Gottes Sinn für Romantik am Strand begegnet. Andere an einem Fluss oder auf einer Wiese. Wieder andere haben ihn in Büchern gefunden. Alles, was je Ihr Herz gerührt hat, kam von Gott, der Ihnen seine Zuneigung erweist. Denn die Bibel sagt: „Jede gute Gabe und jedes vollkommene Geschenk kommt von oben, vom Vater" (Jakobus 1,17; Zürcher).

Manchmal gehe ich (John) morgens oder abends mit dem Hund spazieren. Und auf einmal kommt eine Brise und streicht mir sanft über das Gesicht. Irgendwann ist mir klar geworden, dass das Gott ist, der um mich wirbt. Und wissen Sie, was ich mache? Ich wende mein Gesicht dem Lufthauch zu. Das möchte er. Er möchte, dass wir uns den Dingen zuwenden, die er schickt, um unser Herz zu berühren. Er möchte, dass wir ihm unsere ganze Sehnsucht und all unser Verlangen hinhalten und überlassen. So erfährt man die Liebe Gottes.

Uns ist klar, dass man das einüben muss. Darüber gibt es viele Bücher. (Wir haben selbst ein paar geschrieben, zum Beispiel „Ganz leise wirbst du um mein Herz".) Doch das Erste und Wichtigste, was wir selbst tun können, ist zu beten: „Gott, öffne mir die Augen für deine Liebe. Offenbare mir, wie groß deine Liebe zu mir ist. Ich habe den Blick dafür verloren. Ich habe diese Liebe verloren. Herr, zieh mein Herz wieder zu dir. Öffne mir die Augen, damit ich sehen kann, wie du um mich wirbst."

Uns ist bewusst, wie wichtig es für eine Frau ist, zu wissen, dass sie geliebt ist, dass sie schön ist und dass sie nicht verlassen werden wird – das sind die Sehnsüchte, die eine Frau Gott hinhalten muss. *Meine Damen, Ihre Ehe sollte nicht der erste Ort sein, an dem Sie eine innige, vertraute Beziehung suchen!* Und uns ist klar, wie sehr ein Mann Bestätigung braucht und das Wissen, dass auch er geliebt ist und „das Zeug dazu" hat – das sind die Dinge, die er Gott hinhalten muss. *Jungs, eure Ehe darf nicht der erste Ort sein, an dem ihr nach Anerkennung sucht!*

Es ist das Liebevollste, was Sie für die Menschen um Sie herum tun können – wenn Sie jemanden haben, an den Sie sich mit all Ihren Bedürfnissen wenden können, jemanden, der Sie liebt und versteht. Einige der kostbarsten Momente, die ich mit Gott erlebt habe, ereigneten sich in den härtesten Zeiten unserer Ehe.

Das bedeutet nicht, dass Sie Ihren Ehepartner nicht lieben. Es bedeutet schlicht, dass Sie begreifen, dass weder Sie noch Ihr Ehepartner Quellbrunnen sind. Sie sind beide löchrige Eimer, die einen Brunnen brauchen. Das nimmt die erdrückenden Erwartungen von der Ehe. Es rettet

Ihre Ehe aus der Resignation und dann kann etwas Ungewöhnliches und Leichtes in Ihrer Beziehung aufblühen.

Das nun wieder ist der schöne Teil unserer Geschichte um die Silberhochzeit: Nachdem Stacy erkannt hatte, woher all ihr Schmerz kam, und ihr verletztes Herz Gott hinhielt, konnte sie fröhlich all die Erwartungen loslassen, die sie an diesen Tag hatte, und uns alle von dem Druck befreien, diesen „goldenen Moment" *machen* zu müssen. Nachdem der Hochzeitstag erst einmal von der Last befreit war, wurde es tatsächlich ein wunderschöner Tag.

Sie können auf vielerlei Weise die Freude an Ihrer Ehe entdecken, wenn Sie erst einmal die Erwartung aufgegeben haben, dass Ihr Partner Sie glücklich machen soll.

Kapitel 5

Mehr als nur Mitbewohner

Ein Begleiter für einen Abend und ein lebenslanger Begleiter brauchen höchst unterschiedliche Qualifikationen.
Samuel Richardson

Heute ist unser 25. Hochzeitstag. Seit die Last von diesem Tag genommen wurde, freue ich (John) mich darauf. Ich *will*, dass es ein goldener und schöner Tag wird. Sam – unser Ältester, der seit gut einem Jahr studiert – hat mir gerade vom Flughafen aus eine SMS geschickt: Er befindet sich auf dem Weg nach Hause. Die Blumen sind eingetroffen, bald wird auch die Dekoration fertig sein. Stacys Schwester hat uns etwas geschickt, das aussieht wie ein Vogelbad. Ich vermute, Stacy wird wissen, was es ist. Wie auch immer, die Vorbereitungen sind in vollem Gange.

Ich hole die Karte heraus, die ich für Stacy gekauft habe, und überlege, was um Himmels willen ich darauf schreiben könnte. Wie findet man die richtigen Worte für 25 Jahre gemeinsames Leben? Ich suche nach Bildern, Ausdrücken, Vergleichen. Ich habe eine Blankokarte gekauft, weil ich lieber meine eigene Botschaft verfassen möchte. (Nicht jedem Mann liegt das. Aber ich bin schließlich Schriftsteller. Seien Sie also bitte gnädig mit Ihrem Mann, meine Damen.) Aber das ist eine schier unlösbare Aufgabe. Ich bin nun mehr als die Hälfte meines Lebens mit Stacy verheiratet. Wir haben mehr Jahre gemeinsam verbracht als allein. Wir haben beinahe unser *gesamtes* Erwachsenenleben miteinander verbracht. Wir sind in vielerlei Hinsicht miteinander groß geworden.

Am frühen Morgen hatte ich hier gesessen und gedacht: *Was habe ich mit Stacy am meisten genossen? Was war in meinen Augen ihr größtes Geschenk an mich? Wofür bin ich am dankbarsten?* Diese Fragen halfen mir auf die Spur. Sie brachten mich zum Kern, zur Substanz unserer Beziehung: eine innige Freundschaft. Verstehen Sie mich jetzt bitte nicht falsch. Ich liebe es leidenschaftlich, romantisch und sexuell intim. Sex ist etwas Berauschendes. Doch Eros allein macht noch keine Ehe. Das Erfüllendste an der Ehe – das, was *im Alltag* so guttut – ist die innige Freundschaft zwischen uns, die Kameradschaft, die Loyalität. Wer sonst ist am Ende des Tages bei uns – und das jeden Tag? Wer ist bei uns in den dunklen Stunden der Nacht? Wer sonst ist bei uns in guten wie in schlechten Tagen? Niemand teilt mehr Leben mit Ihnen als Ihr Ehepartner.

In dem Film *Darf ich bitten?* gibt es eine Szene, die wir beide lieben. In der Geschichte geht es um eine Ehe, die weniger an den Härten des Lebens als viel mehr an der Langeweile des Alltags leidet. Die Ehefrau befürchtet, ihr Mann könnte eine Affäre haben. Sie heuert einen Privatdetektiv an, um herauszufinden, was ihr Mann so treibt. Wie sich herausstellt, verbringt er seine Mittwochabende völlig harmlos bei einem Tanzkurs! Sie sagt dem Privatdetektiv daraufhin, dass sie seine Dienste nicht länger benötige. Im Anschluss daran führen die Ehefrau und der Privatdetektiv folgendes Gespräch, bevor der Privatdetektiv sich verabschiedet.

*

Ehefrau: Warum heiraten Menschen?
Privatdetektiv: Aus Leidenschaft.
Ehefrau: Nein.
Privatdetektiv: Das ist interessant. Ich hätte Sie für romantischer gehalten. Warum dann?
Ehefrau: Weil wir für unser Leben einen Zeugen brauchen. Es gibt so viele Milliarden Menschen ... Ich meine, wer kann da schon auf ein kleines Leben achten? Ist man aber verheiratet, dann hat man jemanden, der alles mit einem teilt. Die guten Dinge, die schlimmen, die furchtbaren Dinge, die norma-

len Alltagsdinge – also einfach alles, immer, jeden Tag. Ich verspreche dir: Dein Leben verläuft nicht, ohne gesehen zu werden, weil ich dir zuschaue. Du lebst nicht unbemerkt, weil ich Zeuge deines Lebens bin.

*

Ich werde dein Zeuge sein. Ich werde dein Freund und Kamerad sein. Durch dick und dünn, gut und böse, in Gesundheit und in Krankheit. Wir stehen das gemeinsam durch! Ist das nicht der Kern dessen, was Gott meinte, als er sprach: „Es ist nicht gut, dass der Mensch so allein ist" (1 Mose 2,18)? Ja, natürlich. Romantische Gefühle kommen und gehen wie ein Gewitter. Erotik blüht wie ein Nachtschattengewächs. Freundschaft dagegen ist viel beständiger – tagein, tagaus –, so wie die Gegenwart Gottes. *Siehe, ich bin bei dir alle Tage.* Das haben wir uns doch bei unserer Hochzeit versprochen, oder? „Ich bin hier und ich bleibe bei dir."

Das ist vielleicht weniger dramatisch als sexuelle Leidenschaft, aber der Satz „Wie war dein Tag heute?" ist vielleicht das schönste Geschenk in einer Ehe. Die Bereitschaft, eine Antwort auf diese Frage zu hören, sagt uns: „Dein Leben bedeutet etwas. Dein Leben hat einen Sinn."

C. S. Lewis stellt eine scharfsinnige Frage, die Ehepaare vor die Wahl zwischen Eros und kameradschaftlicher Freundschaft stellt:

Stellen Sie sich vor, Sie wären in der glücklichen Lage, sich in Ihren Freund oder Ihre Freundin „verliebt" zu haben, und Sie heiraten. Nehmen Sie weiter an, Sie könnten zwischen zwei Zukunftsentwürfen wählen: „Entweder, ihr beide seid nicht länger Liebende, bleibt dafür aber für alle Zeiten gemeinsam auf der Suche nach demselben Gott, derselben Schönheit, derselben Wahrheit. Oder ihr verliert all das, behaltet dafür aber lebenslang die Ekstase und Inbrunst, das Mysteriöse und Leidenschaftliche des Eros. Wählt nun, welches ihr wollt." Was sollten wir wählen? Bei welcher Wahl würden wir unsere Entscheidung hinterher nicht bereuen?

C. S. Lewis, Was man Liebe nennt

Hoffentlich werden wir niemals zu dieser Entscheidung gezwungen. Ich wünsche mir, dass Gott uns damit segnet, beides miteinander teilen zu dürfen. Doch wenn ich zu wählen hätte, würde ich mich ohne Zweifel für die Freundschaft entscheiden. (Nun gut, ich bin ein älterer Mann. In meiner Jugend hätte ich mich vielleicht für den Eros entschieden – und hätte es später bereut.) Freundschaft ist der eigentliche Zement, der zwei Leben miteinander verbindet. Freundschaft ist der Klebstoff, der die Ehe nicht nur an den schweren Tagen zusammenhält, sondern auch dafür sorgt, dass wir gemeinsam etwas Kostbares entdecken.

Zwei, die zueinander gehören

Die zwei sind dann eins, mit Leib und Seele.
1. Mose 2,24

Im Herzen jedes Menschen wohnt die Sehnsucht, zu jemandem zu gehören. Sie ist so ursprünglich und urzeitlich, dass sie irgendwie tief in unserer Erinnerung mit dem Überlebensinstinkt vernetzt ist. Ausgestoßen zu sein bedeutet, zum Tode verurteilt zu sein. Von anderen gemieden zu werden ist die schlimmste Strafe. Isolationshaft wird eingesetzt, um Gefangene psychisch zu brechen. In unserer modernen Welt werden wir zwar nicht körperlich ausgegrenzt, wenn man uns für unwürdig erachtet; trotzdem bleiben uns die Tore der Gemeinschaft verschlossen.

Jeder von uns kennt die Grausamkeit jugendlicher Cliquen. Manche Leute mussten früh erfahren, wie psychische Gewalt aussieht – gemeine Mädchen, rücksichtslose Jungen. Schafft man es, in diese Mannschaft oder jene Gruppe oder dieses Studentenwohnheim reinzukommen? Passt man da hinein? Wie viele Freunde hat man auf *Facebook?* Wurde man in der Tanzschule zum Tanz aufgefordert? Hat sie Ja gesagt? Wurde man akzeptiert, gefragt, eingeladen? *Ist man in oder out?*

Das Leben ist zum Teilen gedacht – wir *sollen* uns zugehörig fühlen. Wir *sollen* in Gemeinschaft leben, in Beziehungen zu anderen Menschen. Manchmal treiben uns die anderen zum Wahnsinn, aber trotzdem brauchen wir einander. Eins ist die einsamste Zahl, die es gibt. Manche Leute sind von Natur aus introvertiert – unser Geist und unsere Seele stärkt sich am besten, wenn wir mit uns und Gott allein sind. Im Grunde braucht jeder Mensch Zeiten, in denen er allein ist. Und das regelmäßig. Doch ebenso braucht jeder Mensch die Gemeinschaft anderer Menschen – und auch das regelmäßig.

Nachdem Christopher McCandless der Gesellschaft den Rücken zugekehrt hatte, um sich ganz allein in die Wildnis Alaskas aufzumachen, entdeckte er, dass er ebendie Menschen vermisste, denen er zu entkommen versuchte. Er vereinsamte zutiefst – und erkannte, dass man das Leben nicht allein leben sollte und dass „Glück nur real ist, wenn man es mit anderen teilt".

Wie wahr! Wenn etwas richtig Gutes geschieht, können wir es gar nicht erwarten, es jemandem mitzuteilen. Meine (Stacys) Mutter starb bereits vor sieben Jahren, aber wenn mir etwas gelingt oder ich glücklich bin, möchte ich sie heute noch anrufen und ihr alles erzählen. Das Gleiche gilt für unglückliche Ereignisse. Wenn etwas Schlimmes passiert – der Arzt mit einer beängstigenden Nachricht anruft oder unsere Welt ins Wanken gerät –, brauchen wir die Freundschaft anderer Menschen. Wir brauchen jemanden, der uns mag, dem wir etwas bedeuten und der sich zu uns gesellt, um diese Sache mit uns durchzustehen. Das ist für Frauen einer der größten Vorteile der Ehe. Die Frage: „Wer geht den Weg mit mir mit?" ist für immer beantwortet. *Ich gehöre zu einem Menschen. Ich habe einen Partner. Wir sind ein Paar. Wir gehören zusammen. Wir sind nicht mehr einzeln, sondern ein Doppelpack. Wenn heutzutage noch jemand Bridge spielen würde, wären wir ein Team.* Wir haben einen Tennispartner, einen Tanzpartner, einen Tischgenossen und jemanden, mit dem wir bis ans Ende unserer Tage jeden Freitag ausgehen können. Wir sind ein Paar. Wir gehören zueinander. In der Tat sind zwei in vielerlei Weise besser dran als einer allein.

John und ich haben einige wirklich harte Zeiten miteinander durchgestanden: den Tod lieber Menschen, den Verlust alter Freundschaften, viele Krankenhausaufenthalte, drei Umzüge über das ganze Land hinweg. Wir haben auch wirklich wunderbare Zeiten erlebt: Urlaube in Schottland und Irland, gemeinsame Vortragsreisen, Schnorcheln in Mexiko und die Verwirklichung des Lebenstraums von einer eigenen Ranch.

Und dann gibt es die vielen Zeiten, die weder besonders gut noch besonders hart waren, sondern unsere Normalität: jeden Abend die Schulbrote für die Jungs vorbereiten; dem anderen eine SMS schicken, wenn er unterwegs ist; 25 Jahre lang jeden Abend gemeinsam beten.

Doch wie Sie, so haben auch wir in unserer Ehe einige sehr einsame Phasen erlebt.

Und es ist die schlimmste Form der Einsamkeit, wenn man sich in der Ehe einsam fühlt.

Die zwei bleiben dann zwei

Als John und ich nach Colorado zogen, war Luke noch nicht auf der Welt. Sam war gerade zwei geworden und Blaine erst neun Monate alt. Ich arbeitete an einigen Abenden in der Woche, aber John verdiente die eigentlichen Brötchen. Die Tage brachte ich zu Hause zu und kümmerte mich um die Jungs – erziehen, füttern, spielen. John hatte seinen Platz in der Berufswelt. Seine Arbeit war eine Herausforderung, an der er persönlich und fachlich wachsen und mit der er seine Familie ernähren konnte. Er arbeitete hart und versuchte, sich zu beweisen. Nachdem Luke geboren war, fing John wieder an zu studieren, um seinen Master in therapeutischer Seelsorge zu machen. Es war ein toller Studiengang und ich stand zu 100 Prozent hinter ihm.

Doch er war wirklich sehr beschäftigt. Er arbeitete immer Vollzeit und war an vielen Wochenenden unterwegs, um Konferenzen durchzuführen. Montags und dienstags hatte er zum Ausgleich für die vielen geopferten Wochenenden frei. Und diese Tage verbrachte er an der Uni. An einem der seltenen wirklich freien Tage machte sich John mit unserem einzigen Wagen zum Fischen auf, weil er dringend Ruhe und Erholung brauchte. Es belebte ihn, wenn er einen Tag mit dem Boot auf dem Wasser verbringen konnte. Gott begegnete ihm dort. Mehr als die Hälfte seiner freien Tage verbrachte er auf dem Fluss. Entweder allein oder mit einem Freund. Nicht mit mir. Nicht mit unseren Söhnen.

Oft war er jeden Tag der Woche weg, und das drei oder vier Wochen hintereinander. Einmal waren es sieben Wochen am Stück. Das ging zwei Jahre so. Muss ich noch einmal erwähnen, wie klein unsere Kinder noch waren?

Sind einige der Damen, die das jetzt lesen, bereits wütend auf John?

Meine beste Freundin war jedenfalls richtig sauer.

Irgendwie wusste ich in meinem Herzen, dass Gott an John arbeitete. Ich erkannte, dass ich ihn ziehen lassen musste und nicht von ihm einfordern durfte, zu Hause zu bleiben. Wenn John da war, war er ganz und gar präsent. Er war für unsere Jungs da. Damals wie heute verbindet sie eine besondere und innige Beziehung. Doch es waren harte Jahre. Für uns beide. Ich hatte das Gefühl, als liefe John vor mir davon.

Oft fragten andere mich: *„Und wann bist du mal an der Reihe?“* Unzählige Male hörte ich wohlmeinende Freunde und Verwandte ärgerlich oder abfällig über John sprechen. Einmal wurde ich sogar ermutigt, mich von ihm scheiden zu lassen. Das alles war nicht hilfreich. Nichts von alledem.

Zum Teil trugen die grundlegenden Themen, die wir in unserer Ehe anzugehen hatten, zu dem Problem bei. Meine Unsicherheit führte dazu, dass ich glaubte, es nicht wert zu sein, dass man für mich kämpft oder einsteht. Irgendwann auf meinem Lebensweg hatte ich mein Gefühl für mich selbst verloren. Ich hielt John für einen fantastischen Mann. Von mir selbst dachte ich weit weniger positiv. John hatte damals wie heute sehr feste Überzeugungen, Vorlieben und Abneigungen. (Es ist sehr schwer, ein Geschenk für ihn zu kaufen.) Ich hatte mich so weit verloren, dass ich nicht mehr wusste, wer ich war, was ich mochte oder wollte. Wenn Ehe bedeutet, dass aus zweien eins wird, dann bedeutete es bei uns, dass aus zweien John wurde. Doch so hat Gott sich das nicht gedacht.

Das Ziel der Ehe, eins zu werden, bedeutet nicht, dass beide zu einer Person verschmelzen. Es bedeutet, dass beide für sich immer mehr zu den Menschen werden, als die sie gedacht sind. Und das gemeinsam. Candice Bergen hat gesagt: „Ich hatte immer gedacht, die Ehe würde mich in meinen Möglichkeiten reduzieren. So als müsse man weniger werden, um mit einem anderen zusammenzuleben. Dabei muss man natürlich mehr werden.“

Doch John und ich waren in jeder Hinsicht weit voneinander entfernt. Das waren harte und einsame Jahre.

*

Im Rückblick erkenne ich (John) heute deutlicher, warum Stacy sich so alleingelassen fühlte. Während ich versuchte, meinen Weg zu gehen – getrieben von dem inneren Schwur, mich von niemandem abhängig zu machen –, war ich ziemlich oft von zu Hause fort. Viele junge Männer spüren diesen Druck, diesen Drang, ganz auf sich allein gestellt Wolf und Bär zu erlegen und das eigene Revier abzustecken. Doch trotz der durchaus realen Kämpfe lautet die Wahrheit: Ich lief davon. Wir führten zwei getrennte Leben.

Aber die Geschichte geht noch weiter.

In den ersten 10 Jahren unserer Ehe hatte Stacy mit einer Essstörung und Depressionen zu kämpfen. Um ehrlich zu sein, fühlte es sich so an, als wäre sie ausgezogen. Die lebendige, leidenschaftliche und eigensinnige Frau, die ich geheiratet hatte, war nicht mehr da. Nur, dass sie eben doch irgendwie noch da war, und das konnte einen verrückt machen. Wie kann man bei jemandem sein, der nicht wirklich da ist? Ich will keine Entschuldigungen suchen, nur die Geschichte vervollständigen. Es gibt immer „Gründe" für die Entscheidungen, die dazu führen, dass wir in getrennten Welten leben. Die Einzelheiten mögen variieren, aber die Geschichte als solche ist immer ähnlich.

Trotz des Eheversprechens und all der Hoffnungen und Träume leben die meisten Ehepaare in getrennten Welten.

Was sind die wahren Gründe dafür, dass Sie beide nicht zusammen sind? Typischerweise sind Mann und Frau sehr beschäftigt. Sie und Ihr Ehepartner gehen zur Arbeit, kommen müde nach Hause. Wenn Sie Kinder haben, bekommen die am Abend das, was von Ihnen noch übrig ist. Wenn Sie in Ihrem Beruf erfolgreich sind, frisst Ihre Arbeit Sie mit Haut und Haaren. Doch wenn Sie es ständig gerade noch schaffen zu überleben, raubt

Ihnen das nicht nur Ihre Zeit, sondern auch alle Hoffnung und Energie. Dann sucht jeder von uns etwas, um den eigenen Tank wieder zu füllen. Wir tun etwas, was uns Spaß macht, oder lassen uns vom Fernseher berieseln. Und unser Ehepartner bekommt nur noch den Bodensatz ab.

Denken Sie an die klassischen Bilder aus *Citizen Kane*, die den langsamen, aber unvermeidlichen Zerfall der Ehe von Charles Foster Kane und seiner Frau darstellen. Das junge Paar beginnt sein häusliches Leben an einem winzigen Küchentisch, an dem sie eng nebeneinander und höchst verliebt ihre Mahlzeiten einnehmen. (Bei uns war das genauso. Wir aßen an einem Klapptisch, den uns Stacys Mutter geliehen hatte.) Mit der Zeit schleicht sich die Tyrannei des beruflichen Erfolgs ein, der Tisch der Kanes wird immer größer, und wir können beobachten, wie das Paar sich innerlich und äußerlich immer weiter voneinander entfernt. Die Schlussszene zeigt Kane und seine Frau an einem massiven Esstisch, der so lang ist wie eine Kegelbahn. Beide sitzen an den Enden des Tisches und nehmen ihr Essen in getrennten Welten zu sich. Zu dem Zeitpunkt ist die Scheidung nur noch eine Formsache.

Noch einmal standen wir kurz vor einer Scheidung, als wir im zehnten Jahr unserer Ehe so weit voneinander entfernt waren, wie zwei Menschen es nur sein können. Wir blickten beide in diesen drohenden Abgrund, und was wir sahen, gefiel uns ganz und gar nicht. Und mit Gottes Gnade – hinter jeder guten Ehe steckt die Gnade Gottes! – trafen wir Entscheidungen, die uns einander wieder näherbrachten.

Die Entscheidungen, die wir treffen

Als wir letztes Jahr zu Silvester mit der ganzen Familie um unseren Esstisch saßen – wir haben jetzt einen runden Tisch, damit alle eng beieinandersitzen und am Gespräch teilhaben können –, stellte John eine Frage: „Welcher Augenblick gehörte für dich zu den besten des vergangenen Jahres?“

Die Frage überraschte mich nicht. (Wir machen das jedes Silvester.) Aber als John an der Reihe war, war ich schon überrascht. Er erzählte von einer Gelegenheit, als er und ich mit den Pferden über unsere Ranch geritten waren. Wir ritten auf gewundenen Pfaden zwischen Eschen und Sträuchern hindurch und genossen den Blick auf die Berge. Das war so erfüllend, wunderbar und märchenhaft gewesen.

Es berührte mein Herz, dass für meinen Mann dieser gemeinsame Augenblick der schönste Moment des Jahres gewesen war. Aber es rief auch etwas in mir wach: Dieser Ausritt mit John war mein letztes schönes Erlebnis auf einem Pferderücken gewesen. Einen Monat später stürzte er schwer und brach sich seine Handgelenke und auch ich wurde zweimal abgeworfen. Danach mochte ich Pferde nicht mehr ganz so sehr. Ich traute mich nicht mehr in den Sattel. Doch es war das *schönste* Erlebnis meines Mannes, das er mit mir gemeinsam geteilt hatte. Ihm bedeutete es tief im Herzen etwas. Und sein Herz ist es wert, dafür zu kämpfen.

Ich brauchte eine Weile, bis ich den Mut zusammengenommen hatte, doch ich fand eine Frau, die therapeutisches Reiten anbot und mir half, meine Angst zu überwinden. Es war ein echtes Wunder, was dort auf dem Reitplatz in etwas über drei Stunden mit ihrer und der Hilfe der drei Therapiepferde geschah. Gott kam und nahm mir meine Angst. Und ich schaffte es wieder in den Sattel. Für meinen Mann. Nein, eigentlich für uns beide. Dass ich mit ihm Momente teilen kann, die herrlich sind und seiner Seele guttun, bestärkt das Schöne in unserer Ehe und vertieft unsere Freundschaft. Und das liebe ich!

Stellen Sie sich also eine einfache Frage: Was tun Sie nur aus dem einen Grund, weil Ihr Ehepartner es gerne macht?

Im März klebe ich (John) am Fernseher und schaue mir die Basketballspiele der College-Liga an. In den tollen Märztagen des letzten Jahres kam Stacy eines Samstags ins Wohnzimmer und sagte, sie würde gern Möbel einkaufen gehen. Mit mir. Ich wollte die Mannschaft von Georgetown spielen sehen. Sie wünschte sich meine Unterstützung bei der Suche nach ein paar neuen Dingen für unser Haus. Das ist ein Moment, in dem es drauf ankommt, Freundschaft zu leben. Jungs, was würdet ihr normalerweise machen? Es wird eine Entscheidung fallen, egal, wie man es dreht und wendet. Als Beweis dafür, dass der Heilige Geist einen

Menschen wirklich verändern kann, berichte ich in aller Demut, dass ich mich fürs Shoppen entschieden habe. Wirklich. (Okay, ich gebe zu, es war noch nicht die Finalrunde.)

Stacy wollte in ein ganz bestimmtes Geschäft gehen – eines ihrer Lieblingsgeschäfte. Als ich den Laden betrat, wurde mir fast schwindelig. Es war ein wahrer Überfall auf die Sinne. Nirgendwo gab es einen freien Platz, weder an den Wänden noch in den Regalen oder am Boden. Der Laden platzte geradezu aus den Nähten vor lauter Rüschen, Spitzen, Krimskrams und Geschirr. Mein männlicher Überlebensinstinkt sagte mir: „Lauf! Nur raus aus diesem Dschungel!" Doch es galt, eine andere Entscheidung zu treffen: *Ich werde mich darauf einlassen. Ich werde nicht davonlaufen. Ich werde nicht schmollen, um Stacy dazu zu veranlassen, möglichst bald wieder zu gehen.*

Also ignorierte ich die Duftkerzen und blieb an ihrer Seite, zeigte Interesse und unterstützte sie.

Wir sprachen darüber, welches Bild uns am ehesten für unser Schlafzimmer gefallen würde. Wir blätterten in Katalogen herum und bestellten ein Möbelstück. Wir blieben so lange, wie Stacy es wollte. *(Ach, schau doch nur! Ist das nicht hübsch?)*

Ich wusste, dass meine Entscheidung, in diesem Augenblick innerlich präsent zu sein, Stacy sagte: „Ich liebe dich. Ich will mit dir zusammen sein. Was dir wichtig ist, ist mir auch wichtig." Das ist entscheidend, Jungs! Es geht nicht nur darum, dass wir mitmachen, sondern es geht auch darum, dass wir uns darauf *einlassen.* Stacy wollte wissen, was ich über die Sachen dachte. Sie wollte meine Meinung hören und mir ihre mitteilen.

Und es war ein richtig netter Nachmittag. Wirklich, das war es.

Ein Wort der Warnung

Bevor wir näher darauf eingehen, wie man als Paar zu echter Freundschaft findet, sollten wir das in den richtigen Kontext stellen. *Sie brauchen beide auch andere Freunde.*

Frauen brauchen Freundinnen und Männer Freunde. Zu oft ziehen sich Ehepaare – vor allem in den ersten Ehejahren – in ihre kleine Welt zurück, hinter „die strahlende Barriere", wie Sheldon Vanauken es genannt hat, und vernachlässigen langjährige Freunde. Das ist dumm.

Sie brauchen die Kameradschaft von Freunden außerhalb Ihrer Ehegemeinschaft. Wir glauben, dass Frauen Freundinnen sogar noch mehr brauchen als Männer Freunde, weil das Beziehungsbedürfnis bei Frauen meist viel größer ist als bei Männern. Männern reicht es, wenn sie einmal die Woche mit ihren Kumpels ein Fußballspiel anschauen. Frauen müssen *reden*. Und das jeden Tag.

Darum habe ich, liebe Männer, es mir immer zur Aufgabe gemacht, alles dafür zu tun, dass Stacy ein paar Freundinnen fand, wenn wir wieder einmal in eine neue Stadt gezogen waren. Ich habe *immer* alles dafür getan, dass sie die nötigen Freiräume hatte, um mit ihren Mädels etwas zu unternehmen.

Und, liebe Frauen, Sie müssen wissen, dass Sie Ihr Bedürfnis nach Freundschaft nicht allein an Ihrem Mann festmachen dürfen (was viele Frauen versuchen). Es gibt einfach zu viele Dinge, die Ihnen Spaß machen, aber ihm nicht. Wenn Frauen heiraten, erwarten sie oft von ihrem Mann, dass er ihr bester und wichtigster Freund wird. Das gilt umso mehr, wenn sie in eine fremde Stadt gezogen sind. Doch das setzt ihn unter Druck und dagegen wird er sich sträuben.

Und, liebe Männer, es gibt nichts in Ihrer Ehe, was Ihnen das geben kann, was eine Männerfreundschaft bedeutet. Geben Sie das nicht auf, nur weil Sie denken, dass Sie nun verheiratet sind und es deshalb nicht mehr brauchen oder zu Hause bleiben sollten. Sie brauchen Freunde, *damit* Sie ein besserer Ehemann und Vater sein können!

Das ist der Schlüssel: Wir möchten, dass Sie Ihrem Ehepartner aus einem vollen Herzen heraus etwas anbieten können, *statt ihm nur Ihre Bedürftigkeit hinzuhalten*. Ihre Freundschaften machen es Ihnen möglich, mit vollen Händen nach Hause zu kommen.

Thomas von Kempen hat (frei übersetzt) gesagt: „Ohne einen Freund lebt es sich nicht gut. Und wenn Jesus nicht dein bester Freund ist, wirst du traurig und trostlos sein." Wir sollten unser Leben lang nie vergessen, dass es keinen besseren Freund gibt als Jesus – keinen vertrauteren, verlässlicheren Wegbegleiter – und dass wir vor allem seine Freundschaft entdecken müssen. Wo auch immer wir sind, er wird bei uns sein. Er ist der wahrhaftigste und treuste Freund, den man haben kann.

Echte Freundschaft zurückgewinnen

Es gibt eine Reihe von Dingen, die John gerne tut. Dazu gehört: fischen, klettern, an Autos herumschrauben, jagen, lesen, Zigarren rauchen und alles, was mit Abenteuer zu tun hat. Es gibt eine Reihe von Dingen, die ich gerne tue. Dazu gehört: ins Kino gehen, meinen Garten bearbeiten und genießen, mich unterhalten, spazieren gehen, singen und Romane lesen. *Oje, hoffentlich finden wir etwas, was wir beide gern tun.*

Ich bin zudem Mutter von drei Söhnen und lebe in einem Männerhaushalt. Ich liebe die Jungs von ganzem Herzen, aber manchmal kann es sehr einsam sein, wenn man die einzige Frau weit und breit ist. Es ist nicht leicht, Anknüpfungspunkte zu finden und an ihrem Leben teilzuhaben. Ich spiele nicht mit der X-Box. Ich bin kein hyperaktiver, kletternder, mountainbikender und snowboardender Teenager. Oft verstehe ich sie nicht einmal. Ich sehne mich nach einer tiefen Beziehung zu ihnen und bete darum, Wege zu finden, um diese Beziehung zu leben.

John hat mir zu Weihnachten eine Tischtennisplatte geschenkt. Ich weiß, was Sie, meine Damen, jetzt denken: *Was für ein unmögliches Geschenk! Ein völliger Fehlgriff!* Doch John wusste, was er tat. In meinem Elternhaus gab es früher eine Tischtennisplatte und damals lieferte ich mir stundenlang mit meinem Bruder oder meinem Vater die tollsten Matches. Das sind Erinnerungen, die mir kostbar sind, weil wir in diesen Zeiten als Familie innerlich miteinander verbunden waren. Nun spiele ich mit meinen Söhnen und meinem Mann. Im Doppel oder im Einzel oder wie auch immer. Das spielt keine Rolle, denn wir machen gemeinsam etwas, was allen Spaß macht. *Riesenseufzer!* Jawohl!

Außerdem liebe ich Wasser. Ich bin gerne am Wasser, auf dem Wasser und im Wasser. Egal, in welcher Form: ein Pool, ein Teich, ein See, ein

Fluss, das Meer, ja sogar die Badewanne ... ich liebe sie alle. So tief abzutauchen, wie ich nur kann, erfrischt mich und erfüllt mich mit neuem Leben. Ich bin glücklich, wenn ich an einem idyllischen Bergsee sitze oder im Kanu dahinpaddle. Aber am glücklichsten bin ich, wenn ich in das nasse Element eintauchen kann.

Wir haben Wege gefunden, unsere gemeinsame Liebe zum Wasser zu teilen. Erst brachte mir John das Kanufahren bei und machte mich mit diesen schwankenden, stillen Wasserfahrzeugen vertraut, mit denen man schmale Wasserwege und geheimnisvolle Buchten erkunden kann. Wir haben beim Paddeln über Seen, Meeresarme und Flüsse schon so viele Abenteuer erlebt! Er hat mich dazu gebracht, mich zum ersten Mal in ein Kajak zu setzen; ich war dem Wasser so nah, als ob ich darin sitzen würde, und blieb doch irgendwie trocken. Beim Kajakfahren mit der Familie kamen wir einmal einem Buckelwal so atemberaubend nah, dass ich schon glaubte, wir wären ins Paradies zurückgepaddelt.

Über die Jahre haben wir noch andere Dinge gefunden, die wir beide mögen und die unsere Freundschaft vertiefen, wenn wir sie gemeinsam tun. Wir verreisen gern. Wir lieben chinesisches Essen. Wir tauschen uns über Filme aus, die uns gefallen, oder über Bücher, die uns bewegen. John liebt die Wildnis, und wir haben entdeckt, dass wir auch das gemeinsam genießen können, wenn wir eine Hütte mieten. So können wir den Tag damit verbringen, in der freien Natur herumzustreifen, aber ich bekomme abends meine Dusche und mein bequemes Bett!

Und wir genießen trotzdem noch viele unserer Lieblingsbeschäftigungen allein oder mit anderen Freunden.

Es gibt keinen Grund, eifersüchtig zu sein, weil der Ehepartner auch mal etwas ohne Sie unternimmt. Sie können nicht alles für Ihren Partner sein. Ihre Herzen sind viel zu groß und Ihre Interessen zu unterschiedlich, um „in allem eins zu sein". Es wäre merkwürdig, wenn es anders wäre.

Und natürlich möchten Sie, dass der Tank Ihres Ehepartners voll ist, dass er glücklich ist und es ihm gut geht. Mit einem solchen Menschen lebt es sich viel besser zusammen. Und er wird nicht von Ihnen erwarten, dass ausschließlich Sie ihn glücklich machen. Also, um alles in der Welt, kämpfen Sie nicht dagegen an, dass Ihr Ehepartner Freude an anderen Dingen oder Menschen hat!

Manchmal hatte ich (Stacy) das Gefühl, mit Johns engsten Freunden oder Hobbys konkurrieren zu müssen. Es war sehr befreiend, als ich erkannte, dass das nicht so ist. Der Platz, den ich in Johns Herzen habe, steht nicht zur Disposition. (Trotzdem musste John mir immer wieder versichern, dass es so ist, und Gott musste an meinem Herzen arbeiten, damit ich ihm glauben konnte.)

Die Freundschaftsbeziehung in der Ehe hat ihre Höhen und Tiefen. In der Jagdsaison erwarte ich nicht mehr, John häufig zu Gesicht zu bekommen. Doch danach erwarte ich von ihm durchaus, dass er sich wieder richtig auf mich einlässt! Es gibt Zeiten, in denen wir beide einen guten Draht zueinander haben, und Zeiten, in denen das nicht so recht der Fall ist.

Worum es geht, ist, langfristig und gezielt ein Umfeld zu schaffen, in dem wir unsere Freundschaft stärken und genießen können. Das jeden Tag perfekt hinzubekommen ist unrealistisch. Einmal im Monat reicht oft nicht aus. Das richtige Maß liegt irgendwo in der Mitte.

Es kann sich zunächst ein wenig unbehaglich anfühlen, wenn Sie länger nicht mehr einfach nur Zeit miteinander verbracht haben. Ergreifen Sie trotzdem die Initiative, und lassen Sie sich nicht entmutigen, wenn Ihre ersten Versuche nicht gleich auf große Gegenliebe treffen. Eine meiner Freundinnen hat versucht, ihren Ehemann für die Vorteile von Schaumbädern zu erwärmen – und lag damit voll daneben. Gemeinsam DSDS anzuschauen ist vielleicht auch nicht ganz das Richtige. Ebenso unpassend mag ein Angelausflug sein. Aber Sie werden einen gemeinsamen Nenner finden. Ein Tenniskurs, ein Streifzug durch die keltische Ausgrabung im Nachbarort oder vielleicht mal vietnamesisch essen gehen. Eine gemeinsame Lieblingsserie im Fernsehen finden oder Monopoly spielen oder Squaredance lernen. Haben Sie schon einmal gemeinsam ein Buch gelesen? (Sie könnten ja dieses Buch hier gemeinsam lesen und dann über die einzelnen Kapitel sprechen.)

Vielleicht sollten Sie Ihren Ehepartner einfach fragen, was er oder sie gern machen würde. Unser Vorschlag an Sie lautet, das dann gemeinsam zu erkunden. Finden Sie diese Schnittstellen Ihres Lebens, an denen beide Spaß haben.

Ist das denn zu schaffen?

Letzten Sommer führte unser Sohn Sam mit verschiedenen Leuten eine private Umfrage durch: „Glaubst du, dass es im Leben nur einen einzigen möglichen Ehepartner gibt, oder glaubst du, dass du aus einer Handvoll ganz verschiedener Menschen einen heiraten und mit ihm glücklich werden könntest?"

Dahinter steckte eine bestimmte Befürchtung, eine tiefer gehende Frage, die man ungefähr so in Worte fassen könnte: „Gibt es da draußen irgendwo den perfekten Partner für mich? Kann ich am Willen Gottes vorbeileben und alles ruinieren, indem ich den verkehrten Menschen heirate?"

Was denken Sie?

Wir glauben, die Antwort auf seine erste Frage – die Entweder-oder-Frage – lautet: Ja und Ja. Und wir glauben, die Antwort auf seine unausgesprochene, tiefer gehende Frage lautet: Nein.

Gott weiß, wen Sie heiraten werden. Wenn Sie dann tatsächlich heiraten, wird Ihr Ehepartner zu diesem einen Menschen, *den Sie heiraten sollten.* Ja, Menschen machen Fehler. Ständig. Manchmal heiraten Menschen den verkehrten Partner. Wir haben gute Freunde, die diesen herzzerreißenden Fehler gemacht haben und es schon bald nach der Hochzeit erkannten. Doch das bedeutete kein Todesurteil – weder über ihrem Leben noch über ihrer Ehe. Es stimmt tatsächlich: „Wer Gott liebt, dem dient alles, was geschieht, zum Guten" (Römer 8,28; HFA).

Eine sehr gute Freundin von mir (Stacy) hatte vor zu heiraten. Ich warnte sie, dass sie meiner Ansicht nach einen großen Fehler beging, und legte ihr dar, warum ich das glaubte. Es waren begründete Zweifel. Doch sie war sich sicher und heiratete den Mann trotzdem. (Übrigens war ich von dem Moment ihrer Eheschließung an ihre größte Verbündete, die für ihre Ehe und für diesen Mann eintrat.) Innerhalb eines Jahres rief sie mich an, um mir zu sagen, dass ich recht gehabt hatte: Sie hatte einen schrecklichen Fehler gemacht.

Doch dann sagte sie – und das beweist den reifen Charakter meiner Freundin –, sie sei fest entschlossen, diesen Mann *zu dem Mann zu lieben*, den Gott aus ihm machen wolle, und zugleich Gott zu gestatten, *sie* in die Frau *zu verwandeln*, die am besten zu diesem Mann passt. Die beiden sind inzwischen über 20 Jahre verheiratet. Ja, es gab harte Zeiten. Doch ihre Enttäuschung trieb sie tiefer in die Arme Gottes. Und sie liebt ihren Ehemann auf eine gute, gesunde Weise. Die beiden führen eine gute Ehe.

Es gibt keinen perfekten Partner. Das ist höchstens eine Fantasie aus *Die Frauen von Stepford*. Der beste Ehemann für Sie ist der, den Sie haben. Die beste Ehefrau für Sie ist die, die Sie haben.

Betrachten Sie die folgenden Gedichtzeilen einmal im Licht Ihrer gegenwärtigen Situation:

Man kann sich sein Schlachtfeld nicht aussuchen.
Das tut Gott für uns.
Aber man kann seine Flagge dort aufrichten,
wo noch nie eine Flagge im Wind geweht hat.
Nathalia Crane

Das ist es: Beziehen Sie Position! Das ist der Mann, der Ihnen anvertraut wurde. Das ist die Frau, die Ihnen anvertraut wurde. Sie können gar nicht wissen, welche Tiefe Ihre Beziehung erreichen kann, solange Sie diese Gewässer nicht in ihrer ganzen Länge und Breite erkundet und über viele Jahre dort ausgehalten haben. Außerdem hat Ihre eigene Verwandlung doch gerade erst begonnen! Wer weiß, was Gott alles noch für Sie beide bereithält! Wir würden sagen, mit unseren 25 Jahren Ehe fangen wir gerade erst an, es zu entdecken.

Kapitel 6

Wie man einen richtig guten Streit ausficht

Das gefährlichste Nahrungsmittel ist die Hochzeitstorte.
JAMES THURBER

Stacy geht mir heute Morgen richtig auf den Keks.

Ich kann es nicht benennen. Ich weiß noch nicht einmal, warum. Sie geht mir einfach auf die Nerven, das ist alles. Ich ärgere mich über sie – oder besser gesagt, es fühlt sich an, als wäre sie selbst ein Ärgernis. Und um ehrlich zu sein, scheint sie auch nicht sonderlich glücklich darüber, mich zu sehen. Ich kapier's nicht. Wir haben doch gerade ein sehr romantisches Wochenende miteinander verbracht.

Der Erlösungsweg unserer Silberhochzeit verlief folgendermaßen: Erst haben wir gefeiert. Es war nicht die große Gala, dieser goldene Moment, der so schnell vergeht, sondern eine kleine Feier bei uns zu Hause im Kreis vertrauter Menschen – das war noch besser. Champagner, eine Torte, liebevolle Ansprachen und jede Menge echter Freude. Es war schön! Am nächsten Morgen entschwanden wir für drei Tage nach Santa Fe. Darüber gäbe es viel zu erzählen, aber lassen Sie mich gleich zum Höhepunkt kommen. Der war an unserem zweiten Abend: Wir gingen in ein Restaurant, das uns von Freunden empfohlen wurde und zu den besten Restaurants einer Stadt gehört, die für ihre Gastronomie berühmt ist. Die Vorfreude war groß. Diese alte Sehnsucht nach dem

Paradies regte sich in unserem Herzen. *Das hier könnte so richtig gut werden.*

Nun, Sie erinnern sich noch an die Hintergrundgeschichte – dass wir vor vier Jahren ein Gesellschaftsspiel spielten und Josh Grobans Lied *When You Say You Love Me* erklang und Stacy das Spiel mit der Ankündigung unterbrach: „Bei unserer Silberhochzeit will ich dazu tanzen."

Als echter Mann hatte ich das natürlich völlig vergessen. Vermutlich sträubte sich in mir etwas dagegen, zu einer so langsamen und romantischen Melodie zu tanzen, während uns 50 Freunde und Verwandte wie Voyeure dabei zuschauen. Nun, sagen wir einfach, ich hatte es nicht sonderlich fest in meinem Gedächtnis abgespeichert. Als unser Hochzeitstag nahte, war der Gedanke völlig weg.

Wie auch immer, die Fahrt zum Restaurant ist also etwas angespannt. Viele Einbahnstraßen, zu kleine Parklücken für meinen Pick-up. Die Anspannung steigt. Der Abend erscheint mir sehr zerbrechlich. Es kommt mir vor, als könnten wir den Ball verpassen. Wir kommen also in das Restaurant und ... es ist wundervoll! Damasttischdecken, Kristallgläser und ein knisterndes Feuer in einem Kamin aus getrockneten Lehmziegeln. Wirklich romantisch. Der Duft, der aus der Küche herausströmt, ist geradezu himmlisch. Der Kellner bringt uns die Getränke und lässt uns einen Moment Zeit. Wir atmen beide tief durch und seufzen. Dann erheben wir unsere Weingläser, um auf uns anzustoßen. Und in diesem Moment wird uns bewusst, welches Lied im Hintergrund spielt.

Josh Groban singt *When You Say You Love Me.*

Wir lächeln uns zu.

Und plötzlich bekommt der Abend eine himmlische Dimension. Wir werden emporgehoben in Gottes große Liebesgeschichte.

Der Abend ist durch und durch schön. Unser Kellner lässt uns wissen, wie sehr ihm unsere Bücher gefallen, und auch das ist toll. Wir verraten ihm, was wir heute feiern. Das Essen ist exquisit, und das Beste von allem ist, dass wir ganz wir selbst sind. Der Schleier ist gelüftet, der Stress des Alltags muss draußen bleiben. Wir sind einfach ganz bei uns und freuen uns aneinander. Es tut gut, daran erinnert zu werden, wie sich das anfühlt.

Jeder Gang unseres Menüs schmeckt besser als der vorige. Ich erinnere mich nicht mehr an den Namen unseres Desserts, aber man hätte es „Schoko-Orgasmus“ nennen sollen. Zum Abschluss bitten wir um die Rechnung, doch unser Kellner informiert uns, dass alles bereits von unseren Freunden bezahlt wurde. Wir sind sprachlos und zu Tränen gerührt. Später spazieren wir über das romantische Gelände unseres Hotels und halten uns an den Händen. Dann ziehen wir uns aufs Zimmer zurück, und ... nun, sagen wir einfach, es wurde ein leidenschaftliches Finale.

Doch jetzt bin ich ärgerlich; sie ist sich sicher, dass ich enttäuscht bin (da sind die alten Wunden wieder), und alles, was wir gerade noch so genossen haben, entgleitet uns. Was geht hier vor sich? Warum kommt es einem immer so vor, als würde einem ein Bein gestellt, sobald man auch nur einen Schritt in Richtung „ruhiges Fahrwasser auf türkisblauem Meer“ tut?

Sie haben einen Feind

Zurück zu dem Drama, das sich im Paradies abgespielt hat.

Sie erinnern sich: Gott gab uns diese Geschichte über die erste Ehe, damit wir uns unserer Bedeutung bewusst werden. Sie vermittelt uns Orientierungspunkte für die Navigation *unserer* Ehe – wie wesentlich das Geschlecht für unsere Identität ist und dass wir eigentlich für das Paradies geschaffen wurden. Dass die Menschheit gefallen ist und welche Auswirkungen das auf unser Mannsein und Frausein hat. Und noch etwas macht diese Geschichte sehr deutlich: Wir haben einen Feind.

Das ist doch mal ein Gedanke.

Ich meine, jeder von uns hat doch manchmal das Gefühl, er habe einen Feind, aber wen würde er als solchen benennen? Den Ehepartner – stimmt's? Manchmal betritt man den Raum und schon sieht und empfindet man seinen Ehepartner als Feind. „An zwei von drei Tagen“, meinte einer meiner Freunde zynisch.

Doch Ihr Ehepartner ist nicht der Feind. Es gibt einen anderen.

Wir haben weiter oben bereits eingestanden, wie naiv wir dieser Geschichte bei unserer Hochzeit begegnet sind. Wir dachten, der Erzählstrang lautet: „Liebt Gott, liebt einander und alles wird gut!" Unsere Naivität hätte uns beinahe unsere Ehe gekostet. Wir haben auf die harte Tour gelernt (hat jemals jemand auf die sanfte Tour etwas gelernt?), dass da noch viel mehr vor sich geht. Wir mussten uns unserer Zerbrochenheit stellen. Das war ein Schock. Wir mussten uns unserem verbogenen Beziehungsstil stellen. Das war demütigend. Wir mussten erkennen, dass diese Geschichte viel gefährlicher ist, als wir gedacht hatten, und dass viel auf dem Spiel steht. Doch was uns vielleicht am meisten die Augen geöffnet hat: *Wir erkannten, dass wir einen Feind haben.*

Niemand hat uns das in den ersten Ehejahren erklärt. Oder wenn es jemand tat, dann haben wir nicht hingehört. Doch für die Bibel ist das ein Fakt. Gegen Ende seines Lebens schreibt der erfahrene Apostel Petrus ein ermahnendes Wort an die Christen:

Seid wachsam und nüchtern! Euer Feind, der Teufel, schleicht um die Herde wie ein hungriger Löwe. Er wartet nur darauf, dass er jemand von euch verschlingen kann. Leistet ihm Widerstand und haltet unbeirrt am Glauben fest. Denkt daran, dass die Gemeinschaft eurer Brüder und Schwestern in der ganzen Welt die gleichen Leiden durchzustehen hat.
1. Petrus 5,8–9

Er geht davon aus, dass jeder Einzelne („eure Brüder und Schwestern in der ganzen Welt") unter dem Beschuss eines sehr realen Feindes steht. Petrus stellt ihn als einen „hungrigen Löwen" dar, der nur auf eine Chance wartet, um uns zu verschlingen. Er will uns nicht nur „versuchen". Er will uns vernichten. Falls Sie den Film *Der Geist und die Dunkelheit* gesehen haben, ahnen Sie, was das bedeutet. Die Schilderung, die Petrus hier gibt, ist ernüchternd, und seine Leser haben sie als Bewohner von Ländern, in denen es Löwen gab, sicher ernst genommen. Möglicherweise hilft es uns modernen Menschen, wenn wir uns Satan als einen gefährlichen, besessenen Terroristen vorstellen, der versucht, so viel zu zerstören, wie er kann.

Wir hören es und doch scheinen wir es nicht aufzunehmen.

Ich muss an die Geschichte einer außerehelichen Affäre denken. Leslie kam weinend in mein Büro. Ihr Mann hatte sie verlassen. „Ich hätte es kommen sehen müssen." Ich hielt die Klappe, weil sie so aufgelöst war. Aber wir hatten es alle kommen sehen. Wohin führten ihn denn alle diese „Geschäftsreisen"? Er war gar nicht geschäftlich unterwegs. Alle wussten es. Und dann hatten ihn die Leute mit diesem Mädchen in der Stadt gesehen. Freunde versuchten zu intervenieren. Wir versuchten, ihr die Augen zu öffnen. Aber Leslie sah es nicht. Sie *wollte* es nicht sehen. Er hatte Lippenstift am Kragen und behauptete, das käme von der Zahnarzthelferin, die seine Zähne poliert hatte! Ohne Witz! Und Leslie glaubte ihm! Können Sie sich das vorstellen? Als er sie schließlich verließ, hätten die meisten von uns am liebsten ausgerufen: „Was hast du erwartet? Du hast doch jede Warnung in den Wind geschlagen."

Doch wir sind genauso betriebsblind. Wir leben nicht so, als gäbe es einen Feind unserer Ehe. Wir übersehen den Lippenstift. Satan wird in der Bibel als äußerst aktive Bedrohung eingeschätzt, doch die wenigsten Menschen leben entsprechend. Mal im Ernst, wie viele Ehepaare kennen Sie, die bemerken, was Satan in ihrem Leben anrichtet, und die tatsächlich jeden Tag im Gebet dagegen angehen? Oder auch nur einmal in der Woche? Oder einmal im Monat? Wenn es um den Feind geht, sind wir alle so blind wie Leslie.

Sie haben einen Feind. Ihre Ehe hat einen Feind.

Und ob Sie es glauben oder nicht, das ist eine gute Nachricht.

Denn daraus folgt die Erkenntnis, dass Ihr Ehepartner nicht Ihr Feind ist. Er ist nicht der Feind. Sie ist nicht der Feind. Wirklich nicht.

„Manchmal müssen wir uns das gegenseitig sagen, wenn die Stimmung aufgeheizt ist", vertraute mein Freund Dan mir an. „Ich muss ihr sagen: ‚Ich bin nicht der Feind. Du bist nicht der Feind.' Einfach, weil es sich manchmal wirklich so anfühlt."

Ja, manchmal fühlt es sich so an. Stacy und ich lebten jahrelang mit dem Gefühl ständiger Anklage. Sie „fühlte" sich von mir angefeindet. Ich

„fühlte" mich von ihr angefeindet. Es war für uns eine ziemlich große Entlastung zu erkennen, dass dieses Gefühl, angeklagt und angefeindet zu werden, eigentlich nicht aus uns herauskam. Es kam von dem, den man nicht ohne Grund den „Ankläger" nennt (Offenbarung 12,10).

Liebe Freunde, wenn Sie nicht in diesen Kategorien denken, werden Sie Ihr Leben nicht verstehen und schon gar nicht erkennen können, was in Ihrer Ehe vor sich geht. Wenn Sie diese Grundannahme nicht nutzen, um die Gedanken, Gefühle und Begebenheiten zu interpretieren, die sich tagtäglich in Ihrem Leben abspielen, werden Sie genauso verblüfft dastehen wie Leslie. Würde man uns zwingen, die „Top 3" zu nennen, die einer Ehe am meisten weiterhelfen, so würden wir folgende Liste aufstellen:

1. Finde deine Identität und Sicherheit bei Gott!
2. Stell dich deiner Zerbrochenheit!
3. Lerne, die geistlichen Attacken abzuwehren, denen deine Ehe ausgesetzt ist!

*

Wenn Sie nur diese drei Grundsätze beherzigen und nichts darüber hinaus tun, so werden Sie dennoch staunen, wie viel Freiheit, Liebe und Freude freigesetzt werden.

Wir haben selbst zugestimmt

Einer unserer Freunde schilderte uns, wie bei ihm zu Hause das typische morgendliche Schlachtfeld aussieht (es könnte jeder eheliche Haushalt sein): Er ist spät dran und nach Gesprächen steht ihm überhaupt nicht der Sinn. Doch seine Frau hat ein paar Dinge, die sie mit ihm besprechen muss.

„Schatz, was sollen wir den Kindern zu Weihnachten schenken?", fragt sie.

Er versucht, in Deckung zu gehen: „Weiß nicht, Schatz. Schick ihnen doch einfach das Gleiche wie letztes Jahr." Er bewegt sich auf die Haustür zu und lässt die Autoschlüssel besonders laut klimpern, um die entsprechende Wirkung zu erzielen. *(Klimper, klimper, ich muss los.)*

Sie ignoriert sowohl seine Bewegungsrichtung als auch die Schlüssel. „Und deine Mama? Sollten wir sie nicht vielleicht zu Thanksgiving einladen? Du weißt doch, sie konnte letztes Jahr nicht kommen ...“

Oh Mann, denkt er, *sie hat eine ganze Liste parat!* Schon übertönen innere Kommentare die Stimme seiner Frau. „... könntest du den Klempner anrufen?“ *Sie sitzt mir im Nacken. Ich kann es nicht leiden, wenn sie das tut.*

„Okay, Süße, ich muss los.“ Mit diesen Worten flüchtet er zur Tür hinaus, als stünde das Haus in Flammen. Doch der erzählerische Höhepunkt der Geschichte ist noch nicht erreicht.

Während er den Wagen zurücksetzt, spürt er den Ärger in sich aufsteigen. Er gibt dem Ärger Raum, lässt das Gefühl zu und genießt es auf eine irgendwie ungesunde Art. So, als würde man den Schorf von einer Wunde abkratzen. *Ich kann es nicht leiden, wenn sie das macht.* Was er nicht erkennt, ist, dass er gerade wie ein Fisch den Köder geschluckt hat. Es sitzt noch jemand mit ihm im Wagen und stachelt ihn an. Es gibt eine externe Quelle der Provokation, doch die scheint so sehr mit dem realen Anlass (dem Gespräch in der Küche) verbunden zu sein, dass er sie nicht als solche erkennt. *Ständig nervt sie mich mit ihrem Kram. Sie kann eine solche Plage sein.* Die Rechtfertigung tut gut. Nun erteilt er selbst seine Zustimmung. *Es war schon immer so. Es wird niemals anders sein.* Aus Ärger wird Zynismus, aus Zynismus Resignation. Er hat den Köder geschluckt. Die Ehe hat einen feinen Riss bekommen. Fürs Erste hat sich eine dunkle Wolke über ihre grundlegende liebevolle Einheit geschoben.

Solche Dinge passieren ständig.

Nun mag sich der Sturm einfach wieder legen; dann ist es keine große Sache. Im Verlauf des Tages befasst er sich mit Dingen, die im Büro vorfallen, und bis er wieder zu Hause ist, ist die Sache vielleicht bereits Schnee von gestern. Doch solche Streitereien hallen nach. Sie sind wie feine Risse in der Bausubstanz. Manchmal schließen sie sich wieder, aber wahrscheinlicher ist es, dass die Risse sich zu größeren Bruchstellen ausweiten. Ein kleiner Riss im Bürgersteig ist nicht schlimm, aber an anderen Stellen sind winzigste Risse von großer Bedeutung – zum Beispiel in der Tragfläche eines Flugzeugs oder in einer Staumauer. Das sind Stellen, die einem enormen Druck ausgesetzt sind. So wie eine Ehe.

Ein Nachbar vertraute mir eines Tages an, dass er wohl die verkehrte Frau geheiratet habe. „Es wurde mir am Tag unserer Hochzeit bewusst."

„Tatsächlich?", meinte ich. „Wie das?"

„Es ist mir einfach so klar geworden: ‚Ich hab einen schrecklichen Fehler gemacht. Ich hab die Verkehrte geheiratet.'"

Ich fragte ihn, ob ihm je der Gedanke gekommen sei, dass diese Erkenntnis weder eine Offenbarung Gottes noch ein Moment persönlicher Erkenntnis, sondern vielleicht eine Anregung aus den Pforten der Hölle gewesen sein könnte.

Er schaute mich völlig verständnislos an. Er hatte den Köder geschluckt – mitsamt Angel und Haken. Und es hat seine Ehe zerstört. Sie verbrachten etwa 15 gemeinsame Jahre voller Enttäuschung, da er sich innerlich größtenteils schon gleich zu Anfang verabschiedet hatte. Schließlich hatte er ja „die Verkehrte geheiratet".

Vergangenes Jahr ließen sie sich scheiden.

Überlassen Sie dem Teufel nicht das Feld

Wir möchten möglichst genau erklären, was wir meinen, wenn wir davon sprechen, dass Menschen „ihre Zustimmung erteilen".

Satan ist ein Lügner, „der Vater der Lüge" (Johannes 8,44; Luther). Er lügt so überzeugend, dass es ihm gelang, einen wunderbaren Mann und eine wunderbare Frau zum Verrat an Gott zu verführen – an dem Gott, mit dem sie Tag für Tag zusammenlebten. Ich denke, wir neigen dazu, Adam und Eva als die Idioten abzutun, die uns diesen ganzen Schlamassel überhaupt erst eingebrockt haben. Doch sie waren Menschen, die noch nicht gesündigt hatten, die noch völlig unverwundet waren. Sie waren Mann und Frau in all ihrer Herrlichkeit. Und selbst *sie* wurden verführt. Das sollte uns allen einen Heidenrespekt davor einjagen, wozu der Feind imstande ist!

Selbst die Besten unter uns können ihm zum Opfer fallen.

Was macht nun dieser Vater der Lüge? Er wirkt auf die verschiedensten Situationen mit seinem ganz eigenen „Dreh“ ein. Dieser „Dreh“ äußert sich typischerweise in einem „Gedanken“ oder „Gefühl“: *Sie liebt mich nicht wirklich. Er wird sich nie ändern. Sie macht das immer.* (Übrigens, wenn das Wort „immer“ im Spiel ist, können Sie sicher sein, dass Sie eine innere Zustimmung erteilt haben.)

Denken Sie nur an Jago, der Othello im gleichnamigen Stück von Shakespeare seine Lügen über Desdemona ins Ohr flüstert. Denken Sie an Grima Schlangenzunge, der in Tolkiens *Die zwei Türme* sein Lügennetz so fest um König Théoden spinnt, bis dieser buchstäblich lahmgelegt ist. In jedem Märchen versucht der Feind, die Guten gegeneinander aufzuhetzen.

Satan versucht, sich unsere „Zustimmung“ zu sichern – einen sehr subtilen, aber wirkungsvollen Umschwung in unserem Inneren, durch den wir seinem „Dreh“ Glauben schenken, uns dem Gefühl hingeben und die Lüge, die der Feind uns auftischt, als Realität akzeptieren. (Es fühlt sich immer so *wahr* an.) *Sei zufrieden mit dem, was du hast. Riskier bloß keine weiteren Verletzungen.* Wenn wir die Lüge erst einmal geschluckt und ihr unsere Zustimmung erteilt haben, geraten wir unter den Bann der Lüge, die dann unsere Deutung der Ereignisse beeinflusst. Dann wird das Ganze mehr oder weniger zum Selbstläufer, zu einer sich selbst erfüllenden Prophezeiung. Die erteilte Zustimmung definiert zunehmend unsere Beziehung. Sie färbt die Art und Weise, wie wir einander erleben. Es kann verheerende Folgen haben, wenn wir diese Dinge ungeprüft und unkontrolliert laufen lassen. Schauen Sie doch nur an, was aus Adam und Eva geworden ist.

„Es bricht mir das Herz“, sagt unsere Freundin Lori, „wenn ich mir bewusst mache, dass ich schon dreißig Jahre Christ bin und diese Dimension mit dem Feind jetzt erst begreife. Er versucht, mich in die Tiefe zu reißen.“

Besser spät als nie.

Zunächst möchten wir, dass Sie erkennen, was vor sich geht, wenn der Feind Ihnen einen Gedanken oder ein Gefühl zur Zustimmung vorlegt – damit Sie keinen Meter Boden herschenken. Kämpfen Sie dagegen an, widerstehen Sie der Sache und schicken Sie den Gedanken oder das Gefühl unbesehen zurück in die Hölle. Sie müssen sich klarmachen, was hier auf dem Spiel steht.

Das Reich Gottes steht und fällt mit den Hunderten von kleinen Entscheidungen, die wir täglich treffen. Viele dieser fatalen Zustimmungen sind bereits tief in unserem Leben verankert. Manche haben eine lange Geschichte und sind uns bereits derart vertraut, dass wir sie kaum noch als das erkennen, was sie sind. Wie also können wir sie uns eingestehen?

Nun, fragen Sie Jesus! (Das wird eine wahre Offenbarung für Sie werden.)

„Herr, wo habe ich im Blick auf meine Ehe den Lügen des Feindes meine Zustimmung erteilt?"

„Herr, wo habe ich im Blick auf die Liebe den Lügen des Feindes meine Zustimmung erteilt?"

„Herr, wo habe ich im Blick auf meinen Ehepartner den Lügen des Feindes meine Zustimmung erteilt?"

*

Ich (John) hielt vor nicht allzu langer Zeit einen Vortrag, bei dem ich die anwesenden Ehepaare zu dieser Aufgabe hinführte, Gott um eine Offenbarung der inneren Zustimmungen zu bitten, die sie dem Feind im Blick auf ihre Ehe gegeben hatten. Wir nahmen uns einen Moment Zeit, um zu beten und zu hören, was Gott uns deutlich machen wollte. Ich beschloss, selbst mitzumachen, ohne dass ich wirklich erwartete, von Gott etwas Neues zu hören. Denn schließlich führten wir ja eine großartige Ehe, nicht wahr? Ich weiß nicht, ob es der Herr war, der mir antwortete, oder meine eigene Seele, doch mir kam augenblicklich der Satz in den Sinn: *Es ist zu viel Arbeit.*

Es war, als hätte ich mit einer Zahnfüllung auf Alufolie gebissen – es ging mir durch Mark und Bein. Lieber Gott, wie lange hatte ich diese Zustimmung bereits erteilt? Sie klang vertraut und fasste eine innere Befindlichkeit in Worte, die beinahe so alt war wie unsere Ehe. Doch solche Zustimmungen bleiben häufig jahrzehntelang unter der Oberfläche, bis irgendetwas sie ans Tageslicht bringt.

Wie schwer etwas wiegt und welche Bedeutung es für die größere Geschichte Gottes hat, können Sie herausfinden, wenn Sie sich die einfache Frage stellen: *Welche Auswirkungen hat es, wenn ich diesen Gedanken annehme? Was würde verloren gehen?*

Also fragte ich mich: *Welche Auswirkungen hat diese Zustimmung gehabt?* Und ich erkannte es – ich sah mich innerlich den Schalter umlegen, auf dem steht: „Autopilot". Bei wichtigen Problemen tauche ich regelmäßig ab und hoffe auf unsere „einvernehmliche Nachlässigkeit". Ich verliere den Wunsch, mehr mit Stacy zu erleben. Ich riskiere meine Ehe wegen *einer* kleinen Andeutung des Feindes. Die Auswirkungen sind verheerend.

Welche Zustimmungen erkennen Sie in Ihrem Leben? Lassen Sie mich ein paar Beispiele unterbreiten:

- Es wird ja doch nie besser werden.
- Bloß keine Lawine lostreten – sei zufrieden mit dem, was du hast.
- Es ist die Mühe nicht wert; starte keinen weiteren Versuch.
- Lass nicht zu, dass dich jemals wieder ein Mensch so verletzt.
- Ich werde ihm/ihr nie mehr vertrauen.
- Du machst, was *du* willst, und ich mache, was *ich* will.
- Ich hätte ihn/sie nicht heiraten sollen.
- Mit einem/einer anderen wäre ich glücklicher.

Klingt irgendetwas davon vertraut?

Wenn Jesus Ihnen solche Zustimmungen offenbart, müssen Sie *damit brechen.* Sie müssen Ihre innere Zustimmung widerrufen. Hier ein Vorschlag, wie das aussehen kann:

Jesus, vergib mir, dass ich diesen Dingen in meinem Herzen Raum gegeben habe. Ich lehne meine Zustimmung dazu ab. Ich widerrufe sie. Ich breche mit der Lüge:

....

....

....

....

(Füllen Sie diese Lücke mit Ihren Worten. Worin besteht die Lüge, der Sie zugestimmt haben?) *Ich breche mit dieser Lüge und bitte dich, dass du mit deinem Licht und deiner Liebe an diese Stellen kommst. Lass dein Licht hineinscheinen. Führe mich zurück in deine Wahrheit. Füll diesen inneren Ort mit deiner Liebe, Herr. Das bitte ich dich im Namen von Jesus. Amen.*

*

Wenn Sie sich darin üben, Jesus zu bitten, dass er Ihnen zeigt, wo Sie den Lügen des Feindes Ihre Zustimmung erteilt haben, und anschließend mit diesen Lügen brechen, werden Sie erstaunt feststellen, wie erleichtert Sie sich fühlen. Dieser Schritt lässt so viel Licht hinein. Es ist, als würde man die Fenster öffnen, und auf einmal strömen Sonnenlicht und Frischluft in den Raum. Halten Sie sich Dorothy, den Feigen Löwen, Blechmann und die Vogelscheuche aus *Der Zauberer von Oz* vor Augen: „Wir sind raus aus dem düsteren Wald, raus aus der Nacht!"

Halten Sie die Reihen geschlossen

Es wäre zu wünschen, dass das Wirken des Feindes bei solchen Lügen haltmacht. Doch Sie wissen selbst, dass das nicht der Fall ist. Das ist nur der erste Schritt – sein erster Schlag gegen Sie beide. Dieser vom Löwen zum Psychokiller mutierte Wahnsinnige ist auf Beute aus. Er will – wie Jesus uns warnt – stehlen, töten, zerstören (vgl. Johannes 10,10). Das ist kein schönes Bild. Und haben wir nicht schon alle erlebt, dass so etwas im Leben von Menschen geschieht, die uns am Herzen liegen? Es kann uns noch viel härter treffen, als dass wir nur Lügen widerstehen müssen.

Wie kommt es, dass jedes Mal, wenn ein guter Freund von uns sich bereit erklärt, bei den von seiner Kirchengemeinde organisierten Missionsreisen mitzumachen (was die meisten eher als eine Nebenrolle betrachten würden), seine Frau eine lebensbedrohliche Darmentzündung bekommt? Die Ärzte können diese Art von Infektion immer noch nicht erklären oder diagnostizieren oder heilen. Ist das Zufall? Warum hat

Mary jedes Mal Albträume, in denen sie angegriffen wird, wenn sie versucht, die sexuelle Beziehung zu ihrem Mann wiederzubeleben (eine Sache, die die beiden über die Jahre aufgegeben haben)?

Warum geraten die beiden Söhne von Janet und Dave jedes Mal, wenn Janet und Dave gemeinsam beten wollen, in einen derart heftigen Streit, dass jemand verletzt wird? Warum gerät Becky, sobald ihr Mann Steven beruflich vorankommt, in den Strudel einer Depression, aus deren Dunkelheit sie lange nicht wieder herausfindet? Und wo wir schon mal dabei sind: Warum ging uns ein großer Teil dieses Kapitels verloren, während wir an diesem Buch schrieben? Die Datei war einfach weg. Unwiederbringlich. Ein Zufall?

Halten Sie einen Moment inne, und überlegen Sie sich, was an Ihrer Ehe so hart ist. Wie haben Sie das *gedeutet?* Haben Sie Ihrem Ehepartner die Schuld gegeben? Oder sich selbst? Haben Sie es einfach als Tatsache hingenommen und resigniert? Wie steht es mit Satan? Haben Sie sich mal gefragt, welche Rolle er dabei spielt?

Je mehr wir versuchen, unsere Ehe zu dem zu machen, was sie sein soll, und je mehr wir uns bemühen, unsere Rolle in der größeren Geschichte Gottes zu spielen, umso intensiver wird der Widerstand.

Das ist eine Tatsache, auch wenn dieser Widerstand das Volk Gottes, das es eigentlich besser wissen sollte, immer wieder überrascht und bestürzt.

Wie gehen wir damit um?

Erstens: Halten Sie die Reihen geschlossen! Als es Satan gelang, Adam und Eva zu verführen, fügte er als Erstes ihrer Beziehung zu Gott einen Riss zu. Sie zogen sich von Gott zurück. Der nächste Riss entstand in ihrer Beziehung. Sie zogen sich voneinander zurück. Das war sicher die ganze Zeit über die Absicht des Feindes: entzweien und erobern. Das ist ein uralter Trick. Durch alle Jahrhunderte hindurch ist es Satan gelungen, die Kirche dazu zu bringen, ihre Waffen gegen sich selbst zu richten, während er die Welt beim Kragen packt und in die Hölle hinunterschleift.

Wir dürfen das nicht zulassen.

Eines der größten Geheimnisse des Reiches Gottes ist die Kraft des vereinten Gebets:

Ich versichere euch: Was ihr auf der Erde binden werdet, das soll auch im Himmel gebunden sein. Und was ihr auf der Erde lösen werdet, das soll auch im Himmel gelöst sein. Aber auch das sage ich euch: Wenn zwei von euch hier auf der Erde meinen Vater im Himmel um etwas bitten wollen und darin übereinstimmen, dann wird er es ihnen geben.

MATTHÄUS 18,18–19 (HOFFNUNG FÜR ALLE)

Das stimmt umso mehr, wenn die zwei, die sich eins machen, verheiratet sind.

Vergessen Sie nicht, in der geistlichen Welt gelten Sie beide als eins. Wenn Mann und Frau zusammenstehen, zittern die Dämonen!

Bedenken Sie auch, dass Adam und Eva Vollmacht über die Erde gegeben wurde („Sie sollen Macht haben über …"; 1. Mose 1,26). Sie beide üben also für Ihren Bereich, für Ihr kleines Reich, Autorität aus – und dazu gehören neben vielem anderen Ihre Ehe, Ihr Heim und Ihre Kinder. Gott hat Ihnen sogar eine *höhere* Machtposition gegeben als Adam und Eva. Nachdem Jesus mit seinem Blut für die Sünden der Menschheit bezahlt hatte (und damit zugleich die Besitzansprüche des Feindes auf unser Leben entmachtet hat), erstand er von den Toten auf. Daraufhin gab ihm Gott der Vater alle Macht im Himmel *und auf Erden* (vgl. Matthäus 28,18). Jesus hat das zurückerobert, was Adam und Eva dem Feind ausgeliefert hatten.

Und dann nahm Gott Sie in die Autorität von Jesus mit hinein: „Er hat uns mit Jesus Christus vom Tod auferweckt und zusammen mit ihm in die himmlische Herrschaft eingesetzt" (Epheser 2,6). Wenn Mann und Frau zusammenstehen, üben sie demnach sehr viel Macht und Autorität aus.

Der Feind weiß das besser als wir, und darum wird Ihnen – egal, welche Art Angriff er gegen Sie fährt – *nicht* danach sein, gemeinsam zu beten. Sie werden plötzlich ärgerlich aufeinander reagieren. Sie werden den Kopf zum Gebet senken und auf einmal feststellen, dass er derart schwer durch die Nase atmet, dass Sie aus der Haut fahren könnten, und auf einmal sind Sie nicht mehr in der Lage zu beten. Oder einer von Ihnen wird nur „darüber reden" wollen. Das ist ein häufiger Trick des Feindes, um Sie davon abzubringen, gemeinsam um etwas zu beten. Das Gebet wird Ihnen sinnlos erscheinen und Sie werden sich albern vorkommen. Aber tun Sie es trotzdem!

Denn wenn Sie im Gebet zusammenstehen, *werden* Sie Erfolge sehen. Sie haben dann die erste Schlacht bereits gewonnen – denn Sie haben die Reihen geschlossen gehalten.

Erst gestern Abend versuchten Stacy und ich, uns durch einige Schwierigkeiten mit einem unserer Söhne hindurchzunavigieren. Es war für uns drei ein hartes Gespräch. Ich wusste, dass es bei diesem Kampf um sein Herz ging. Trotzdem wäre ich am liebsten wütend auf ihn geworden – und auf Stacy. Später, im Schlafzimmer, hatte ich dann diesen beinahe unwiderstehlichen Drang, die Art und Weise zu kritisieren, wie sie dieses Gespräch geführt hatte. Der Feind wollte, dass ich all meinen Frust über unseren Sohn gegen Stacy richtete. (So etwas haben Sie sicher auch schon erlebt. Derjenige, auf den Sie wütend sind, ist nicht da, also lassen Sie es an dem aus, der gerade da ist.) Meine „Wut" hätte sie verletzt und uns entzweit. Ich wusste, dass ein Köder für mich ausgelegt worden war. Ich wusste – auch wenn ich es in dem Moment nicht so empfand –, dass Stacy meine Verbündete in diesem Kampf war. Und ich musste sehr dagegen ankämpfen, dem Feind Raum zu geben und zuzulassen, dass er uns entzweit.

Uns ist klar, dass manche von Ihnen in einer Ehe leben, in der Ihr Ehepartner zurzeit kein Verbündeter ist, weder Ihrer noch Gottes. Ich hoffe, dass das folgende Zitat aus der Bibel Ihnen Hoffnung gibt:

Wenn ein Christ eine ungläubige Frau hat, die bei ihm bleiben will, soll er sich nicht von ihr trennen. Und wenn eine Christin einen ungläubigen Mann hat, der bei ihr bleiben will, soll sie ihn nicht verlassen. Denn der ungläubige Mann steht durch seine gläubige Frau unter dem Einfluss Gottes, ebenso die ungläubige Frau durch ihren gläubigen Mann. Sonst würden ja auch eure Kinder fern von Gott sein. Doch auch sie stehen unter Gottes Segen.
1. KORINTHER 7,12–14 (HOFFNUNG FÜR ALLE)

Dieser Abschnitt macht deutlich, dass selbst dort, wo nur ein Ehepartner mit Gott lebt, die Auswirkungen auf den Ehemann oder die Ehefrau und auf die ganze Familie immens sind. Ihr Gebet besitzt trotzdem viel Kraft.

Kämpfen Sie füreinander

Ken und Macey gingen in ihrem Badezimmer eine Stunde lang zur Sache.

Es war kein Kampf oder Streit – zumindest nicht in dem Sinn, wie man Kampf und Streit sonst versteht. Doch ohne Wissen um den Feind wäre es mit Sicherheit in einen Kampf ausgeartet.

Der Hintergrund ist der: Macey war als kleines Mädchen sexuell missbraucht worden. Das weiß der Feind natürlich – so wie er auch Ihre Lebensgeschichte kennt. Er weiß, wo Sie verletzlich sind, und er hat tonnenschwere Lasten aus Selbsthass und Verlassenheit auf Ihre Wunden gepackt. Macey war die meiste Zeit ihres Lebens damit beschäftigt, gegen die Lügen zu kämpfen, die sie im Blick auf den Selbsthass und die Angst, verlassen zu werden, geschluckt hatte. Ken kämpfte mit einer Pornografiesucht, seit ihm jemand mit 11 Jahren auf dem Schulhof Pornohefte gezeigt hatte. Es ist eine 30 Jahre alte Abhängigkeit, was Macey nur teilweise bewusst ist.

Sobald Macey am PC eine Website entdeckt, die Ken zu verschleiern vergaß, wird sie von Selbsthass überwältigt. Dieser äußert sich in Selbstablehnung und in Gedanken wie: *Siehst du, du bist ihm nicht genug ... Er findet dich nicht attraktiv.* Zudem fühlt sie sich verlassen und denkt: *Eines Tages wird er dich sitzen lassen. Er ist ja jetzt schon halb weg.* Das führt dazu, dass Macey sich von Ken zurückzieht. Und das wiederum benutzt der Feind, um Ken noch tiefer in die Welt sexueller Fantasiebefriedigung hineinzulocken. Was natürlich zur Folge hat, dass er sich schämt und sich selbst verabscheut, woraufhin er sich seinerseits von Macey zurückzieht.

Erkennen Sie, wie diabolisch das alles ist? Wie weit die Belastung ihrer Ehe in die Vergangenheit zurückreicht, in eine Zeit, als beide noch sehr jung waren?

Doch sie lieben einander, und sie wollen dagegen ankämpfen, um so viel Boden zurückzugewinnen wie möglich.

Nun machen sie sich zu irgendeiner Veranstaltung fertig und ziehen sich gerade im Bad um. Natürlich möchte Macey nicht, dass Ken ihr zuschaut, wenn sie sich anzieht. (Was der Feind benutzt, um in ihm Gefühle der Ablehnung wachzurufen, die die Enttäuschung über ihre sexuelle Isolation noch größer werden lassen.) So fühlt Ken sich, während er sich rasiert und sie sich im begehbaren Kleiderschrank umzieht. Sie kommt heraus und fragt: „Wie sehe ich aus?"

Jetzt ist die Bombe scharf.

Er möchte sagen: „Warum versteckst du dich ständig vor mir?" Sie aber hat sich in diesem Moment allein durch die Frage, wie sie aussieht, sehr verletzlich gemacht. Ein falsches Wort, und die Bombe geht hoch. Doch beide lernen mehr und mehr, dass sie einen Feind haben und dass dieser Feind nicht der Ehepartner ist. Und so schiebt Ken sein Gefühl beiseite und sagt: „Du siehst toll aus!"

Wäre das doch nur genug! Doch Macey wird von einer tonnenschweren Last aus altem Selbsthass erdrückt und antwortet: „Nein, das stimmt nicht ... ich sehe blöd aus." An den meisten anderen Tagen wäre das das Ende ihres Gesprächs gewesen. Doch Ken geht auf sie zu und sagt: „Schatz, das klingt für mich, als hättest du dem Feind gerade deine Zustimmung erteilt."

Es würde zu lange dauern aufzuzählen, was in den nächsten knapp anderthalb Stunden im Einzelnen geschah. Macey beschloss, dem Selbsthass keinen Raum zu gewähren, sodass Ken für sie beten konnte. Das befreite Macey so weit von der Attacke, dass sie selbst ihre Zustimmung zu der Lüge widerrufen konnte. „Ich ziehe den Raum zurück, den ich dem Selbsthass in meinem Leben gegeben habe, und jede Zustimmung, die ich ihm je erteilt habe.“ Während sie im Gebet mit den Lügen brach, konnte sie spüren, wie sich eine schwere Wolke von ihr hob.

Doch nun fürchtet sie, Ken könne sie als Last empfinden. *(Immer muss er für mich beten.)* Da versucht die Angst, verlassen zu werden, ihre Rettung zu sabotieren. Ken wird von einem massiven Anfall von Ärger bombardiert. Sie müssen beide präsent bleiben. Das kann nur die Liebe bewirken. Sie beten sich durch mehrere Schichten hindurch. Wenn solche Dinge lange Macht über einen Menschen hatten, braucht es häufig mehrere Gebetsrunden, um sie zum Gehorsam zu bewegen. Doch irgendwann beugen sie sich.

Nun befinden wir uns in einem ganz verletzlichen Augenblick. Die Attacke ist abgewehrt, Macey spürt die Vertrautheit, die zwischen ihnen entstanden ist, weil er für sie gekämpft hat. Sie möchte ihm sogar ihre Liebe schenken, doch sie weiß nicht recht, ob er daran interessiert ist. Trotzdem nimmt sie das immense Risiko in Kauf und geht auf ihn zu. „Danke, Schatz“, sagt sie und umarmt ihn.

Nun versucht es der Feind noch einmal von einer anderen Seite. Ken ist erschöpft von dem emotionalen Aufruhr und nun holen ihn seine eigenen Themen ein. *(Du hast wegen der Pornos gar keinen Sex mit ihr verdient.)* Aber er tut das Richtige. „Süße, jetzt komme ich unter Beschuss. Können wir für mich beten?“ Sie fragt, worum es geht. Wenn er nun sagen würde: „Wegen der Sache mit den Pornos“, könnte das sie aus der Bahn werfen, weil sie sich ihm ja gerade angeboten hat und denken könnte, er sei nicht an ihr interessiert. Darum sagt er: „Ich empfinde gerade Scham.“ Und so beten sie gemeinsam für Ken.

Schließlich sind beide ganz zart und verletzlich und auf wunderbare Weise innerlich nackt. Nun gilt es, noch eine letzte Entscheidung zu treffen: Sie muss es wagen, sich ihm noch einmal anzubieten – jetzt, wo er sich in einer besseren Verfassung befindet. Und er muss diese andere alte Sache in sich loslassen, den Zwang, niemals zu spät zu kommen. (Sie sind schon eine Stunde zu spät dran.) Er tut es, sie tut es, und dann lieben sie sich nicht nur, sie gewinnen zugleich einen riesigen Teil ihrer Ehe zurück. All das begann mit einem Gespräch im Badezimmer, das geradezu mit Dynamit geladen war.

Zwei sind allemal besser dran als einer allein. Wenn zwei zusammenarbeiten, bringen sie es eher zu etwas. Wenn zwei unterwegs sind und hinfallen, dann helfen sie einander wieder auf die Beine. ... Ein einzelner Mensch kann leicht überwältigt werden, aber zwei wehren den Überfall ab.
PREDIGER 4,9–12

Wir haben entdeckt, dass es mit das größte Geschenk ist, das wir uns machen können, wenn wir füreinander kämpfen, sobald einer von uns am Boden liegt. Das kann in einer Ehe etwas so Normales sein, wie die Rechnungen zu überweisen oder den Müll rauszutragen.

Eine heldenhafte Liebe

In dem kleinen Häuschen, in dem wir zu Beginn unserer Ehe lebten, gab es ein Problem mit Küchenschaben. Jede Nacht krochen sie wie aus dem Nichts hervor. Wenn man in der Küche das Licht anmachte, flitzten sie schnell unter den Herd oder versteckten sich in den Schränken. Wenn man vergaß, das Licht anzumachen, zertrat man ein paar von ihnen mit den bloßen Füßen. Nachdem wir etwa ein Jahr halbherzig versucht hatten, sie loszuwerden, hatte ich (John) schließlich die Nase voll. Es war an der Zeit für einen Showdown. Ich kaufte Ungezieferfallen. Ich machte hinter dem Herd sauber und sprühte Pulver in jeden der Schränke. Endlich kümmerte ich mich um die kleinen Biester. Und sie verschwanden.

Die Israeliten mussten kämpfen, um das Gelobte Land zu erreichen, und sie mussten kämpfen, um hineinzugelangen. Als sie endlich drin waren, mussten sie kämpfen, um die Feinde daraus zu vertreiben, und weiterkämpfen, damit es auch so blieb. David musste kämpfen, um sich den Thron zu sichern, und er musste kämpfen, um ihn zu behalten. Gott hat lange gekämpft für die Liebesbeziehung, die er zu uns haben möchte, und noch heute kämpft er dafür.

Sie müssen keine Angst vor dem Kampf haben. Diese Auseinandersetzung ist zu gewinnen und sie wird wunderbare Eigenschaften in Ihnen hervorbringen – Dinge wie Tapferkeit, Standhaftigkeit und Liebe.

Es gibt jedoch ein paar Dinge, auf die Sie mit Adleraugen achten sollten: auf den Teil in Ihnen, der am liebsten den Kopf in den Sand stecken würde, der das Problem am liebsten nicht beim Namen nennen möchte, der die Zugbrücke herunterlassen und vor dem Feind kapitulieren will.

In jedem von uns lebt ein Verräter und der ist die größte Bedrohung für unsere Ehe. Der Feind gewinnt, ohne dass Sie einen einzigen Stich gemacht haben.

Sie können Ehepaare in zwei Kategorien unterteilen und aufgrund dieser Einteilung deren Zukunft mit einiger Gewissheit voraussagen: Es gibt Ehepaare, die Spaß am Sex haben, und andere, denen die Freude daran fehlt. Es gibt Paare, die sich ihrer Zerbrochenheit stellen, und andere, die sie ausblenden. Doch die aussagekräftigste Unterteilung ist die: Es gibt Ehepaare, denen bewusst ist, dass wir uns in einem Krieg befinden und gegen den Feind zusammenstehen müssen, und andere Ehepaare, die dieser Tatsache – aus was für Gründen auch immer – nicht ins Auge sehen wollen.

Ich setze immer auf die Kampfbereiten.

Warum enden bestimmte Themen bei Ihnen beiden stets im Streit? Warum reicht es, bestimmte Dinge nur anzutippen, und schon fliegt einem alles um die Ohren – Themen wie Geld, Sex, seine Mutter, Ihre Mutter, Ihr Bruder, Ihre Arbeitszeiten, Ihr Gewicht, das nächste Urlaubsziel ...? Das scheinen wahre Minenfelder zu sein. Und genau das sind sie auch. Sie sind soeben über das feindliche Lager gestolpert, Sie haben gerade aufgedeckt, wo er am Werk ist.

Und nun? Was werden Sie jetzt tun?

Es kommt die Zeit, da müssen Sie sich dem stellen. „Nun gut. Das ist die Realität. Wir leben in einer grandiosen Liebesgeschichte, die sich mitten in einem großen Kampfgeschehen abspielt. Der Feind führt seine Manöver aus: gegen mich, meine Gedanken, meine Emotionen, meine Ehe. Er hat es auf unsere Kinder abgesehen. Er ruiniert den Familienurlaub oder unsere Beziehung. Wir werden uns um dieses Problem kümmern müssen."

Und sich darum zu kümmern bedeutet, im Gebet direkt dagegen vorzugehen. Sie beten dagegen an. Ein gutes Barometer ist vielleicht Folgendes: Wenn Sie das nicht, sagen wir, einmal pro Woche tun, sind Sie vermutlich naiv. Satan und seine Lakaien machen niemals frei, sie haben keine Ferien. Dagegen anzubeten ist eine sehr ermutigende Erfahrung, denn geistliche Angriffe werden durch Gebet wesentlich schneller entmachtet als die meisten anderen Dinge. Nicht mühelos, nicht immer, aber spürbarer als alles andere. Das wird Ihnen beiden sehr viel Mut machen.

Wie lernt man, so zu beten? Wenn Sie ganz am Anfang stehen, empfehlen wir Ihnen das „Tägliche Gebet", das wir im Anhang dieses Buches angefügt haben (s. S. 247). Wenn Sie das 30 Tage lang jeden Tag beten, werden Sie erstaunt feststellen, wie sehr der Nebel sich zu lichten beginnt.

Wir leben in einer Liebesgeschichte, die sich mitten in einem großen, schrecklichen Kampfgeschehen abspielt. Wenn wir unsere Auseinandersetzungen als das erkennen, was sie sind, und gegen unseren *wahren* Feind kämpfen, werden wir zu der großen Liebesgeschichte zurückfinden. Es mag eine Weile dauern. Der Kampf kann sich über mehrere Runden hinziehen. Und natürlich wird der eigentliche Kampf zwischen Gott und dem Feind erst aufhören, wenn der Reiter auf dem weißen Pferd zurückkehrt.

Bis dahin gilt, dass unser Herz für eine heldenhafte Liebe geschaffen wurde, und wir werden uns niemals lebendiger fühlen als in den Zeiten, in denen wir heldenhaft lieben.

Kapitel 7

Ein gemeinsames Abenteuer

So schuf Gott die Menschen nach seinem Bild, als Gottes Ebenbild schuf er sie und schuf sie als Mann und als Frau. Und Gott segnete die Menschen und sagte zu ihnen: „Seid fruchtbar und vermehrt euch! Füllt die ganze Erde und nehmt sie in Besitz! Ich setze euch über die Fische im Meer, die Vögel in der Luft und alle Tiere, die auf der Erde leben, und vertraue sie eurer Fürsorge an."

1. Mose 1,27–28

Auf einmal ist Silvester. Was, schon wieder? Die Tage vergehen wie im Flug!

Es ist bei uns zu einer unausgesprochenen Tradition geworden, um den Jahreswechsel herum ein wenig zu träumen und der Sehnsucht Raum zu geben, damit Neues aus unserem Herzen hervorsprudeln kann. Wir nehmen Papier und Bleistift und schreiben – in völlig ungeordneter Form – all die Dinge auf, die wir im kommenden Jahr gerne tun würden. (Zum Teil werden unsere Träume dieses Mal vom Hüttenkoller angeheizt, denn es ist kalt in Colorado, und wir waren die vergangenen 10 Wochen eingeschneit. Da schreit alles nach Ferien auf einer warmen Insel!)

Es tut der Seele gut, ein wenig zu träumen. Es reißt uns heraus aus dem Trott und lässt uns den weiten Horizont ins Auge fassen. Daraus erwächst Hoffnung, so wie Kinder herbeigelaufen kommen, wenn sie die Klingel des Eismanns hören. Sehnsucht weckt Hoffnung und Hoffnung tut der Seele gut.

Wir machen diese Übung erst allein. Anschließend kommen wir zusammen und sprechen über unsere Träume und Sehnsüchte, um zu schauen, was davon wir wahr machen könnten. Hier ist unser erster Entwurf:

Stacy:

- eine Reise nach Italien
- ein Monat auf der Ranch
- Reiten
- einen „Viertausender" besteigen
- Freunde in Kalifornien besuchen

John:

- Fliegenfischen
- eine Reise nach Alaska
- Klettern
- Reiten
- in die Tropen reisen

*

Wir wissen nicht, was das kommende Jahr bringen wird. Aber wir haben herausgefunden, dass wir einfach von dem Strom der Anforderungen mitgerissen werden, wenn wir keine Pläne und Träume für unsere Zeit haben. Wir fühlen uns dann eher wie Geiseln und nicht wie reife Erwachsene, die ihr Leben verantwortlich gestalten. Das ist die blanke Realität des Kalenders. Man hat nur eine bestimmte Anzahl freier Tage, und wenn man diese Gelegenheiten nicht beim Schopf packt und das Beste daraus macht, werden sie so rasend schnell vorbei sein, dass man ein Schleudertrauma bekommt.

Für die Ehe ist das also eine wirklich gute Frage: Auf welche gemeinsamen Unternehmungen freuen wir uns?

Wir sind dazu geschaffen, eine Mission zu erfüllen und ein Abenteuer anzupacken

Jede große Geschichte hat ihre Schlachten und jede große Geschichte ist voller Abenteuer. Darum lieben wir Märchen, Liebesfilme, historische Romane, Western, Biografien – einfach jede Geschichte, die es wert ist, erzählt zu werden. Die Bibel ist voll solcher Dramen. Wir schließen den Helden und die Heldin ins Herz, weil sie als ganz normale Menschen über sich selbst hinauswachsen, um sich dem zu stellen, was die Geschichte ihnen abverlangt. Tief im Wesen des Menschen ruht diese Sehnsucht, die uns am Tag unserer Schöpfung in die Wiege gelegt wurde.

Nachdem Gott diese atemberaubende Erde geschaffen hatte, vertraute er sie uns an. Das ist ungefähr so, als würde man einem Teenager den Schlüssel eines Maserati anvertrauen. Doch Gott hat seine eigene Art, die Dinge zu handhaben. Als Gott uns die Erde anvertraute, übertrug er uns zugleich all die Abenteuer, die noch vor uns liegen sollten. Noch war niemand auf einen Berg geklettert. Noch hatte keiner die Meere besegelt. Noch hatte keiner ein Lied oder einen Roman geschrieben. Niemand hatte entdeckt, dass man aus Erdbeeren herrliche Marmelade kochen kann. Gott hat unzählige Freuden und Überraschungen auf der Erde „versteckt", die wie Ostereier nur darauf warten, von uns aufgestöbert zu werden. Irgendjemand würde entdecken, dass man Kühe melken kann und dass man die Sahne abschöpfen kann, wenn man die Milch eine Weile stehen lässt. Und irgendjemand sollte entdecken, dass Sahne herrlich zu Kaffee passt – nachdem er erst einmal herausgefunden hatte, dass man die Bohnen pflücken, trocknen, rösten, mahlen und dann mit kochendem Wasser übergießen muss.

Die Erde besitzt wie ein gutes Segelschiff genau die richtige Takelage für ein Abenteuer. Und die Sehnsucht nach Abenteuer wurde uns ins Herz gelegt – so wie echte Seeleute den Ruf des Meeres im Herzen haben und ihm folgen.

Zu jeder guten Geschichte gehört ein Abenteuer: neue Länder, die erkundet werden, ein Berg, der bezwungen wird, ein Ziel, das es zu erreichen gilt. Und immer und immer wieder erzählt man sich, wie das alles vor sich ging – wie sich die Geschichte auf geheimnisvolle Weise entfaltet hat. Manchmal birgt das Risiken. Manchmal Gefahren. Oft aber tiefe Schönheit. Man kann allein ein Abenteuer bestehen oder mit anderen zusammen. Das Abenteuer kann so aussehen, dass man eine fremde Stadt entdeckt oder sich eine neue Fertigkeit aneignet. Die richtige Art von Abenteuer hilft uns, immer mehr zu dem Menschen zu werden, der wir gern sein wollen. Und Abenteuer dienen dazu, unsere Freundschaft zu unserem Ehepartner zu stärken.

Ob es nun ein Campingurlaub in einem Nationalpark ist oder ein Stadt-Wochenende mit Musicalbesuch – die Vorfreude und der Zauber eines Abenteuers wirken auf die Ehe wie starker Kaffee. Es gibt Neues zu sehen und zu hören, man muss zusammenarbeiten, um das Zelt aufzustellen oder das einzige Taxi weit und breit herbeizurufen. Ja, und dann ist da noch diese innere Spannung. Sie reißt uns aus unserem täglichen Trott und macht uns lebendiger und offener für unsere Welt, füreinander und für Gott.

Manchmal gibt es Abenteuer, die nur um ihrer selbst willen da sind, auch das kann belebend sein. Doch wir denken, dass die Ehe noch etwas anderes braucht. Sie braucht eine Mission. Die größten Abenteuer sind die, in denen wir uns *gemeinsam für etwas Lohnenswertes einsetzen.*

Betrachten Sie noch einmal die Geschichte darüber, wie Gott uns die Erde anvertraute. Da übertrug er uns eine *Mission:*

Und Gott segnete die Menschen und sagte zu ihnen: „Seid fruchtbar und vermehrt euch! Füllt die ganze Erde und nehmt sie in Besitz! Ich setze euch über die Fische im Meer, die Vögel in der Luft und alle Tiere, die auf der Erde leben, und vertraue sie eurer Fürsorge an."
1. Mose 1,28

Fällt Ihnen auf, dass diese Mission ein *Segen* ist? Das weiß jeder, der sich nach einem Lebenssinn sehnt: „Gib mir eine Aufgabe. Irgendetwas von Bedeutung!"

Der Sinn dieses Abschnitts geht weit über Fertigkeiten im Fischen und Bebauen von Feldern hinaus (obwohl auch das edle Berufungen sind). Der Geist, der dieser Berufung innewohnt, besagt: Wir sind Gottes Mitarbeiter hier auf dieser Erde. Er hat uns in diese Welt gesandt, damit wir sein Reich in jeder nur möglichen Weise bauen. Was für eine Spannung da entsteht, wenn wir erkennen, dass uns eine Rolle in dieser großen Geschichte übertragen wurde! Es gibt etwas Wichtiges, das wir durch unser Leben verwirklichen müssen.

Wenn Menschen über ihre Berufung sprechen, verstehen sie das fast immer als individuelle Sache: „Ich will in den medizinischen Bereich", oder: „Ich fühle mich zum Lehren berufen." Das ist die typische Art, wie wir darüber denken. Doch als Gott die Menschen im ersten Kapitel von 1. Mose mit einer Mission segnete, gab er diese Berufung beiden, Mann und Frau, gemeinsam: „‚... *Sie* sollen Macht haben ...' Und Gott segnete *die Menschen* und sagte zu *ihnen:* ‚Seid fruchtbar ...!'" (1. Mose 1,26.28). „Sie" ist Plural, so wie „sie beide". „Er/sie/es" wäre Singular gewesen. Gott macht eines ganz deutlich: *Ihr sollt dieses Unterfangen gemeinsam anpacken.*

Im zweiten Kapitel von 1. Mose unterstreicht er diesen Punkt: Adam hat seine erste Aufgabe, die Namensgebung für die Tiere, soeben beendet, als Gott dazwischenfunkt und verkündet: „Es ist nicht gut, dass der Mensch so allein ist. Ich will ein Wesen schaffen, das ihm hilft ..." (1. Mose 2,18). Der Junge hat gerade erst die Ärmel hochgekrempelt, da verordnet Gott ihm schon eine Pause, weil noch etwas – *jemand* – fehlt.

Und damit betritt Eva die Bühne, Adams Gefährtin. Da geht es nicht um saubere Socken oder den Sonntagsbraten. Gott nennt Eva Adams *ezer kńegdo.* Das ist ein machtvoller Name, der in der Bibel sonst nur für Gott benutzt wird, und zwar dann, wenn wir seine Hilfe verzweifelt nötig haben. Die Frau ist die wichtigste Gefährtin des Mannes, seine Lebensretterin. Und darum ist beides auf immer miteinander verwoben – das Ehepaar und die Mission, die Mission und das Ehepaar.

Das hat folgenschwere Auswirkungen. Uns wurde eine Mission übertragen, die wir ohne unseren Partner nicht erfüllen können. Wir stehen das gemeinsam durch. Das ist Gottes Geschenk an Mann und Frau.

Eine verzweifelte Situation

Doch Adam und Eva haben es vermasselt. Sie haben ihre Reihen nicht geschlossen gehalten und ihr Schiff auf Grund laufen lassen. Sie haben dieses ganze wunderschöne Reich dem Bösen überlassen. Satan wird zum „Herrscher dieser Welt" (Johannes 14,30), nicht, weil es von Anfang an so gedacht gewesen wäre, sondern aufgrund von Verrat und Täuschung. Nun ächzt die Welt unter seiner Herrschaft. Wie jeder grausame Herrscher, der ihm als Marionette dient, zerstört Satan die Erde und die Menschheit. Doch da – und das wäre jetzt der passende Moment für Fanfaren und Banner – taucht Jesus auf. Nicht der sanfte Jesus, demütig und freundlich, sondern der kämpferische Prinz, der gekommen ist, um das Reich seines Vaters zurückzuerobern, um uns aus dem Dunkel zu holen, dem Fürsten der Finsternis den Todesstoß zu versetzen und diese Welt aus seinen Pranken zu befreien.

Was wir „das Christentum" nennen, ist eigentlich eine Invasion. Das Reich Gottes marschiert in das Reich der Finsternis ein, um die Menschen *und* die Erde zu befreien, die eigentlich unter Gottes Herrschaft stehen sollten. Denn der Menschensohn ist gekommen, um zu suchen und zu retten, was verloren war. *Alles* war verloren. Wenn Sie das Gefühl haben, dass das Christentum keinen sonderlich beeindruckenden Einfluss auf diese Erde ausübt, dann liegt das daran, dass zu viele Christen der Überzeugung sind, wir befänden uns in einer Art Warteschleife – als würden wir im Grunde nur die Zeit totschlagen, bis Jesus wiederkommt und wir alle in den Himmel kommen. Wir sitzen herum wie Menschen, die auf den Aufruf zum Boarding warten. Doch Jesus hat uns etwas ganz anderes aufgetragen. Er hat nicht gesagt: „Haltet auf unseren Kirchenbänken aus und dreht eure geheiligten Däumchen. Ich komme zurück, sobald ich kann.“ Er hat gesagt: „Wie der Vater mich gesandt hat, so sende ich nun euch“ (Johannes 20,21).

Lassen Sie diesen Gedanken einen Augenblick sinken. Sie haben soeben Ihren Marschbefehl bekommen.

Wir dürfen uns immer noch daran freuen, übers Meer zu segeln, einen Roman zu schreiben oder die Quantenphysik zu erkunden. Doch nun sind wir zudem noch zu dieser viel dringlicheren Mission aufgerufen. Jesus hat uns das Skript überreicht und uns beauftragt, an seiner Stelle weiterzumachen. Jeden von uns! Und das bedeutet, dass unsere Mission heute viel schwerwiegender ist als damals, als wir noch im Paradies zu Hause waren. Unsere Mission besitzt viel weitreichendere Konsequenzen.

Ist das nicht der Kern jedes Märchens? Der Junge und das Mädchen finden sich in einem Abenteuer wieder, das ihre Vorstellungskraft weit übersteigt. Sie und Ihr Ehepartner haben beide Anteil an etwas Schönem und Gefährlichem.

Das ist entscheidend für unser Verständnis der Ehe.

Worum geht es in Ihrem Leben?

Die meisten von uns haben bisher nicht wirklich erkannt, dass die Ehe mit einem Auftrag verbunden ist, abgesehen vielleicht von dem, Kinder großzuziehen und „ein gutes Zuhause“ zu schaffen. Und das Zuhause ist auch wirklich wichtig. Es ist Ihre „Heimatbasis“, von der aus Sie in die Welt aufbrechen. Natürlich wünschen Sie sich, dass Ihr Zuhause von Leben und Freude erfüllt ist. Das ist ein gutes Ziel. Und Kinder großzuziehen, ist – so Gott Ihnen die Möglichkeit dazu schenkt – mit das nobelste Unterfangen, das es gibt. „Die Hand an der Wiege regiert die Welt“, heißt es nicht umsonst. Das Zuhause zu gestalten und Kinder großzuziehen, kann uns durchaus das erfüllende Gefühl einer gemeinsamen Mission vermitteln, vorausgesetzt, dass beide sich zusammen dieser Aufgabe widmen.

Doch die Kinder werden (früher, als Sie jetzt ahnen) zu ihrer eigenen Mission aufbrechen, und dann werden Sie beide sich anstarren wie Eulen, die man mitten am Tag geweckt hat, und blinzeln und

sich fragen: *Was machen wir nun?* Und: *Wer bist du eigentlich?* Wenn das „glückliche kleine Heim" bereits die ganze Mission war, verfliegt das Gefühl eines gemeinsamen Abenteuers schnell, sobald die Kinder aus dem Nest sind. Darum haben Ehepaare mit erwachsenen Kindern eine so hohe Scheidungsrate.

Die Kinder haben einen Bruch überdeckt – der Mann und die Frau waren nicht wirklich eins. Nun sind die Kinder aus dem Haus, und die beiden haben nichts mehr, was sie verbindet. Ein Freund gestand uns neulich: „Ich hatte keine Ahnung, dass uns vor allem die Geschäftigkeit rund um die Kinder ein Zusammengehörigkeitsgefühl vermittelte. All die Fußballspiele, die Theateraufführungen. Aber als sie weg waren, habe ich mich gefragt: ‚*Wer ist diese Frau?*'"

Außerdem wollen Sie sicher nicht, dass Ihre Kinder in dem Glauben aufwachsen, sie wären das Zentrum des Universums. Wir Eltern versuchen den Drahtseilakt unseren Kindern zu vermitteln:

1. Du bist so unendlich geliebt, wie du es dir gar nicht vorstellen kannst.
2. Die Welt dreht sich nicht um dich.

*

Wenn Sie die Kinder zur Mission Ihrer Ehe machen, senden Sie das verkehrte Signal – sowohl den Kindern als auch Ihrem Ehepartner. Lassen Sie Ihre Kinder *miterleben*, dass Sie beide in dieser größeren Geschichte aufgehen, dass Sie von etwas Höherem ergriffen sind. Dann werden Ihre Kinder lernen, es Ihnen gleichzutun.

Diese Idee vom „glücklichen Heim" als Ziel der Ehe auszuhebeln, ist schwer. Schauen Sie sich doch nur an, wie viele Fernsehshows es gibt, in denen es ums schönere Wohnen geht, wie riesig viele Einrichtungshäuser sind und wie viele Kataloge Ihnen ins Haus flattern, die Ihnen zeigen, wie Ihr Traumhaus aussehen könnte. Die meisten Paare verbringen die beste Zeit ihres Lebens damit, ihr Zuhause noch schöner zu machen. Nicht, dass das verkehrt wäre, aber ein Ehepaar, das an Jesus glaubt, muss das alles mit dem in Einklang bringen, was Jesus über das Reich Gottes lehrt:

Darum sage ich euch: Macht euch keine Sorgen um euer Leben, ob ihr etwas zu essen oder zu trinken habt, und um euren Leib, ob ihr etwas anzuziehen habt! Das Leben ist mehr als Essen und Trinken, und der Leib ist mehr als die Kleidung! Seht euch die Vögel an! Sie säen nicht, sie ernten nicht, sie sammeln keine Vorräte – aber euer Vater im Himmel sorgt für sie. Und ihr seid ihm doch viel mehr wert als Vögel! Wer von euch kann durch Sorgen sein Leben auch nur um einen Tag verlängern?
Matthäus 6,25–27

Und warum macht ihr euch Sorgen um das, was ihr anziehen sollt? Seht, wie die Blumen auf den Feldern wachsen! Sie arbeiten nicht und machen sich keine Kleider, doch ich sage euch: Nicht einmal Salomo bei all seinem Reichtum war so prächtig gekleidet wie irgendeine von ihnen. Wenn Gott sogar die Feldblumen so ausstattet, die heute blühen und morgen verbrannt werden, wird er sich dann nicht erst recht um euch kümmern? Habt ihr so wenig Vertrauen? Also macht euch keine Sorgen! Fragt nicht: „Was sollen wir essen?“ „Was sollen wir trinken?“ „Was sollen wir anziehen?“ Mit alldem plagen sich Menschen, die Gott nicht kennen. Euer Vater im Himmel weiß, dass ihr all das braucht. Sorgt euch zuerst darum, dass ihr euch seiner Herrschaft unterstellt, und tut, was er verlangt, dann wird er euch schon mit all dem anderen versorgen.
Matthäus 6,28–33

Ist das Leben nicht mehr als ein neuer Geschirrspüler? Und warum machen Sie sich Gedanken darum, ob die Handtücher farblich zueinanderpassen? Mit solchen Fragen plagen sich Menschen, die Gott nicht kennen, und trampeln dabei manchmal auf anderen herum, wie jeder weiß, der schon einmal beim Winterschlussverkauf war. Wir beide haben unsere Ehe aufs Spiel gesetzt, weil wir völlig missverstanden hatten, worum es im Leben geht.

„Liebt Gott und liebt einander und alles wird gut" – will heißen: „Wir werden ein glückliches, nettes Leben miteinander führen!" Ist das nicht der Traum der meisten jungen Ehepaare?

Ein attraktiver Mann und eine schöne Frau, die bis ans Ende ihrer Tage glücklich an einem schönen Ort leben – das ist *nicht* die richtige Vision für die Ehe. Dieser Schuss geht brutal nach hinten los. Diese Vision wird Sie im Stich lassen. Denn zum einen wird es so schlichtweg nicht kommen; nicht diesseits des Himmels. Wenn Sie an diesem Lebensziel festhalten, werden Sie unausweichlich enttäuscht werden und nach jemandem suchen, den Sie dafür verantwortlich machen können. Und außerdem ist diese Vision zu egozentrisch, zu sehr nach innen gekehrt. So hilfreich wie ein eingewachsener Zehennagel.

Diese Vision gibt uns nicht das Gefühl, die gemeinsame Mission zu erfüllen, zu der Gott uns geschaffen hat.

Wenn Sie schon länger als ein oder zwei Jahre verheiratet sind, werden Sie inzwischen bereits in eine gewisse Routine verfallen sein. Sie steht um 6:00 Uhr auf, er um 6:45 Uhr. Sie macht die Kaffeemaschine an, er lässt das Frühstück meistens ausfallen. Dienstagabends schauen Sie sich Ihre Lieblingssendung an, mittwochabends erledigen Sie die Überweisungen, freitagabends leihen Sie sich einen Film aus, samstags ist die Hausarbeit dran, und sonntagabends rufen Sie Ihre Eltern an. Es entspricht der Natur des Menschen, sich ein bequemes Leben zu wünschen – eine Art Sicherheit durch Gewohnheiten.

Wenn Sie schon über 20 Jahre verheiratet sind, wird es schwerer sein, aus solchen Gewohnheiten auszubrechen, als einen Zug aus den Gleisen zu heben.

Sie gehen jeden Tag zur selben Zeit ins Bett. Sie benutzen seit Jahren das gleiche Shampoo und die gleiche Zahnpasta. Sie essen dieselbe Sorte Brot und immer die gleiche Spaghettisoße. Sie ziehen Ihre Socken aus derselben Schublade, aus der Sie sie schon vor 30 Jahren gezogen haben. Sie trinken Ihren Kaffee so wie schon immer. Sie haben immer auf die gleiche Art Sex. Und dann wundern Sie sich, wie heftig und unkontrollierbar Ihr ehelicher Hüttenkoller ausfällt.

Langeweile ist die Totenglocke der Ehe. In jedem Fall ist sie der Wegbereiter für Affären und Süchte.

Was also ist die Mission Ihrer Ehe? Wozu sind Sie beide *gemeinsam* berufen? Können Sie es sagen? Für den Jungen und das Mädchen im Märchen ist es lebenswichtig zu wissen, dass sie diese Sache gemeinsam durchstehen. Für eine gelingende Ehe ist es lebenswichtig, dass Mann und Frau eine gemeinsame Mission finden. Es kann sein, dass diese eine Sache eine ins Wanken geratene Ehe rettet. In jedem Fall wird es Sie – unabhängig davon, wo Sie heute stehen – in eine ganz neue Dimension der Gemeinschaft führen.

Unser Herz wurde dazu geschaffen, ein Leben zu führen, das einen Sinn und eine übergeordnete Bedeutung hat. Die Woche irgendwie zu überstehen, damit Sie am Wochenende etwas entspannen können, reicht dafür nicht aus.

Ein Spaziergang im Wald

Kurz nachdem damals, rund drei Jahre nach unserer Hochzeit, beim Frühstück das Thema Scheidung aufgekommen war, buchte John für ein paar Tage eine hübsche Hütte im Yosemite-Park, in der wir bereits unsere Flitterwochen verbracht hatten. Es sollte eine Zeit zur Erholung, Entspannung und hoffentlich auch zur Erneuerung der Beziehung sein. Die Fahrt zu der Lodge erwies sich als übel – angespannt und gefährlich, ungemütlich und lang. So ähnlich fühlte sich inzwischen auch unser Zusammenleben an. Doch wir schafften es bis in das Tal und es war wunderschön. Es schneite ein wenig, die Lodge war weihnachtlich beleuchtet, und die Lichtung wurde eingerahmt von Bäumen, die in ihren weißen Mänteln wie wachsame Engel wirkten. Die Landschaft sah aus wie im Märchen oder wie im Paradies oder vielleicht sogar wie im Himmel.

Als wir am nächsten Morgen aufwachten, schien die Sonne, und so packten wir nach dem Frühstück unsere Sachen und machten eine Wanderung. Wir durchstreiften den verschneiten Wald, überquerten steinerne Brücken und hielten hier und da an, um Fotos zu machen. Und während wir gingen, redeten wir.

„Wo würdest du gern leben, wenn du es dir aussuchen könntest?"

„Was würdest du gern erreichen?"

„Was würde dir so richtig Freude machen?"

Wir fingen an, gemeinsam zu träumen. Wir sprachen darüber, wie wichtig uns die Beziehung zu Gott ist und wie wir seine gute Botschaft auf eine erfrischend neue Weise in diese Welt hineintragen könnten. Obwohl unsere Beziehung in Schwierigkeiten steckte, sprachen wir nicht über uns. Wir sprachen über die großen Dinge, die wir gemeinsam tun könnten. Der Heilige Geist wusste, was wir brauchten, und überredete uns, dem Gesprächsfaden immer weiter zu folgen. Je länger wir redeten, umso aufregender wurde es. Damals wussten wir es noch nicht, doch es war Gott, der unsere Herzen auf die gemeinsame Mission einstimmte, aus der schließlich *Ransomed Heart Ministries* werden sollte.

So wie Gott auf der Erde, die er uns anvertraut hat, Abenteuer und Überraschungen versteckt hat, hat er uns auch Träume und Wünsche ins Herz geschrieben. Diese Träume und Wünsche zu entdecken und als Ehepaar miteinander zu teilen, ist mit das Romantischste, was Sie beide erleben können. Da öffnet sich eine völlig neue Welt.

Frederick Buechner sagt: „Der Ort, an den Gott uns ruft, ist der Ort, an dem unsere tiefste Freude und der größte Hunger der Welt sich begegnen."

Das ist doch sagenhaft!

Als John und ich über unsere Träume sprachen, dämmerte mir, dass all das, was ich in der Vergangenheit erlebt hatte, mich auf einzigartige Weise qualifizierte, in diesem Projekt diesem einzigartig begabten Mann als Partnerin zur Seite zu stehen. Mein Herz machte Luftsprünge, als mir bewusst wurde, dass sich nicht nur unsere Träume deckten, sondern dass ich auch die richtige Frau war, um diese Träume an Johns Seite Realität werden zu lassen! Ich *wollte* es von ganzem Herzen. Da wurde etwas tief in meinem Innern lebendig, als wir zusammen eine Vision von dem entwickelten, was Gott uns aufs Herz gelegt hatte.

Die Zweifel und Fragen bezüglich unserer Ehe – ob wir nicht vielleicht einen Fehler gemacht hatten, indem wir heirateten – fanden eine Antwort und verstummten.

Eine tiefe Angst hatte mich davor beherrscht. Sie bestand nicht in der Frage, ob John der falsche Mann für mich war, sondern ob ich womöglich die falsche Frau für ihn war. Während wir durch den Winterwald wanderten und uns unterhielten, änderte sich das. Es war wie eine Offenbarung, dass ich *genau die richtige* Frau für diesen Mann bin. Ich erkannte, dass Gott uns zusammengeführt hat und dass ich in besonderer Weise für ihn und er in besonderer Weise für mich geeignet ist. Maßgeschneidert! Es war nicht nur ein Zufall, nicht nur die Chemie oder sexuelle Reize oder die Konstellation der Sterne gewesen, die uns zueinander gezogen und schließlich zur Hochzeit geführt hatten.

Gott hatte das so beschlossen.

Wir sind tatsächlich füreinander gemacht! Gott hat uns aus einem bestimmten Grund zusammengebracht. Alles was uns ausmacht – unsere Lebensgeschichte, unsere spezifischen Sehnsüchte, unsere geistlichen Gaben, unsere Talente, ja selbst der Mann beziehungsweise die Frau, die in uns steckten und erst noch werden sollten –, all das passte zusammen und ergab seinen Sinn.

Wir hatten ein Ziel, wir hatten eine gemeinsame Berufung. Wir brauchten einander. Diese Erkenntnis bewirkte in mir eine neue Entscheidung für unsere Ehe. Sie vermittelte mir eine Vision für unser gemeinsames Leben und für die Zukunft. Hoffnung und Sinn, Klarheit und Sehnsucht – all das erwachte in meinem Herzen, als John und ich uns neu füreinander und für das gemeinsame Abenteuer entschieden, zu dem Gott uns einlud.

Seitdem sind 22 Jahre vergangen. Wir beide würden diesen Tag als einen Wendepunkt unseres Lebens bezeichnen. Er holte uns aus der Tretmühle einer ziellosen – und naiven – Beziehung heraus und katapultierte uns in die größere Geschichte hinter allen Geschichten. Wir fingen an, das Reich Gottes an die erste Stelle zu setzen. Über die Jahre haben wir unsere Vision immer wieder mal aus den Augen verloren – und darum auch uns selbst verloren. Und immer wieder haben wir auf unseren Weg zurückgefunden, wenn wir unsere gemeinsame Vision wiederentdeckten. Sie hat sich verändert, ist reifer geworden, so wie wir uns verändert haben und reifer geworden sind. Und sie hat vermutlich mehr für unsere Ehe geleistet, als alle gemeinsamen Ferien und Verabredungen zum Abendessen zusammengenommen.

Und noch viel mehr als der Wäschetrockner, den wir letzte Woche gekauft haben.

Das Abenteuer hat begonnen

„Wenn lebendig zu sein, nicht das Aufregendste ist, was es gibt", so fragt Buechner, „dann möchte ich gern wissen, was es ist!"

Unser Kandidat für Platz 2 wäre die Ehe. Zumindest bringt sie uns so weit aus dem Gleichgewicht, dass wir sie als Abenteuer *empfinden.* Was wir dann daraus machen, hängt davon ab, wie wir sie betrachten. Sehen Sie, wir alle sind doch längst in diese große Geschichte Gottes hineingeworfen worden. Sie ereignet sich ständig und überall um uns herum. Unser Nachholbedarf besteht darin, zu lernen, wie wir uns in diese Geschichte einbringen können.

Der erste Schritt beinhaltet eine Veränderung unserer Perspektive. Wir nehmen unser Leben, so wie es gerade ist, und sagen uns: *Diese Sache ziehen wir gemeinsam durch.*

Ich (Stacy) musste vor einigen Tagen ein wirklich schwieriges Gespräch mit einer jungen Frau führen, die mir sehr am Herzen liegt. Es war eines dieser Gespräche, die man so lange wie möglich vor sich herschiebt – in der Regel zu lange. Ich wusste, dass ich einige Dinge ansprechen musste, die sie nicht hören wollte. Sie bedeutet mir so viel, und ich fürchtete, das Gespräch könne sich zu einer Katastrophe aufbauschen. Also bat ich John, in der Zeit des Gesprächs für uns zu beten.

Als ich nach Hause kam, fragte John gleich: „Und, wie lief es?" Wir setzten uns, er schaute mich an und wartete gespannt, was ich zu erzählen hatte. Es bedeutete mir unendlich viel, nach Hause zu kommen und Johns Anteilnahme zu erleben, ihm alles zu erzählen, was passiert war, und zu wissen, dass es ihn wirklich interessierte! Wir stehen dieses Abenteuer gemeinsam durch, wenn wir an den Mühen und Triumphen des anderen teilhaben: „Wie lief es heute im Büro?" oder: „Hast du dieses schwierige Telefonat mit deiner Mutter geführt?"

Kennen Sie die Schlussszene aus dem Film *Jerry Maguire* – diese „Du hattest mich schon beim ersten Hallo"-Szene? Er kehrt zu seiner ihm entfremdeten Ehefrau zurück, um ihr zu sagen: „Eigentlich hätte das der glücklichste Abend meines Berufslebens werden sollen. Aber er war nicht vollkommen, nicht einmal annähernd vollkommen, weil ich ihn nicht mit dir teilen konnte."

Alles wird besser, wenn wir es miteinander teilen. Wir erleben dieses Abenteuer gemeinsam, wenn uns das Leben unseres Ehepartners mit allem, was dazugehört, etwas bedeutet. Und wenn wir dann noch füreinander beten, bekommen wir wirklich das Gefühl, diese Sache gemeinsam durchzustehen.

Ich (John) bin immer noch häufig auf Vortragsreisen. Manchmal begleitet mich Stacy, aber meist mache ich das allein. Dann bin ich irgendwo auf dem Globus unterwegs. Und wenn ich dann mein Hotelzimmer bezogen habe und meinen Koffer aufmache, finde ich dort eine liebe Karte von Stacy. Und auf einmal sind wir miteinander verbunden. Ihre ermutigenden Worte, die Bibelverse, die sie oft hinzufügt, und die Vergewisserung, dass sie für mich betet, vereinen uns in dieser Mission. Obwohl sie körperlich nicht bei mir ist. Sie gibt mir jedes Mal eine solche Karte mit.

Wir durchleben das Abenteuer gemeinsam, wenn wir unserem Ehepartner helfen, nicht den Mut zu verlieren.

Ermutigung ist mit das größte Geschenk echter Kameradschaft. Sie kennen die Lebensgeschichte Ihres Ehepartners besser als jeder andere, und Sie wissen, an welchen Punkten der Feind ihm bevorzugt Knüppel in den Weg wirft. Sie können bemerken, wenn es Ihrem Partner schlecht geht, und Ihre Ermutigung kann ihn wieder aufrichten ... wie eine Brücke über einem aufgewühlten Fluss. „Zwei sind allemal besser dran als einer allein. ... Wenn zwei unterwegs sind und hinfallen, dann helfen sie einander wieder auf die Beine" (Prediger 4,9–10).

Sprechen Sie miteinander über Ihr Leben! Beten Sie füreinander! Ermutigen Sie einander! Selbst wenn Sie Ihren beruflichen Alltag an verschiedenen Orten verbringen, werden Sie eher das Gefühl haben, nicht nur das Bett, sondern auch das Leben zu teilen.

Der zweite Schritt zu einem gemeinsamen Abenteuer besteht darin, die Ehe als Abenteuer zu kultivieren. Gehen Sie gemeinsam auf Entdeckungsreise! Träumen Sie ein wenig, so wie wir das am Silvesterabend tun. Wohin würden Sie gerne reisen? Wie wäre es mit einem Tanzkurs, mit dem gemeinsamen Erlernen eines Instrumentes oder einer Fremdsprache? Vielleicht möchten Sie auch umziehen – in einen anderen Stadtteil, eine andere Stadt oder gar ein anderes Land? Fangen Sie einfach an, als Ehepaar gemeinsam zu träumen! Worauf freuen Sie sich – *gemeinsam?*

All die Kanutouren, die wir gemeinsam machen, unsere Reisen, das Schwimmen oder das Reiten – all das kultiviert die Spannung in unserer Ehe. Wir wissen, dass das nicht die größten Abenteuer sind, die Gott für uns bereithält, doch sie beleben unser Herz. (Vergessen Sie nicht: Wir wurden fürs Paradies geschaffen.) Und sie bereiten uns auf größere Abenteuer vor. Die Art und Weise, wie Sie mit dem Ausfall von Flügen, Unwettern und umgekippten Kanus umgehen, ist ein guter Test dafür, wie gut Sie mit den Unbilden der großen Mission zurechtkommen. Sie werden nicht von der Couch weg in die Berufung Ihres Lebens springen. Nutzen Sie „beiläufige" Abenteuer, um sich auf die ernsteren vorzubereiten.

Nun nimmt die größere Geschichte Fahrt auf und wir erhalten eine höhere Order.

Der dritte Schritt besteht deshalb darin, die Mission zu erkunden, die Gott für Sie beide hat. Fragen Sie ihn, was er für Sie bereithält. Bitten Sie ihn um eine Vision, um eine geteilte Leidenschaft. Fragen Sie ihn, welcher Schritt auf Ihrer Reise als Nächstes dran ist.

„Gott, was hältst du für uns bereit?" wäre ein wunderbares Gebet, wenn Sie anfangen, gemeinsam zu beten. Halten Sie anschließend Augen und Ohren offen, um Gottes Antwort mitzubekommen. Manchmal erreicht uns das Abenteuer in Form eines Anrufs, durch den wir an die Seite eines

Freundes in Not gerufen werden. Wie Sie wissen, ist es oft so, dass das Abenteuer *uns* findet. Die Kinder in *Narnia* sagen: „Lasst uns das Abenteuer annehmen, das Aslan uns schickt." Wenn Sie nur halbwegs wach sind und einen Funken Mumm in Ihrem Herzen haben, werden Sie bald mehr Abenteuer entdecken, als Sie bewältigen können. Und das bringt uns zum anderen Teil des Gebets, das Sie sprechen sollten.

„Gott, wo haben wir mit Dingen zu tun, mit denen wir nichts zu tun haben sollten?" Wir müssen auch diese Frage stellen, denn oft engagieren wir uns für Dinge, die Gott uns *nicht* über den Weg geschickt hat. Menschen laden uns ihre Anliegen auf, die Familie beharrt auf ihren Prioritäten, und schon werden wir von Dramen zugeschüttet, die uns die Zeit und die Leidenschaft für die Dinge rauben, die Gott eigentlich für uns will. Sich aus den Dingen herauszuziehen, mit denen wir nichts zu tun haben sollten, ist ein ganz wichtiger Punkt, um zu dem Leben zu finden, das Gott für uns bereithält.

Manchmal benutzt er Leid und Unglück, um uns in Bewegung zu bringen. Unsere Freunde Craig und Lori gingen ein großes Risiko ein und bezahlten einen hohen Preis, als sie ihr Heim in Los Angeles verließen, um sich uns hier in Colorado anzuschließen und in unserem Werk *Ransomed Heart Ministries* mitzuarbeiten. Der Weg begann damit, dass Craig die Arbeit in der Gemeinde, in der er angestellt war, ziemlich verleidet wurde. Nach wiederholten Versuchen, die Situation zu verbessern, wurde beiden klar, dass sie ihren Dienst dort nicht länger weiterführen konnten. Der schmerzhafte Umbruch gehörte zu dem Weg, auf dem Gott sie darauf vorbereitete, sich auf ein viel größeres Abenteuer einzulassen.

Testen Sie die Gewässer! Nächste Woche werden Freunde von uns sich auf eine vierzehntägige Missionsreise nach Malaysia begeben. David und Betsy sind keine Berufsmissionare, und sie denken nicht, dass sie das werden sollten. Sie gehen auf *Erkundungstour*. „Wir wollen herausfinden, was Gott mit uns beiden vorhat." Und so haben sie sich zu diesem missionarischen Kurzzeiteinsatz ihrer Gemeinde angemeldet, um mal den großen Zeh ins Wasser zu halten.

Sie könnten ja etwas Ähnliches ausprobieren. Oder Sie könnten gemeinsam ein Seminar besuchen. Oder Sie könnten eine Gruppe jüngerer Ehepaare zu sich nach Hause einladen und coachen. Die Möglichkeiten sind grenzenlos.

Bitte seien Sie nicht überrascht oder enttäuscht, wenn Ihr Ehepartner viele Ihrer Träume oder Wünsche nicht teilt. Jeder Mensch spielt seine einzigartige Rolle in Gottes Geschichte. Jeder von uns hat seine eigene Berufung. Das muss genauso wenig zur Bedrohung werden wie Freundschaften außerhalb der Ehe. Es gehört zu den schönsten Möglichkeiten, unsere Kameradschaft zu zeigen, indem wir unseren Ehepartner in seiner Berufung unterstützen. Bieten Sie Ihrem Partner an, Briefe versandfertig zu machen oder mit ihm auf Reisen zu gehen oder die Pferde zu füttern. Für die Liebe gibt es keine unpassende Zeit.

Das Reich Gottes steht auf Messers Schneide

Die Haltung „Wir stehen das gemeinsam durch" ist eines der stärksten Seile, die zwei Herzen miteinander verbinden können.

Das trifft auf den Mann und die Frau zu, die wissen, dass sie gemeinsam eine großartige Aufgabe zu bewältigen haben, ebenso wie auf zwei Kletterer, die irgendwo an einem Berggrat im Himalaja gemeinsam am Seil hängen. Eine Leidenschaft, ein Anliegen oder ein Ziel gemeinsam zu verfolgen, verbindet die Herzen zweier Menschen wie nichts anderes.

„Wir stehen das gemeinsam durch" hebt ihre Ehe auf eine höhere Ebene; jetzt geht es nicht mehr nur darum, „unsere kleine Farm" zu spielen.

Zum einen wird Sie das davor bewahren, aus Maulwurfshügeln Berge zu machen. Niemand beklagt sich über schmutziges Geschirr, wenn er sich auf hoher See durch einen Sturm kämpft. Na schön, dann hat er eben das letzte Klopapier verbraucht und die leere Rolle nicht ersetzt. So was ist doch Kinderkram, wenn Sie beide darum kämpfen, Frauen in einem Schwangerschaftskonflikt zu beraten oder Kinder aus der Sklaverei zu befreien. Wenn man etwas hat, wofür man gemeinsam kämpft, setzt sich alles andere automatisch in die richtige Perspektive.

Sicher haben Sie schon Menschen kennengelernt, die alles dramatisieren – anderen kleinste Kränkungen nachtragen und sich in den kleinen

Soziodramen im Elternbeirat, am Arbeitsplatz oder in der Gemeinde völlig verausgaben. „Mach endlich was Richtiges aus deinem Leben!", möchten wir am liebsten sagen – was auch das Beste wäre, weil diese Menschen nämlich genau das brauchen. Sie müssen etwas aus ihrem eigenen Leben machen, damit sie endlich die Nase aus dem Leben anderer heraushalten. Wir wurden auf Abenteuer hin geschaffen, und es scheint so, dass wir – wenn wir auf kein Abenteuer stoßen – die kleinsten Kleinigkeiten hochspielen, damit es sich wenigstens irgendwie dramatisch anfühlt.

Der Satz „Wir stehen das gemeinsam durch" hat uns geholfen, in den vielen harten Zeiten unserer Ehe nicht lockerzulassen.

Manchmal ist die Ehe selbst die Quelle unseres Schmerzes, und dann kann es uns schwerfallen, für diese Ehe zu kämpfen – doch man hält durch, weil man weiß, dass noch andere, ganz entscheidende Dinge auf dem Spiel stehen. Man kann Leuten nicht von der alles verändernden Liebe Gottes erzählen, wenn die eigene Familie eine Farce ist. Man kann nicht erwarten, dass Gott einen segnet, solange man zulässt, dass die eigene Ehe vereist.

Wir wollen damit nicht unterstellen, dass es einen Dienst oder eine Aufgabe gäbe, die jemals an die Stelle ehelicher Liebe treten könnten – ebenso wenig, wie Kinder die echte Einheit von Mann und Frau ersetzen könnten. Aber zu wissen, dass der Zerfall der eigenen Ehe weitreichende Folgen haben wird, hilft dabei, in den Zeiten, in denen es der Ehe selbst an Leidenschaft fehlt, die nötige innere Entschlossenheit aufzubauen.

Das führt uns zurück zu der großen Geschichte, in der wir leben.

Was wäre, wenn dies der letzte Abend dieser Welt wäre? Inwieweit würden Sie ihn anders leben? Wir lieben diese Frage, denn sie rüttelt uns aus all den kleinen Geschichtchen heraus, an denen wir uns oft festbeißen. Niemand weiß, wann die letzte Nacht dieser Welt kommen wird. Aber eines wissen wir: Es scheint, als bräche diese Nacht bereits herein. Wir leben in den dunklen Stunden dieser Erde. Die kleinen Annehmlichkeiten, auf die viele Menschen ihr Leben aufbauen, bilden nur eine dünne Tünche über der erschreckenden Zerbrechlichkeit menschlicher Existenz. Schauen Sie sich doch nur die Abendnachrichten an. Es braucht nicht viel, um zu erkennen, dass die Boshaftigkeit anschwillt wie eine Flut. Und unser Kapitän hat uns den Marschbefehl bereits erteilt: „Wie mich der Vater gesandt hat ..."

Gestern rief uns nach dem Abendessen eine gute Freundin an: Sie wolle uns nicht stören, aber sie habe sich gefragt, ob wir vielleicht für sie beten könnten. Sie hatte immer und immer wieder versucht, die dunklen Gedanken an Selbstmord abzuwehren. Nun erschien es ihr, als verliere sie in diesem Kampf immer mehr an Boden. So, als versuche man, bei starkem Regen einen steilen, matschigen Hang hinaufzuklettern. Es ist kräftezehrend und mit jedem Versuch verliert man mehr von seinen Reserven.

Stacy und ich ließen ohne das kleinste Zögern unsere Pläne für einen ruhigen Abend fallen und fuhren schnell quer durch die Stadt, um ihr beizustehen. Die Finsternis, die die junge Frau umgab, war mit Händen zu greifen. Hier ging es nicht um ein kurzes Gebet nach dem Motto: „Herr, bitte hilf ihr." Hier brauchte es Schwert und Schild und unbedingte Entschlossenheit. Ich warf Stacy einen kurzen Blick zu. Für mich bedeutete es eine große Kraftquelle, dass sie mit dabei war. Ich hätte diesen Kampf ungern allein geführt.

Wir beteten, wir hörten unserer Freundin zu und beteten wieder. Irgendwie, irgendwann kam es zum Durchbruch und die Finsternis wich. Die Luft wurde klarer und die Verfassung der jungen Frau hellte sich merklich auf. Es war noch nicht die letzte Runde, doch es war eine weitere entscheidende Runde im Kampf um ihre Freiheit. Sie blieb am Leben.

Als wir später in den Wagen stiegen und losfuhren, spürte ich dieses triumphierende „Ja!" in mir. Es ist ein wunderbares Gefühl, das aus dem tiefsten Innern zu kommen scheint – ein gesteigertes Bewusstsein für die eigene Lebendigkeit; das Wissen, dass man zu etwas berufen wurde und über seine Grenzen hinausgewachsen ist, um dieser Berufung gerecht zu werden. Ich habe dieses Gefühl schon einige Male erlebt: zum Beispiel, als ich gegen einen Waldbrand ankämpfte, um das Haus eines Nachbarn zu retten, oder vergangenes Jahr in den Bergen, als plötzlich ein Sturm ausbrach und wir so schnell wie möglich von dem Gipfel heruntermussten, den wir gerade bestiegen.

Einmal wurde unsere Familie Zeuge eines Unfalls, als wir in Wyoming im Urlaub waren. Stacy und ich waren als Erste am Unfallort. Wir zogen einen blutenden Jungen aus einem völlig zerstörten Wohnmobil. In solchen Momenten ist man ganz und gar präsent. Sämtliche Rohre feuern und alle Sinne stehen in Alarmbereitschaft. Es wird uns etwas abgefordert, das über Leben und Tod entscheidet, und in uns wächst etwas weit über die eigenen Grenzen hinaus.

Unsere Freundin schenkte uns an diesem Abend etwas Kostbares. Im Grunde war es wie eine Erinnerung an etwas Entscheidendes. Stacy und ich erlebten erneut gemeinsam diesen wunderbaren Augenblick, in dem uns bewusst wurde: *Das ist es, worum es im Leben geht.* Wir haben eine kostbare Seele gerettet, wir haben die Finsternis zurückgedrängt, wir haben das Reich Gottes gebaut. Vor dem Anruf faltete Stacy gerade Unterwäsche und ich versuchte mich an einem Sudoku. Unsere Freundin wusste es nicht, aber sie schenkte uns durch ihren Anruf unglaublich viel Bedeutung und ganz neu die Entschlossenheit: *Ja, wir stehen das gemeinsam durch!*

Eine Ehe braucht regelmäßig solche Erfahrungen, ebenso sehr, wie sie sexuelle Intimität braucht. Das gehört zu den grundlegenden Dingen. Das Wohnzimmer neu zu streichen, reicht nicht in diese Kategorie hinein. Gott hat Sie beide aus sehr gutem Grund zusammengeführt. Sie brauchen einander und die Welt braucht Sie beide. Sie beide gemeinsam!

Zwei sind tatsächlich besser und reißfester als einer allein!

Kapitel 8

Rücken an Rücken und mit gezücktem Schwert

Wie geht's zu, dass einer tausend verjagt und zwei sogar zehntausend flüchtig machen?
5. MOSE 32,30 (LUTHER)

Wir haben in diesem Buch bereits viele Themenbereiche angeschaut und sollten jetzt einen Augenblick innehalten, um einen Rückblick zu wagen. Holen Sie tief Luft! Gehen Sie noch einmal zurück auf den Hügel, um sich umzuschauen. Da unten in den Wäldern kann man sich leicht verirren. Verschaffen wir uns einen Überblick:

1. Sie und Ihr Ehepartner leben in einer Liebesgeschichte, die sich mitten in einem sehr realen Kampfgeschehen entfaltet.
2. Gott gab uns die Ehe zum einen als ein Bild für seine Liebe zu dieser Welt und zum anderen, weil wir einander brauchen. Wir spielen hier nicht „unsere kleine Familie" – wir leben als Teil einer großen, epischen Liebesgeschichte!
3. Ihre Ehe ist ein ausgewachsener Sturm, weil Ihre persönliche Zerbrochenheit und Ihre Fehler mit zerstörerischer Präzision mit der Zerbrochenheit und Fehlerhaftigkeit Ihres Ehepartners kollidieren.
4. Wenn es um Liebe und Glück geht, sind wir wie rissige Gefäße. Wir setzen unsere Ehe immens unter Druck, solange wir nicht begreifen,

dass Gott der Wasserfall ist. *Er* ist die Liebe, nach der wir uns sehnen. Das größte Geschenk, das Sie Ihrem Ehepartner (und allen anderen Menschen) machen können, ist, selbst in einer Beziehung zu Jesus zu leben.

5. Wenn Sie zwischen kameradschaftlicher Freundschaft und Eros wählen müssen, dann entscheiden Sie sich bitte für die Freundschaft. Sie ist das Fundament der Ehe.
6. Sie haben einen Feind und es ist nicht Ihr Ehepartner. Je eher Sie diese Tatsache begreifen, umso besser.
7. Gott hat diese Welt und uns auf Abenteuer hin geschaffen. Sie haben eine Mission, einen Auftrag, ebenso wie Ihr Ehepartner. Und Ihre Ehe als Ganzes hat eine Mission.

*

Uns ernüchtert es bereits, diesen kurzen Rückblick zu formulieren. Nachdem wir ein wenig erkannt haben, wie wahr diese Aussagen sind, fühlt sich allein das erneute Aussprechen an, als würde ein Feueralarm losgehen oder die Polizei anrufen, weil sie einen unserer Söhne aufgegriffen hat, oder als würden wir unser Kanu vom Ufer abstoßen, um einem unbekannten Wildwasserfluss zu folgen.

Und nun verstehen Sie, warum Gott uns das Gebet gegeben hat. Wenn Sie das nicht ins Gebet treibt, dann wissen wir nicht, was Sie jemals zum Beten bringen könnte.

Warum ist es so schwer?

Vor ein paar Monaten baten wir vier Ehepaare, deren Meinung wir zutiefst schätzen, sich einen Abend Zeit zu nehmen und über die Themen nachzudenken, die wir in diesem Buch ansprechen. Wir machten sozusagen unsere eigene Gallup-Umfrage unter relativ gesunden Ehepaaren. Wir befragten sie zum Gebet – wie und wann sie gemeinsam beteten. Sie sahen uns ratlos an. Niemand antwortete. Sie schauten betreten drein, wie ein Hund, den man beim Herumstreunen erwischt hat. Ich (John) war überrascht. Das waren starke Ehen, Menschen, die wussten, in was für einer Welt wir leben. Es bestätigte meine Befürchtung, dass die Menschen nicht oft beten. Mehr noch, dass Ehepaare nicht oft gemeinsam beten. Und warum?

(Das kann natürlich auch eine Ermutigung sein: Es geht nicht nur Ihnen so.)

Zum einen haben Sie einen Feind. Er will nicht, dass Sie die Reihen schließen, und schon gar nicht, dass Sie im Gebet für alle möglichen Dinge einstehen. Das ist eine viel zu große Bedrohung. Schließlich hat das Gebet eine ungeheure Wirkung, und der Feind weiß das. Also wird er alles versuchen, um es zu verhindern.

Sie nehmen sich Zeit fürs Gebet und auf einmal … klingelt das Telefon, kotzt die Katze auf Ihr Bett, geraten die Kinder oder Sie beide in einen heftigen Streit oder …

Im 10. Jahr unserer Ehe, als wir zum zweiten Mal vor dem Abgrund der Scheidung standen, beschlossen Stacy und ich, dass es an der Zeit war, das mit dem Beten ernster zu nehmen. Wir gingen ins Schlafzimmer, verschlossen die Tür und begannen zu beten – richtig zu beten. Kaum hatten wir angefangen, hörten wir einen dumpfen Schlag, dann einen Schrei. Unser Sohn Blaine hatte sich den Arm gebrochen.

Meine Güte – geht es noch offensichtlicher?

Häufiger noch passiert Folgendes: Sie beten, und auf einmal beginnen Sie, sich über Ihren Partner zu ärgern – aus keinem ersichtlichen Grund oder wegen der kleinsten Kleinigkeit. Da tauchen auf einmal Gründe auf, die Sie schon längst vergessen hatten. Oder Ihnen fehlen die Worte, sie kommen sich blöd vor, sie fragen sich, ob das alles überhaupt etwas bringt. Oder Sie bekommen plötzlich Hunger und denken nur noch ans Essen. Oder Ihnen fällt ein, dass Sie die Waschmaschine noch ausleeren und die Sachen in den Trockner tun müssen, weil Sie sonst morgen dieses eine Oberteil nicht anziehen können. Lauter dämliche Dinge, aber sehr effektiv!

Jetzt, wo Sie die Quelle der Ablenkungsmanöver ausgemacht haben –

Satan oder einen seiner Gefolgsleute –, sind Sie vorbereitet und können dagegen angehen.

Doch es gibt noch andere Gründe, warum es Ehepaaren so schwerfällt, einigermaßen anhaltend miteinander zu beten. Das Gebet ist etwas sehr Intimes, ein Ort höchster Verletzbarkeit. Beim Gebet sind wir – hoffentlich – am wenigsten auf der Hut und am meisten wir selbst. Und das ist natürlich gut so. So sollte es sein. Denn wenn wir zu Gott kommen, wollen wir doch so ehrlich und offen sein, wie wir nur können. Vor Gott wollen wir ganz wir selbst sein, weil er sowieso alle unsere Masken durchschaut. Das Gebet gestattet uns, unsere Bedürftigkeit offenzulegen.

Wenn wir allein sind, kann diese Verletzlichkeit sehr befreiend sein. Es tut gut, die Deckung fallen zu lassen. Doch wenn wir gemeinsam vor Gott treten ... Hilfe! Die meisten Ehepartner möchten sich voreinander nicht einmal annähernd so verletzlich machen. Die meiste Zeit über halten wir unsere Schutzschilde erhoben. Das ist uns vielleicht nicht bewusst, aber wenn wir anfangen zu beten, *spüren* wir es. Es fühlt sich unbehaglich und verletzlich an. Und das ist sehr, *sehr* gut. Wenn wir unsere Deckung fallen lassen können, während wir beide auf Gott schauen, dann haben wir gute Chancen, dass wir es auch hinbekommen, wenn wir einander anschauen.

Das gemeinsame Gebet ist eine intime Begegnung. Es wird unsere Gemeinschaft und Vertrautheit fördern. *Wir stehen das gemeinsam durch!* „Beten ist wie Sex", meint Stacy. Darum raten wir Unverheirateten auch davon ab, in dieser intimen Weise mit einem Angehörigen des anderen Geschlechts zu beten. Es bringt Sie auf eine viel tiefere Ebene der Nähe. Ich erinnere mich, dass ich schon unbändige Lust auf Sex mit Stacy hatte, nachdem wir gemeinsam gebetet hatten.

Das Gebet lässt uns nackt dastehen und in der Ehe ist das etwas sehr Schönes. Es fühlt sich vielleicht unbehaglich an, insbesondere zu Beginn. Aber nur Mut, Freunde, es lohnt sich!

Niemand verlangt von Ihnen, dass Sie eine zweite Mutter Teresa werden. Sie werden höchstwahrscheinlich nicht dazu berufen, Mönch oder Missionar zu werden. Wenn Sie beide nur Jesus in Ihr gemeinsames Leben einladen – in diesen Augenblick und mitten in die Fragen hinein, die gerade anstehen –, dann wäre das schon wunderbar. Wirklich.

„Siehe, ich stehe vor der Tür und klopfe an", sagt Jesus. „Wenn jemand meine Stimme hören wird und die Tür auftun, zu dem werde ich hineingehen ..." (Offenbarung 3,20; Luther). Um Himmels willen, gehen Sie bitte an die Tür und lassen Sie ihn herein! Es kommt vor, dass wir um eine Entscheidung ringen oder versuchen, unsere Finanzen zu regeln, oder uns (wieder einmal) Sorgen um unsere Kinder machen, und auf einmal hält einer von uns beiden inne und betet: „Jesus, bitte komm du in diese Situation hinein! Wir laden dich ein. Wir brauchen deine Hilfe, Herr. Zeig uns den Weg." Jetzt und hier, in genau dem Moment. Beten Sie einfach: „Jesus, du sollst der Herr über unsere Ehe sein. Der Herr über unsere Familie." Das wird viel Gutes bewirken. Die gesamte Situation verändert sich, wenn wir Gott in sie einladen. Vielleicht nicht sofort – zumindest nicht in Ihren Augen. Doch es ist ein wirklich guter Anfang.

Jesus sagt: „Euch ist's gegeben, die Geheimnisse des Himmelreichs zu verstehen ..." (Matthäus 13,11; Luther). Eines dieser Geheimnisse lautet: Der gesamte geistliche Bereich funktioniert nach dem Prinzip der Vollmacht. Das ist wie bei allen Königreichen im Märchen (die alle ihre guten Ideen aus dem Evangelium beziehen). Adam und Eva wurde Macht über die Erde gegeben, damit sie sie in Besitz nehmen konnten. Doch sie verspielten diese Vollmacht und so wurde der Teufel zum selbst ernannten „Fürsten dieser Welt". Durch seinen Tod am Kreuz stürzte Jesus diesen finsteren Herrscher vom Thron. Nach seiner Auferstehung sagte Jesus: „Gott hat mir unbeschränkte Vollmacht im Himmel und auf der Erde gegeben" (Matthäus 28,18). Vollmacht war übertragen worden, ging verloren und wurde wieder zurückgewonnen.

Damit Gottes große Invasion gelingen kann, hat Jesus uns einen Anteil an seiner Vollmacht gegeben, sodass wir an seiner Stelle weitermachen: „Ich habe euch Vollmacht gegeben ... die ganze Macht des Feindes zunichtezumachen" (Lukas 10,19). „Ich will dir die Schlüssel zu Gottes neuer Welt geben. Was du auf der Erde binden wirst, das soll auch im Himmel gebunden sein. Und was du auf der Erde lösen wirst, das soll auch im Himmel gelöst sein" (Matthäus 16,19; HFA). „Wahrlich, ich sage euch auch: Wenn zwei unter euch eins werden auf Erden, worum sie bitten wollen, so soll es ihnen widerfahren von meinem Vater im Himmel" (Matthäus 18,19; Luther). Darum beten wir „im Namen Jesu", das heißt „in der *Vollmacht* Jesu".

Wenn Mann und Frau sich also im Gebet eins machen, im Namen Jesu, dann besitzt das tatsächlich eine große Vollmacht. Mehr Vollmacht sogar, als Adam und Eva während ihrer Herrschaft vor dem Sündenfall besaßen! „Wenn zwei von euch eins werden" ist noch so ein Geheimnis. Und das gilt umso mehr, wenn die zwei Ehemann und Ehefrau sind.

Das Reich der Finsternis zittert, wenn ein Mann mit seiner Frau vereint vor Gott steht.

Liebe Männer, es wird uns sicher helfen, wenn wir das Gebet nicht als etwas Softes und Feminines ansehen, sondern als eine *kämpferische Auseinandersetzung*. Sie tragen das Herz eines Kämpfers in sich! Es braucht Raum, um sich zeigen zu können. Viele Männer scheuen vor dem Beten zurück, weil es so nach „Kirche" riecht oder weil sie sich dafür nicht heilig genug vorkommen. Doch in Ihrem Reich sind Sie der Mann, und wenn Sie im Gebet Stellung beziehen, dann geht nicht nur der Feind in Deckung, dann erwacht auch der Krieger in Ihnen. Erkämpfen Sie sich ein paar Siege, und Sie werden anfangen, Freude an der Sache zu bekommen.

Uns ist bewusst, dass es viele Ehen gibt, in denen sich die Ehepartner eher getrennt als vereint vorkommen. Möglicherweise hat Ihr Ehepartner nicht so eine enge Beziehung zu Gott; vielleicht ist er noch nicht einmal gläubig. Aber bitte verzweifeln Sie nicht! „Denn der ungläubige Mann steht durch seine gläubige Frau unter dem Einfluss Gottes, ebenso die ungläubige Frau durch ihren gläubigen Mann" (1. Korinther 7,14; HFA). Ihre eigene Beziehung zu Gott hat in Ihrer Ehe einen großen Einfluss. Und wenn es um das Gebet geht, besitzen Sie trotzdem viel Vollmacht.

Dennoch sollten Sie versuchen, Ihre Reihen zu schließen und eine gemeinsame Front zu bilden. Denken Sie noch einmal an die Märchen: Wir wollen doch, dass der König und die Königin sich darin einig sind, wie das Reich regiert werden soll.

Hörendes Gebet

Entscheidungen zu treffen, gehört vermutlich zu den am meisten mit Stress, Spannungen, Ängsten, Schmollen, Manipulation und Streit verbundenen Situationen in der Ehe. Nicht wahr? Na gut, es gibt da auch noch das liebe Geld und die Schwiegereltern. Aber auch im Blick auf Geld, Familie und Eltern müssen *Entscheidungen* getroffen werden, und darum behaupte ich trotzdem, dass Entscheidungssituationen die Mutter aller ehelichen Streitigkeiten darstellen. Sobald Stacy sagt: „Schatz, wir müssen entscheiden, was …", steigt in mir die Angst hoch. Die Alarmsirene ertönt: *Alle Mann an Deck. Wir befinden uns in minenverseuchtem Gewässer.*

Darum möchten wir Ihnen das eine zeigen, was Ihnen in Ihrer Ehe wohl am meisten helfen kann. Einen Tusch bitte! Sind Sie schon gespannt, was es ist?

Lernen Sie, gemeinsam auf die Stimme Gottes zu hören!

Das ist der simpelste, hilfreichste und am wenigsten praktizierte Schatz, der Sie beide in vielerlei Weise buchstäblich *retten* wird.

Das Geheimnis des Christseins – und das einer christlichen Ehe – lautet: Sie müssen nicht aus allem schlau werden. Sie müssen weder das Leben noch Ihren Ehepartner noch Ihre Eltern, Ihr Geld und Ihre Familie im Griff haben. Sie haben einen Ratgeber, der Ihnen den Weg weist. Sie haben Gott!

Was für eine Erleichterung – wir müssen nicht aus allem schlau werden! Wir dürfen mit Gott an unserer Seite durchs Leben gehen. Das ist das Schöne am Christsein. Es ist nicht wichtig, bestimmte Prinzipien zu befolgen oder Rituale abzuhalten. Es geht um eine tatsächliche Beziehung zu einer realen Person, die zufällig die weiseste, liebevollste und, tja, auch die abenteuerlustigste Person ist, die Ihnen jemals begegnen wird. Wenn Sie schon Einsteins Vater kennen, dann bitten Sie ihn beim nächsten Mathe-Quiz doch um Himmels willen auch um Hilfe!

Denken Sie an all die Entscheidungen, vor denen Sie im Laufe eines Monats stehen. Denken Sie an all die *Auswirkungen*, die diese Entscheidungen haben.

Wenn Sie die Geschirrspülmaschine kaufen, können Sie die Reise nicht machen. Wenn Sie die Reise nicht machen können, wird Ihnen etwas von der dringend notwendigen Familienzeit verloren gehen. Außerdem würde der Urlaub Sie von der Verpflichtung frei machen, in diesem Sommer wieder die Jugendmannschaft zu trainieren. Aber der Geschirrspüler ist nun einmal kaputt. Was also sollen Sie tun? Wenn Sie die Krankenversicherung wechseln, kann es sein, dass die neue Versicherung die Operation, die Ihr Sohn braucht, nicht übernimmt. Wenn Sie den Job aufgeben, der langsam, aber sicher Ihre Nerven ruiniert, wird es vielleicht Monate dauern, bis Sie eine neue Stelle finden. Wenn Sie Ihren Eltern sagen, dass Sie dieses Jahr zu Weihnachten nicht zu Besuch kommen, werden Sie das noch lange ausbaden müssen. Aber Sie sind völlig erschöpft, und darum wäre es auch nicht besser, doch hinzufahren. Lauter Entscheidungen – das kann einem schon zu viel werden. Das muss einfach die häufigste Quelle für eheliche Spannungen sein. Sie haben beide eine eigene Meinung und Ihre persönliche Art, das Leben anzugehen, und meist beißt sich das mit der Art Ihres Partners. Man bekommt das Gefühl, als würde bei jeder Entscheidung eine Zeitbombe auf einen lauern: Tick, tick, tick – bumm!

Der Winter hat Colorado jedes Jahr sieben Monate lang im Griff. Sieben Monate! Kälte und Schnee setzen Mitte Oktober ein und dauern bis Anfang Mai an. Wie ein Winter in Narnia, obwohl wir zumindest noch Weihnachten haben. Sie können sich also vorstellen, wie sehr wir die Frühlingsferien herbeisehnen. Mitte März versuchen wir in der Regel, für eine Woche ins Warme zu kommen, wenn wir die Zeit irgendwie freischlagen können. Es ist uns eigentlich egal, wohin – Hauptsache, dort ist es warm. Letztes Jahr leitete Stacy zu Beginn der Ferien eine Einkehrwoche für Frauen. Ich war konsterniert: *Wie konnten wir das zulassen? Wer hat da nicht in den Kalender geschaut?!* Wir verloren einige kostbare Urlaubstage. Der nächste warme Ort war Palm Springs in Kalifornien. Also bemühte ich mich, noch etwas zuwege zu bringen.

Nachdem wir schon einige ruinierte Urlaube erlebt haben, bin ich inzwischen so demütig geworden, dass ich innehalte und Gott um Wegweisung bitte, bevor ich eine Reise buche. Ich hatte noch etwas Zeit und meinem Gefühl nach sagte Gott: *Buche ein Ferienhaus!* Ein Ferienhaus? Echt? Das erschien mir nicht sehr verlockend. Schließlich gibt es dort doch unzählige Hotels. Ich meckerte also leise. Er antwortete: *Buche ein Ferienhaus!* Also ging ich ins Internet, um ein Haus zu finden, und war völlig überfordert. Da gab es Tausende von Ferienhäusern. Welches war empfehlenswert, welcher Vermieter vertrauenswürdig? Und war das überhaupt wirklich ein Wink von Gott gewesen? In meiner Überforderung buchte ich ein Hotelzimmer.

Und es wurde ein Desaster.

Stacy war völlig erschöpft. Sie brauchte dringend Ruhe, Behaglichkeit, Frieden und Stille. Das Hotel stellte sich als absoluter Fehlgriff heraus. Unser Zimmer war muffiger als der Keller eines Studentenwohnheims. Und dazu kam noch, dass Horden von sauflustigen Studenten gerade Semesterferien hatten. Von der Stille einer Mitternachtsmesse waren wir so weit entfernt wie ein Faschingsball. Es war die reinste Katastrophe. Stacy war kreuzunglücklich und ich fühlte mich wie ein Idiot. Ich ging ins Bad und betete: „Gott, du hast es mir gesagt. Du hast es mir gesagt und ich habe nicht auf dich gehört. Vergib mir. Bitte komm mit deiner Kraft in diese Situation hinein. Zeig mir, was ich machen soll."

Ich ging wieder ins Internet und Gott kam uns zu Hilfe. Wir bezogen schließlich für die letzten Tage der Reise ein Ferienhaus, und es war genau das, was wir brauchten: Ruhe und Frieden, Sonnenschein und Wärme – wie vom Arzt verordnet. Weil ich endlich auf Gott gehört hatte.

Früher gingen wir anstehende Entscheidungen an wie zwei Nationen, die einen Waffenstillstand aushandeln. Sie wissen schon, wie das läuft: Erst testen Sie an, wo Ihr Ehepartner steht – zum Beispiel, indem Sie ganz beiläufig einen Vorschlag machen, nur um die Reaktion zu sehen. „Ein Pflegeheim ist schon ganz schön teuer. Hast du gehört, dass Don und Maggie gerade beschlossen haben, ihre Mutter zu sich zu nehmen?“ Sie tun so, als wäre es keine Fangfrage, halten sich bedeckt und beobachten den Gesichtsausdruck des anderen. Das ist wie bei einem Pokerspiel.

Bei anderen Gelegenheiten wissen Sie ganz genau, was Sie wollen, und fordern es einfach. „Letztes Mal haben wir gemacht, was *du* wolltest.“ Das mag ja fair sein, aber es heißt noch lange nicht, dass Ihr Wille in dieser Sache die *richtige* Entscheidung ist. Es heißt nur, dass Sie theoretisch diesmal an der Reihe wären. Wenn Sie beide sich nicht einig sind, muss einer nachgeben, und meist ist dieser eine darüber dezent verärgert.

Die größte Hilfe, die wir in Anspruch nehmen können, übersehen wir oft: Es ist der dritte Strang des Seils und das heißt, dass Sie Gott an Ihrer Seite haben. *Nutzen* Sie diesen Vorteil doch auch – bitte!

Zuhören will gelernt sein

Weihnachten ist noch weit, doch ich (Stacy) höre im Radio bereits Lieder über den *Immanuel*, den Gott mit uns. Und heute höre ich besonders gut zu. Und mir wird wieder bewusst: Oh ja, Gott ist mit uns. Mit mir. In diesem Augenblick. Gott hat versucht, mich wieder darauf aufmerksam zu machen, dass er zu jeder Zeit in meinem Leben gegenwärtig ist. Er ist hier, jetzt. Ich kann tief durchatmen und mich in seine Liebe fallen lassen.

Gott *wünscht sich* eine vertraute Beziehung zu uns. Er ist kein ferner Gott. Er ist der Gott, der in uns wohnen will. Wir sind der Tempel des Herrn. Wenn wir ihn lassen, kommt er zu uns und nimmt *in uns* Wohnung. Näher könnte er uns nicht sein. Wir müssen nicht laut rufen, damit der Schöpfer des Universums uns auch hört. Nein, um mit ihm zu reden, müssen wir innerlich still werden. Er ist unser Atem. Er ist unser Herzschlag. Er sagt uns: *„Seid still und erkennt, dass ich Gott bin!“* (Psalm 46,11; Luther).

Genau so müssen wir zur Ruhe kommen, wenn wir ihn hören wollen. Wir müssen still werden und *hinhören*. John hat ein wunderschönes Buch darüber geschrieben, wie man auf Gottes Stimme hören lernt, darum werden wir hier nicht alles behandeln, was er dort sagt. Lesen Sie das

Buch doch einfach gemeinsam. Es heißt „Du sprichst zu meinem Herzen" (Brunnen 2008). Uns gefällt außerdem das Buch von Dallas Willard „Die eine, sanfte Stimme" (Hänssler 2004) und Leanne Paynes Titel „Dich will ich hören, Herr" (Gerth Medien 2004).

Gott spricht zu seinem Volk. Das passiert ständig, auch heute noch. Die Bibel macht das überdeutlich. Im Johannesevangelium beschreibt Jesus sich als den Guten Hirten und uns als seine Schafe:

Der Wächter am Eingang öffnet [dem Hirten]. Die Schafe erkennen seine Stimme; er ruft die, die ihm gehören, einzeln beim Namen und führt sie ins Freie. Wenn sie alle draußen sind, geht er vor ihnen her und sie folgen ihm, weil sie seine Stimme kennen. ... Ich habe noch andere Schafe, die nicht zu diesem Schafstall gehören; auch die muss ich herbeibringen. Sie werden auf meine Stimme hören, und alle werden in einer Herde unter einem Hirten vereint sein. (Johannes 10,3–4.16)

Wie folgen die Schafe ihrem Hirten? Indem Sie auf *seine Stimme hören*. Später spricht der auferstandene Christus zu seiner Gemeinde: „Wenn jemand meine Stimme hört und die Tür öffnet, werde ich bei ihm einkehren ..." (Offenbarung 3,20).

Und dann sind da noch all die Geschichten in der Bibel, in denen Gott zu seinem Volk redet, und noch viel mehr Geschichten aus der Zeit seitdem, in der Gott bei unzähligen Gelegenheiten mit seinen Kindern geredet hat. Man muss die Dinge schon ganz schön verbiegen, um zu behaupten, Gott rede heute nicht mehr. Oder er rede nicht *zu Ihnen*. Dazu braucht es die Art von Denken, die Menschen dazu veranlasst, ausgefeilte Theoriegebäude zu errichten, die besagen, die Mondlandung habe gar nicht stattgefunden, oder die Regierung träfe sich in einem geheimen Sperrgebiet in Nevada mit Außerirdischen.

Betrachten Sie es doch einmal so: Eva wurde doch „nach dem Bild Gottes" geschaffen, nicht wahr? Ja, sollten wir da wirklich überrascht sein, wenn Gott sich gern unterhält!?

Doch die meisten von uns gehen an das Beten heran, als sollten sie eine Rede halten. Wir sagen, was wir zu sagen haben, rattern unsere Anliegen herunter, und das war's dann. Fertig. Wir geben Gott meist noch nicht einmal die Gelegenheit, uns zu antworten.

Könnten Sie sich vorstellen, so mit Ihrem Ehepartner umzugehen? (Okay, viele von Ihnen gehen vielleicht tatsächlich so mit ihrem Ehepartner um. Aber wohin führt das normalerweise?) Gebet ist als *Gespräch* gedacht. Gott möchte mit uns reden. In einer vertrauten, von Kommunikation geprägten Beziehung mit Gott zu leben – das ist es, wonach wir uns im Tiefsten sehnen und was auch Gott sich wünscht.

Es ist so wichtig, dass wir lernen, auf das zu hören, was Gott sagt. Er wird nie müde, mit uns zu reden. Er will das so. Was für ein Geschenk, dass wir zu jeder Zeit mit Jesus leben dürfen – dass wir mit ihm reden, ihn um Führung bitten und auf seine Liebe hören können.

Als wir lernten, Gott um Rat zu bitten und auf seine Stimme zu hören, hat das unser Leben total revolutioniert. Es hat uns eine große Last abgenommen und gleichzeitig unerwartet viel Freude gebracht. Wir könnten Ihnen Hunderte von Geschichten wie die über das Ferienhaus in Palm Springs erzählen. Vielleicht sind es mittlerweile schon Tausende. Man sollte das zu einem Grundlagenthema voreehelicher Beratungsangebote machen. Doch wir haben noch von keinem Ehevorbereitungskurs gehört, der jungen Paaren beibringt, das Hören auf Gott als *wichtigsten* Schritt zur Entscheidungsfindung zu betrachten.

Das ist so, als würde man zu seiner ersten Antarktisexpedition aufbrechen; man selbst war noch nie da, Onkel Anton aber schon Dutzende Male. Trotzdem ruft man ihn nicht an, um sich seinen Rat zu holen. Man wartet, bis man auf einer Eisscholle gestrandet ist – und dann ist es vielleicht etwas schwierig, ihn zu erreichen.

Bringen Sie Gott ins Spiel

Gestern Abend um etwa 22:00 Uhr kam Blaine zu uns ins Wohnzimmer und verkündete, dass er am nächsten Tag mit ein paar Freunden zum Snowboarden wolle. „Wir wollen um 6:00 Uhr los. Habt ihr was dagegen?"

Stacy und ich haben schon lange eine Strategie entwickelt, mit einer solchen Situation umzugehen: „Gib uns einen Augenblick!" Er weiß, was das heißt: „Lass uns ein paar Minuten allein, damit wir das klären können." Schließlich will keiner von uns, dass er dasteht und uns zuschaut, wie wir „Verhandlungen" führen. Oft versuchen Kinder auch, die Eltern gegeneinander auszuspielen: „Mama hat beim letzten Mal aber auch Ja gesagt." Darum sollten Sie sich die Zeit zum Durchatmen geben – und wenn es nur drei Minuten sind.

Wir nutzen diese Zeit, um das Ganze gemeinsam und jeder für sich mit Gott abzuklären. Wir fragen innerlich: *Herr, was hältst du davon? Ist das in Ordnung? Ist das für die Jungs sicher?* Wir werden einfach still und fragen, was Jesus zu sagen hat. Manchmal haben wir einen Eindruck, eine „Idee" davon, was Gott dazu sagt. Manchmal haben wir „ein ungutes Gefühl". Das kann Gott sein, das können aber auch einfach unsere Ängste sein. Wir versuchen einfach, all unsere Gedanken, Gefühle und Wünsche Jesus zu überlassen und uns seiner Führung anzuschließen. Es hilft sogar, wenn wir beten: *Jesus, ich gebe dir all meine Gedanken und meine Ängste in dieser Sache. Ich vertraue dir. Was sagst du dazu?*

Weil wir das nun schon ein paar Jahre praktizieren – dazu braucht es etwas Übung –, kommt es nicht selten vor, dass wir tatsächlich erkennen, was Gott in diesem Augenblick zu sagen hat. Ich schaue Stacy mit hochgezogenen Augenbrauen an (das bedeutet: „Was hast du gehört?"). Ich möchte sie bei dieser Entscheidung respektieren. Sie sagt: „Ich denke, es ist in Ordnung." – „Das denke ich auch." Das Schöne an dieser ganz simplen Vorgehensweise ist, dass wir viele unnötige Machtkämpfe und Verhandlungsrunden vermeiden und literweise emotionale Energie sparen.

Was aber, wenn wir etwas Unterschiedliches hören? Auch das kommt vor. „Ich habe ein Ja gehört." „Ich ein Nein." Dann halten wir zunächst noch einmal inne und fragen noch einmal: „Herr, wir sind uns nicht sicher, ob wir dich richtig gehört haben. Bitte kläre das für uns und bring alle anderen Stimmen zum Schweigen." (Es gibt andere Stimmen, wie Sie selbst wissen. Manchmal hilft es, ihnen einfach den Mund zu verbieten.) Dann hören wir noch einmal hin. In etwa der Hälfte aller Fälle kommen wir zu einer Übereinstimmung. „Gut, jetzt habe ich auch ein Ja gehört. Ich denke, da haben mir einfach meine eigenen Ängste dazwischengefunkt." Aber in der anderen Hälfte der Fälle hören wir nicht dasselbe, was der andere hört.

Man muss seine eigenen Motive Gott ausliefern, sonst ist das Ganze eine Farce: *Sicher, Schatz, lass uns beten. Aber ich werde nicht von meiner Haltung abweichen.* Es wird sehr schwer sein, Gottes Stimme zu hören, solange man seine eigenen Anrechte und Motive nicht aufgibt. Außerdem möchten Sie doch sicher wirklich wissen, was Gott über diese Sache denkt. Er ist schließlich ein klein wenig klüger als Sie. Er sieht alle Teile dieses Puzzles, auch die, die Sie nicht im Blick haben.

Wir nehmen uns noch ein paar Minuten im Gebet, um Klarheit zu bekommen. *Herr, was ist los? Was sagst du dazu?* In wiederum der Hälfte dieser Fälle lenkt einer von uns ein, nachdem wir im Gebet noch einmal nachgebohrt haben, sodass wir zu einer Einigung kommen. Das bedeutet, dass nur 25 Prozent unserer Versuche, gemeinsam vor Gott den richtigen Weg zu finden, ohne eine klare gemeinsame Linie enden. Das ist kein schlechter Schnitt! Es ist auf jeden Fall viel besser als bei den meisten Ehepaaren, die versuchen, ohne Gott ihre Entscheidungen auszufechten!

Und was passiert mit den letzten 25 Prozent? Das hängt auch davon ab, wie viel Gewicht die Sache hat. Wenn es um kleinere Dinge geht wie: „Darf ich morgen Snowboard fahren?", entscheiden wir nach dem gesunden Menschenverstand. Wenn einer von uns dazu eine sehr feste Ansicht hat, versuchen wir, die zu respektieren, und halten uns daran.

Doch in gewichtigeren Dingen sollten Sie dem Entscheidungsprozess die Achtung erweisen, die er verdient. Vielleicht besitzt die Sache so viel Gewicht, weil viel auf dem Spiel steht: „Schatz, ich habe darüber nachgedacht, ob ich die Stelle wechseln sollte." Vielleicht ist sie wichtig, weil Sie emotional stark beteiligt sind: „Ich würde meine Eltern sehr gerne zu Weihnachten hierher einladen. Wäre das für dich in Ordnung?" Das Gute daran, diese Dinge im Gebet vor Gott zu bringen, ist, dass es Gott wieder ins Zentrum Ihrer Aufmerksamkeit rückt. Vielleicht mögen Sie Ihre Schwiegereltern ja nicht – dann wäre es gut, wenn Sie darüber mit Jesus ins Gespräch kämen. Vielleicht haben Sie Angst vor Veränderungen oder machen sich Sorgen ums Geld; auch dann wäre es gut, wenn Sie mit Jesus darüber reden.

Wenn es sich um etwas handelt, das uns beiden extrem wichtig ist, sagen wir oft: „Lass uns eine Nacht drüber schlafen. Jeder von uns betet noch mal für sich und dann reden wir in ein oder zwei Tagen wieder darüber." Sorgen Sie für eine gute Atmosphäre und nehmen Sie den Druck weg. (Oft werden Sie entdecken, dass Sie einen Eindruck davon bekommen, was Gott sagt, sobald sie aufhören, krampfhaft um eine Entscheidung zu ringen.)

Gott kann auf jedem Weg zu uns reden, den er benutzen möchte. Manchmal hören wir seine Stimme tatsächlich akustisch. Manchmal kommt die Antwort Tage später, wenn wir gerade in der Bibel lesen. Manchmal erreicht sie uns durch den Rat eines Freundes. Manchmal verändert er einfach unsere innere Haltung zu dieser Sache und dann ist sie kein Thema mehr. Halten Sie einfach Augen und Ohren offen, und achten Sie auf alle Kanäle, durch die Gott mit Ihnen redet.

Sie können dieses hörende Gebet auch in Situationen üben, in denen Sie zutiefst uneins sind, doch wir würden Ihnen raten, nicht gerade mit so etwas anzufangen. Falls das Hören auf die Stimme Gottes für Sie ungewohnt ist, ist es sehr schwierig, ausgerechnet dann damit loszulegen, wenn viel auf dem Spiel steht und die Emotionen hochkochen.

Das Entscheidende ist, dass Sie viele Konflikte vermeiden können, wenn beide bereit sind, Gott zu gehorchen. Es hilft auch, Ihrer beider Würde zu schützen, weil es nicht länger darum geht, dass einer sich dem Willen des anderen beugt. Beide beugen sich vor Gott.

Reflexartige Reaktionen untergraben die Kommunikation. Wenn sie nicht gleich im Streit enden, so führen Sie doch oft dazu, dass Ihr Ehepartner dichtmacht. *Dieses Thema werde ich nicht wieder auf den Tisch bringen.* Auch ist es nicht gerade hilfreich, wenn Sie bei irgendeinem unbedeutenden Thema verbohrt bleiben, nur weil Ihr Partner das letzte Mal gewonnen hat. Sie stehen dann dumm da, und wenn Sie wirklich mal etwas zu sagen haben, nimmt Sie womöglich niemand mehr ernst. Sie verlieren an Glaubwürdigkeit. *(Jetzt geht das schon wieder los.)* Gefährlich ist es auch, sich von Emotionen leiten zu lassen. Alle Dinge selbst klären zu wollen, ist sehr anstrengend. Warum in aller Welt sollten Sie wichtige Angelegenheiten ohne Gott bewältigen wollen?

Ja, es mag einem zu Beginn etwas merkwürdig vorkommen. Aber das war doch auch in Ihrer Beziehung zunächst manchmal so, oder? Zum Beispiel, wenn Sie über frühere Beziehungen gesprochen haben oder wenn Sie sich für etwas entschuldigen mussten. Lassen Sie nicht zu, dass dieses komische Gefühl Sie vom Beten abhält.

Im Grunde läuft es wieder auf die Frage hinaus, an welcher Geschichte Sie teilhaben. Wenn Sie immer noch aus der Perspektive heraus leben, die Welt solle Sie glücklich machen, werden Sie an Ihren Zielen festhalten, sich durch Verhandlungen, Einschüchterungen, Manipulation und andere Dinge zum Idioten machen und zudem noch Ihrer Ehe Schaden zufügen. Wenn Sie in der größeren Geschichte Gottes leben – in dieser gefahrvollen Erzählung über Liebe und Krieg –, dann werden Sie sich immer zuerst an Gott wenden.

Tausend Überraschungen warten

Ich (John) hielt einmal vor einer Gruppe junger Pastoren einen längeren Vortrag darüber, wie man lernt, auf Gottes Stimme zu hören. Anschließend gab es eine Signierstunde. Ich stand an meinem Tisch und fühlte mich ein bisschen wie jemand, der versucht, Sumpfland in Florida an den Mann zu bringen – ich wünschte mir, weit weg zu sein, und hoffte, es möge keiner auf mich zukommen. Schließlich trat doch ein Mann an meinen Tisch. „Ich brauche kein signiertes Buch", sagt er.

Ich versuche, mir mein Lächeln zu bewahren, als würde mir das gar nichts ausmachen, und antworte: „Das ist okay."

Er lässt nicht locker: „Aber ich möchte Ihnen eine Geschichte erzählen."

„Sehr gern."

Er schaut sich nach rechts und nach links um, so als wolle er sagen: *Sie werden es nicht glauben.* „Ich saß da so und habe mir Ihren Vortrag angehört, und ich war mir gar nicht sicher, was ich davon halten soll. Und dann haben Sie uns doch aufgefordert, auf Gott zu hören."

Ich nicke, bin erpicht darauf zu hören, was er erlebt hat, und fürchte doch zugleich, er wolle mir nun sagen, dass Gott nicht zu ihm spricht.

Aufgrund schlechter Erfahrungen sind schon viele Menschen zu diesem Schluss gekommen. Oder weil ihnen niemand geholfen hat, das Hören zu *lernen.*

„Schauen Sie, ich bin kein Mystiker", meint er. Ich lächle und denke bei mir: *Seit wann ist das Hören auf Gott eine Sache, die den Mystikern vorbehalten wäre?*

„Aber ich hab mir gedacht, ich probier's mal", fährt er fort. „Also bin ich still geworden und hab einfach nur so dagesessen. Nach einer Minute oder so hab ich Gott gefragt: *Was willst du mir sagen?* Und dann hab ich gehört: *Flieg mit Janet auf die Jungferninseln!* – Janet ist meine Frau", erklärt er und ich denke: *Puh, Gott sei Dank.* „Wir wollten die Reise schon lange zusammen machen, aber es hat halt nie geklappt. Na, wie auch immer, das hab ich also gehört: *Flieg mit Janet auf die Jungferninseln!*"

In dem Glauben, das sei das Ende der Geschichte, sage ich: „Na, sie wird begeistert sein!"

Aber er antwortet: „Nein – die Geschichte geht noch weiter! Nachdem Sie mit Ihrem Vortrag fertig waren, sind alle aufgestanden, um zum Essen zu gehen. Da sag ich so zu dem Typ neben mir – wir hatten uns vorher nicht kennengelernt – ... ich sag also zu ihm: ‚Gott hat mir glaube ich eben gesagt, ich soll mit meiner Frau auf die Jungferninseln fliegen.'" Diesen Teil seiner Geschichte erzählt er mit einem Tonfall, der ausdrücken soll: *Ist das zu glauben? Was soll man da noch machen?* Ich höre einfach zu.

„Da sagt der Kerl doch zu mir: ‚Das ist ja prima! Ich bin seit einem Jahr im Besitz von zwei Flugtickets auf die Jungferninseln. Und mir hat Gott gezeigt, die Tickets sind nicht für mich und ich soll sie jemand anderem geben. Wie es aussieht, habe ich Ihre Tickets!'"

Ich brauche wohl nicht zu erwähnen, dass unser Nichtmystiker von da an ein treuer Anhänger des hörenden Gebets wurde.

Und wissen Sie was? Solche Dinge sind im Leben von Christen eigentlich ziemlich normal. Über die Jahre haben wir zigtausend Geschichten wie diese gehört. Ganz normale Leute, die lernen, auf Gottes Stimme zu hören, und er segnet sie reich dafür. Gott liebt es, zu uns zu reden. Er liebt es, uns zu überraschen. Und er hat Tausende von Abenteuern in seinem Repertoire. Also los – fragen Sie ihn!

Kapitel 9

Die kleinen Füchse

Fangt uns die Füchse, die kleinen Füchse, die die Weinberge verderben; denn unsere Weinberge haben Blüten bekommen.
HOHELIED 2,15; LUTHER

Ich ging heute Morgen den Weg zu unserem Haus entlang, als mir ein Erdhügel in Stacys Rosengarten auffiel. Es war in dieser Woche bereits der siebte Hügel. Bei genauerem Hinsehen zeigte sich, dass diese recht großen und beeindruckenden Machwerke nicht (wie ich dachte) auf Stacys Gartenarbeit zurückzuführen waren. Da es Frühling war, hatte ich die Dinger zunächst nicht beachtet, doch dieser Hügel heute hatte eher etwas von einem Berg und begrub ganz unverfroren einen Rosenbusch unter sich. Es war die Rückkehr des Ziesels.

Kleine bösartige Ratten.

Ziesel halten wie Bären Winterschlaf, um dann im Frühling mit großem Appetit wieder aufzutauchen. Und dann wühlen sie sich mit ihren Tunneln durch Stacys geliebten Garten. Es ist der reinste Amoklauf. Ihre neuerlichen Ausgrabungen machten mich wütend. Und verzweifelt. Ich dachte, wir hätten diesen kleinen Dingern, die alles untergraben, im letzten Herbst den Garaus gemacht. Aber so langsam kam mir der Verdacht, dass der Ziesel neben der Küchenschabe vermutlich das einzige Lebewesen ist, das einen nuklearen Fallout überleben würde. Was wir auch ausprobierten, gegen diese kleine Gartenplage scheint es kein Mittel zu geben.

In dem bezaubernden und romantischen Buch des Alten Testaments, das als das „Hohelied Salomos“ bezeichnet wird, werden frisch verheiratete Paare, die bis über beide Ohren verliebt und noch etwas naiv sind, vor den „kleinen Füchsen“ gewarnt, die den Weinberg verwüsten. Wir vermuten, dass Sie selbst kein Landwirt sind, und deshalb ist Ihnen vielleicht nicht bewusst, wie bedeutsam diese Warnung ist. Wir Stadtmenschen stellen uns Füchse eher als possierliche oder gar niedliche Tiere vor. Dadurch verliert dieser Vers seinen Pep. Diese Metapher sollte die Vorstellung von gerissenen kleinen Gefahren darstellen, denen man oft keine Beachtung schenkt, die aber durchaus in der Lage sind, eine Ehe zu ruinieren. Denken Sie an Ziesel im Garten. Salomo möge uns verzeihen, aber uns hat das geholfen.

Unsere kleinen Marotten

Ich (Stacy) frage Sie: Ist es wirklich so schwer, ein leeres Müslischälchen in den Geschirrspüler zu stellen? Warum sollte man es ausspülen, auf die Spüle stellen und darauf warten, dass ein anderer (sprich ich, Stacy) den Vorgang abschließt? In unserem Schrank gibt es einen Wäschekorb, der bequemerweise auch noch auf der einen Seite mit „weiß“ und auf der anderen mit „bunt“ beschriftet ist. Doch Johns Klamotten schaffen es nur selten in diesen Korb. Sie liegen stattdessen in großen Haufen auf unserem Schlafzimmerboden. Was soll das?

Wir fahren zu einer Freundin am anderen Ende der Stadt. John sitzt am Steuer. Die Strecke ist ihm so vertraut wie seine Hosentasche. Trotzdem entfleucht meinem Mund mit der Geschwindigkeit einer Gazelle und der Gedankenlosigkeit einer Eierschale die Bemerkung: „Dort musst du links abbiegen.“ John reagiert mit einem ärgerlichen Seitenblick. Warum kann ich nicht einfach die Klappe halten? Ich kaue häufig an meinen Fingernägeln. Das treibt John und die Jungs in den absoluten Wahnsinn. Inzwischen halten meine Söhne meine Hand fest, wenn ich wieder mal, ohne es zu merken, wie besessen an meinen Nägeln knabbere.

Manche Menschen pfeifen den ganzen Tag leise vor sich hin. Sie merken es noch nicht einmal. Manche zwirbeln an ihren Haaren herum oder bohren in der Nase oder fallen ständig anderen ins Wort. Manche Menschen haben ein Lieblingswort, das sie in jeden zweiten Satz einbauen. Manche haben hin und wieder einen komischen Blick drauf oder machen irgendwelche merkwürdigen Geräusche oder lachen, wenn es gar nicht angebracht ist. Manche lassen immer ihre Socken herumliegen oder kümmern sich nicht um ihre Post oder gehen nie ans Telefon. Manche interpretieren alles, was man ihnen sagt, als Kritik oder Missbilligung. Manche hören überhaupt nicht zu, wenn man mit ihnen redet.

Es ist einfach so, dass wir einander wirklich ziemlich auf die Nerven gehen können. Und was dann? Wie sollen wir mit den Eigentümlichkeiten des anderen umgehen?

Erstens, haben Sie ein Auge auf die dahinterliegende geistliche Auseinandersetzung! Der Feind macht sich solche Dinge gerne zunutze.

Erinnern Sie sich noch an den wunderschönen Abend in Santa Fe, von dem John erzählte – als wir beim Abendessen saßen und der Josh-Groban-Song gespielt wurde? Wir beschlossen das Essen mit einem herrlichen Dessert und der Überraschung, dass unsere Freunde die Rechnung bereits bezahlt hatten!

Das war so ein schöner Abend.

Und dann versaute ich das Ganze beinahe, weil ich John nicht zutraute, dass er sich um ein ausreichendes Trinkgeld für den Kellner kümmern würde. John versicherte mir, dass das abgedeckt sei, aber ich ließ nicht locker. Die Anspannung stieg und der Feind eilte mit anklagenden Gefühlen im Gepäck herbei. Schweigend gingen wir zum Wagen. Es hätte diesen ganzen Abend ruinieren können.

Doch dann entschuldigte ich mich und John vergab mir und alles war okay.

Vergessen Sie nicht, dass es Gott darum geht, *Sie* zu verwandeln. Bevor Sie Ihrem Ehepartner sagen, dass er Sie zum Wahnsinn treibt, sollten Sie sich selbst fragen: *Warum macht mir das so viel aus?* Widerspricht es Ihrer Art, das Leben anzupacken? Geht es Ihnen gegen den Strich, weil es nicht Ihrem Beziehungsstil entspricht? Geht es vielleicht eigentlich darum, dass Sie die Kontrolle behalten oder gut dastehen wollen? Oder darum, dass Sie sich nicht gerne festnageln lassen? Na gut, Sie werden zu spät kommen – aber warum ist das so schlimm? Sicher, der Geschirrspüler bleibt jetzt an Ihnen hängen – aber warum fuchst Sie das so?

Mit großer Wahrscheinlichkeit gibt es einen Balken in Ihrem eigenen Auge, um den Sie sich kümmern sollten, *bevor* Sie versuchen, den Splitter im Auge des anderen zu beseitigen.

Anschließend, wenn Ihre eigene Haltung stimmt, können Sie die Sache ansprechen.

Tabu-Themen

Es gibt bestimmte Themen, über die zu reden mir (Stacy) schwerer fällt als über andere Dinge. Manchmal ist es einfach leichter, *überhaupt nicht* darüber zu sprechen. Verletzte Gefühle. Sexualität. Enttäuschungen. Die Schwiegereltern. Geld. Rechnungen.

Jedes Ehepaar hat so seine Tabu-Themen, über die lieber nicht geredet wird. Was sind Ihre geistigen „Sperrgebiete"? Und *warum* sind sie tabu?

Manchmal stellen wir so ein mentales Schild mit der Aufschrift: „Zutritt verboten!" aus reiner Verbohrtheit auf. Es ist die Weigerung, die Verantwortung für eine bestimmte Sache zu übernehmen, indem wir dem anderen nicht gestatten, darüber zu sprechen. Manchmal erkennen wir das Problem einfach nicht mit derselben Klarheit wie unser Ehepartner (das ist die Sache mit dem „Wald vor lauter Bäumen nicht sehen"). *Was gibt es da zu reden?* Häufig ist die Ursache Angst – die Angst, bloßgestellt oder abgelehnt zu werden, oder die Angst, der andere könne einem „auf die Schliche kommen". Wir fürchten doch alle insgeheim, des Kaisers neue Kleider zu tragen – und eines Tages könnte jemand laut ausrufen, dass wir splitterfasernackt dastehen. Wir haben diese nagende Furcht, nicht das zu sein, was wir zu sein hoffen und zu sein vorgeben.

Jahrelang war das Tabu-Thema unserer Ehe meine (Stacys) Ursprungsfamilie. Nach unserer Hochzeit fuhren wir etwa einmal im Monat zu meiner Mutter und aßen mit ihr und manchmal auch mit meinen Brüdern und Schwestern und deren Familien zu Abend. Jedes Mal bekamen

John und ich auf dem Heimweg Streit. Meist ging es schon los, bevor wir von der Straße abbogen, an der das Haus meiner Mutter stand. Und sie lebte an einer sehr kurzen Straße! John sprach Dinge an, die er als ungesunde Familiendynamiken ansah, und ich sah mich genötigt, sie zu verteidigen. Was gab ihm das Recht, meine Familie zu kritisieren?

Doch meist war es gar keine Kritik. Er sprach einfach aus, was ihm auffiel. Oder er stellte mir eine Frage zu meinem eigenen Verhalten. Doch ich fühlte mich sofort angegriffen. Ich hatte das Gefühl, er verlange von mir, dass ich mich zwischen der Liebe zu ihm und der Liebe zu meiner Familie entscheiden solle, und deshalb empfand ich mich als unloyal und die Situation als ausweglos.

Es dauerte gut 10 Jahre, bis ich meine Familie objektiv betrachten und selbst meine Fragen stellen konnte. Zu dem Zeitpunkt hatte John bereits gelernt, dass er sich nur mit äußerster Vorsicht in diese Untiefen vorwagen durfte.

Ein weiteres riesiges Tabu-Thema war mein Gewicht. Als unübersehbar wurde, dass ich zunahm, wagte John es manchmal, mich zu fragen: „Wie ist das mit deinem Essverhalten?" Ich weigerte mich, über das Thema zu sprechen. *Nein, John, da lass ich dich nicht ran.* Ich wusste ja bereits, dass ich seinen Erwartungen nicht entsprach. Es tat uns beiden weh. Aus Scham weigerte ich mich, mit ihm über mein Gewicht zu sprechen.

Oft ist derjenige, der über das Tabu-Thema sprechen möchte, auch der, der nicht glücklich damit ist und die Notwendigkeit empfindet, den anderen in seinen Verhaltensweisen zu bremsen. Es braucht manchmal viel Mut, ein Gespräch über ein unbequemes Thema anzufangen. Und es braucht Mut, in einem solchen Gespräch für den anderen *präsent* zu bleiben. Und es braucht Glauben.

Jeder von uns hat seine Marotten, die uns selbst überhaupt nicht bewusst sind. Kennen Sie Ihre? Wollen Sie es wagen und Ihren Ehepartner danach fragen? Wie wäre es mit der Frage: „Gibt es Dinge an mir, die dich ärgern?"

Wenn wir uns weigern, in unserer Ehe bestimmte Dinge anzusprechen, führt das dazu, dass wir uns voreinander verstecken. Und es führt zu inneren Widerständen. Wenn man einen Teil seines Hauses absperrt, ziehen dort all diese kleinen dunklen Kreaturen ein. Eine solche Spielwiese möchten Sie dem Feind doch sicher nicht bieten.

Spekulationen

Meiner Erfahrung nach fällt es mir leicht, immer das Schlimmste anzunehmen:

John hat nicht angerufen, weil er wütend auf mich ist.

Meine Freundin ist nicht vorbeigekommen, weil ich ihr nicht wichtig bin.

Ich wurde nicht zu der Feier eingeladen, weil sie mich nicht mögen.

Unsere Gedanken gehen buchstäblich wie Wasser den Bach runter. Wenn wir uns nicht bewusst machen, was wir da denken, werden unsere Gedanken ihre eigenen Wege gehen und uns tief in den finsteren Wald hineinführen. Wir verlieren den Weitblick, wir fangen an zu spekulieren und kommen innerhalb von Sekunden zu den schrecklichsten Schlussfolgerungen. In der Bibel heißt es: „Jeden Gedanken, der sich gegen Gott auflehnt, nehme ich gefangen und unterstelle ihn dem Befehl von Christus" (vgl. 2. Korinther 10,5). Unsere Gedanken haben eine Bedeutung. Unsere Gedanken und Vorstellungen ebnen den Weg für unsere Überzeugungen, denen wiederum dann unsere Taten folgen.

Ich weiß, ich bin nicht die Einzige, die zu wilden Spekulationen neigt. Aber ich will in diesem Bereich reifer werden – und Sie?

Zunächst habe ich (auf die harte Tour) gelernt, nicht über die *Motive* anderer zu urteilen. Man kennt die Motive des anderen schließlich nicht wirklich. Man *weiß* nicht, warum man tatsächlich nicht zu einer Feier eingeladen wurde. Wenn wir anderen Leuten bestimmte Motive unterstellen, sind es in der Regel schlechte, nicht wahr? Man ist schon wütend, bevor der andere überhaupt zur Tür hereinkommt. Man fühlt sich bereits verletzt, bevor überhaupt ein Wort gesprochen wurde. Doch in 9 von 10 Fällen stimmt die Vermutung gar nicht. Wir haben voreilige Schlüsse gezogen. Wir haben Spekulationen angestellt. Er hat das Gespräch gar nicht einfach beendet, sondern der Akku seines Handys war leer. Sie wurden nicht eingeladen, weil Sie gesagt hatten, dass Sie an dem Termin ohnehin nicht da wären.

Es fällt mir nicht leicht, aber heutzutage versuche ich, immer zuerst das Beste anzunehmen. Gehen Sie davon aus, dass sowohl das Herz der anderen als auch Ihr eigenes gut ist. Das hat uns bereits sicher durch manche potenzielle Tretminenfelder gebracht. Ich kann gar nicht zählen, wie oft. Wenn es um Socken und Müslischälchen geht, kann ich mir sagen: *John hält meine Arbeit wohl für selbstverständlich. Er ist gedankenlos und erwartet, dass ich ihm hinterherräume.* Oder ich kann mir sagen: *Er war wohl in Eile. Das hat nichts mit mir zu tun.* John kann meine unnötigen Fahranweisungen so interpretieren, dass er sich sagt: *Sie hält mich wohl für einen Idioten.* Oder er kann die Sache mit einem Lächeln übergehen und sich sagen: *So ist sie halt. Ich liebe sie.*

Außerdem lerne ich, über die Dinge zu reden, besonders dann, wenn ich bemerke, dass ich wieder einmal dabei bin, mir das Schlimmste auszumalen. Es ist viel besser, wenn wir fragen: „Bist du ärgerlich auf mich?" „Gibt es etwas, worüber wir reden sollten?" „Findest du, dass ..." Setzen Sie an dieser Stelle ein, was auf Ihre Situation passt.

Das Tal wilder Spekulationen ist Feindesland. Spekulationen führen zu nichts Gutem. Viele kritische Augenblicke kippen mit der Deutung.

Sie werden auch entdecken, dass es wichtig ist, sich der Spekulationen von Freunden und Angehörigen bewusst zu sein. Es passiert ja nicht nur mir, dass ich vorschnell das Schlimmste von anderen annehme; auch meine Freundinnen tun das. Auch sie werden finden, ich hätte so einen merkwürdigen Gesichtsausdruck gehabt, als wir das letzte Mal zusammen waren; das muss wohl daran gelegen haben, dass ich sauer auf sie war (und nicht etwa daran, dass ich unter Migräne litt).

Wenn mein Mann sich Zeit nimmt, um mit Freunden etwas zu unternehmen oder um mit Gott allein zu sein, bin ich froh darüber. Er kommt anschließend erfrischt nach Hause, ist wieder mehr er selbst und bereit, sich auf die an ihn gestellten Anforderungen einzulassen. Wir brauchen beide unsere Zeiten, in denen wir ohne den anderen und ohne die Familie sind. Wir brauchen Zeiten, die wir mit Gott oder mit Freunden verbringen. Doch häufig bekomme ich, wenn ich erwähne, dass John gerade nicht da ist, die Nachfrage zur Antwort: „Und wann bist *du* an der Reihe?"

Sie nehmen einfach an, John würde sich nicht genug um mich kümmern. Sie nähren in mir das Misstrauen, dass John viel mehr Zeit für sich hat als ich. Das ist eine Mentalität, die dem Motto entspringt: „Wie du mir, so ich dir!" Es ist die ungesunde und lieblose Neigung, Buch zu führen. Das ist in keiner Weise hilfreich. Solche Fragen können eine Ehe untergraben. Die Liebe führt nicht Buch.

Schlechtes Timing

Auf dem fliegenden Trapez der Ehe ist das richtige Timing alles. Im Buch der Sprichwörter heißt es: „Wie gut ist das richtige Wort zur rechten Zeit!" (15,23). Auch das ist etwas, was ich auf die harte Tour gelernt habe – wobei John die Hauptlast zu tragen hatte. Er musste oft unter meinen zur Unzeit ausgesprochenen Worten leiden. Ich redete zu vorschnell, und das bewirkt dann genau das Gegenteil dessen, was ich eigentlich beabsichtigt hatte. Das soll nicht heißen, dass ich besser gar nichts hätte sagen sollen. Doch ich musste nicht nur lernen, meine Worte mit Sorgfalt zu wählen, ich musste auch lernen, *wann* der richtige Zeitpunkt gekommen war, um sie auszusprechen.

In seinem Buch *Du sprichst zu meinem Herzen* (Brunnen 2008) erzählt John davon, wie ihm irgendwann bewusst wurde, dass er beinahe jeden Abend ein Glas Wein oder Bier trank, wenn er von der Arbeit nach Hause kam. Er war weit davon entfernt, sich zu betrinken, aber auch mir war aufgefallen, dass das, was früher einmal im Monat oder einmal in der Woche vorgekommen war, nun bald jeden Abend geschah. Ich fragte Gott, ob ich es ansprechen sollte. (Ich *wollte* es ansprechen.) Aber Gott sagte *Nein*. Also betete ich und bat Gott, selbst mit John darüber zu sprechen.

Es ist echt toll, wenn man erleben darf, wie Gebet seine Wirkung zeigt!

Ein paar Wochen später kam John zu mir und sagte: „Gott hat mit mir über mein Trinkverhalten gesprochen und mir zu verstehen gegeben, ich solle es lassen. Ich muss mir das abgewöhnen." Und das tat er dann auch.

Manchmal ist es nicht an uns, mit unserem Ehepartner über eine bestimmte Sache zu reden. Wir lassen Gott Gott sein, denn er macht das sehr gut. Manchmal sollten wir dagegen mit unserem Ehepartner reden. Dann müssen wir Gott um Hilfe bitten, damit wir den richtigen Zeitpunkt und die rechten Worte finden. Handeln Sie umsichtig. Bleiben Sie mit Gott in Verbindung. Lassen Sie sich raten, *erst zu beten!* Fragen Sie Gott um Rat: *Herr, ist jetzt der richtige Zeitpunkt, um dieses Thema anzusprechen?* Fragen Sie auch: *Wie soll ich es ansprechen?* Und: *Soll ich es überhaupt ansprechen?*

Natürlich würde sie ihm davon erzählen müssen, doch vielleicht nicht gerade jetzt. Es gibt immer einen geeigneten Zeitpunkt, um schwierige Nachrichten zu überbringen, und man musste den richtigen Augenblick abwarten. Männer lassen ab und zu ihre Deckung fallen, und die Kunst der erfolgreichen Frau, die die Männer in ihrem eigenen Spiel zu schlagen vermag, bestand darin, den richtigen Moment abzupassen. ... Aber man musste abwarten.

Alexander McCall Smith: Ein Krokodil für Mma Ramotswe

Manchmal ist es ein schmaler Grat zwischen weisem Rat und Manipulation. Doch wenn wir von der Motivation angetrieben werden, den anderen zu lieben, ihm zu helfen und uns hinzugeben, können wir auf der richtigen Seite bleiben.

John und ich sind der Meinung, dass es kein guter Zeitpunkt ist, über irgendetwas zu reden, wenn einer von uns beiden müde oder genervt ist. Auch wenn wir in irgendeiner anderen Weise geschwächt sind – emotional, geistlich, aufgrund großer Herausforderungen oder aus anderen Gründen –, ist das kein guter Anfangspunkt. Wenn wir mit Freunden oder Angehörigen zusammen sind und das Thema für einen Ehepartner peinlich sein könnte, ist es kein guter Moment. Manchmal werden wir länger warten müssen, als uns lieb ist. Aber das ist nicht schlimm. Es ist das Abwarten wert, wenn wir dafür sicher sein können, dass wir aus einer liebevollen Haltung heraus sprechen und das Herz unseres Ehepartners in der richtigen Verfassung ist, um zu hören.

Natürlich haben Sie es nicht in der Hand, wie Ihr Ehepartner reagieren wird. Aber denken Sie immer daran, dass Sie einen Feind haben, der nicht Ihr Ehepartner ist. Man schluckt sonst allzu leicht dessen Köder und ergreift im verkehrten Moment das Wort.

Innerfamiliäre „Viren"

Einer meiner (Johns) Freunde hat einen sehr zynischen Vater. Der Mann legt sich mit jedem an – mit der Regierung, mit seinem Chef, mit dem Automechaniker, mit Telefongesellschaften und ... und ... und ... Er wäre vermutlich ein toller Interviewpartner für Radiosendungen. Besonders bitter ist er gegenüber Frauen, angefangen bei seiner Exfrau. „Die saugen dich völlig aus, Bill. Alles saugen sie aus dir heraus – wie Vampire."

Bills Frau fiel auf, dass Bill jedes Mal selbst zynisch wurde, wenn er mit seinem Vater telefoniert hatte. Als ob er von dessen „Krankheit" angesteckt worden wäre. Er hatte sich diesen Virus eingefangen und der wütete die nächsten Stunden oder auch Tage in ihm. Sie haben so etwas Ähnliches sicher alle schon einmal erlebt. Ganz besonders innerhalb von Familiensystemen.

Die Schwestern von Julie sind wahre Männerhasser. Julie ist sich dessen bewusst und sie will damit nichts zu tun haben. Sie liebt es, verheiratet zu sein, und sie liebt ihren Mann. Doch wenn sie vor den Feiertagen ein paar Stunden mit „den Mädels" in der Küche verbracht hat – in dieser gemütlichen Einheit aus Gemüseschnippeln und Quatschen –, dann merkt sie auf einmal, wie sie sich innerlich auf die Seite ihrer Schwestern schlägt. Das geschieht auf ganz subtile Weise. Auf einmal bemerkt sie lauter negative Züge an ihrem Mann. Da hat sie sich in der Küche wohl etwas eingefangen.

In solchen Situationen ereignet sich mehr als nur das Phänomen, dass wir von der inneren Haltung anderer beeinflusst werden. (Obwohl auch das sicher vorkommt – schließlich verbreitet sich miesepetrige Laune recht schnell.) Wenn Bill mit seinem Vater spricht oder Julie mit ihren Schwestern zusammen ist, treten sie in das Gravitationszentrum der geistlichen Konflikte ihrer Familien ein. Bei Bill ist es diese tiefe Haltung aus Zynismus und Bitterkeit im Leben seines Vaters. Bei Julie ist es die Übereinkunft der Frauen in ihrer Familie, dass man „gegen die Männer zusammenhalten muss", die sozusagen pauschal diskreditiert werden. Das ist so, als betrete man einen völlig verrauchten Raum: Der Rauch setzt sich in der Kleidung fest, und wenn man wieder herauskommt, stinkt man wie ein Aschenbecher.

Was sich da auf geistlicher Ebene abspielt, würde uns eine Gänsehaut bereiten, wenn wir es sehen könnten. Zynismus und Bitterkeit versuchen, Bill anzufallen und zu besetzen. Wenn er sich dessen nicht bewusst ist, wird er es zulassen. Er hört seinem Vater zu, der sich bitter über Frauen auslässt, und etwas in ihm sagt: *Recht hat er. Sie saugen einen wirklich aus.* Und schon ist da diese innere Zustimmung, vor der wir Sie einige Kapitel zuvor gewarnt haben. Er fängt an, dem Zynismus seine Zustimmung zu erteilen, und peng – schon erwischt der ihn wie ein böser Schnupfen.

Typischerweise ereignen sich hier zwei Dinge zugleich: Zum einen ist da die innere Haltung, die einem von anderer Seite aus aufgedrängt wird, und zum anderen sind da ungesunde Mechanismen in der Familie, die dafür sorgen, dass die geistliche Auseinandersetzung innerhalb des Familiensystems von einem zum Nächsten wandert.

Es ist in der Tat so, dass geistliche Auseinandersetzungen sich gerne ausbreiten wie ein Computervirus. Dazu kommt dann noch, dass innerhalb eines Familiensystems häufig ungesunde Bindungen bestehen. Um sich aus der Wolke des Zynismus zu befreien, musste Bill sowohl gegen diese Bindungen angehen als auch gegen die Inhalte. Die Bibel sagt: „Weil [Christus] am Kreuz gestorben ist, ist für mich die Welt gekreuzigt und ich bin gekreuzigt für die Welt" (Galater 6,14). Es wird Ihnen sehr, sehr helfen, wenn Sie im Gebet das Kreuz Christi zwischen sich und Ihren Angehörigen aufrichten. Das verhindert, dass die geistlichen Probleme Ihrer Angehörigen auch Sie anfallen. Anschließend müssen Sie mit den inneren Zustimmungen brechen, die Sie erteilt haben.

Übrigens mag das auch der Grund sein, warum es Sie mitunter so viel Kraft kostet, Ihre Familie zu besuchen. Sie können oft gar nicht genau sagen, woran es liegt, aber nach ein oder zwei Tagen (oder auch Stunden!) fühlen Sie sich einfach lausig und spüren, wie Sie in all die alten Verhaltensmuster von früher zurückfallen.

Wenn Sie bemerken, dass Ihr Ehepartner unter solch einem unguten Zustand leidet, sollten Sie das Thema nur sehr behutsam ansprechen. Es ist das reinste Minenfeld. Der Feind wird alles versuchen, um es so aussehen zu lassen, als würden Sie Ihren Ehepartner oder dessen Familie angreifen.

Es kam früher oft vor, dass Stacy nicht ganz sie selbst war, nachdem wir ihre Mutter besucht hatten. Ich konnte spüren, dass sie unter einem fremden Einfluss stand – sie wirkte distanziert, schlich trübselig herum und der Glanz in ihren Augen war verschwunden. „Es ist mir alles zu viel", pflegte sie dann zu sagen, „... die Wäsche, die Rechnungen, einfach alles." Das war über viele Jahre hinweg Stacys größter Kriegsschauplatz. Doch zuvor war es eine ganze Weile nicht so gewesen.

Und darum schlug mein Radar Alarm. Ich hörte ihren Beitrag zu dem Thema: „Meine Familie ist blöd und weiß meine Leistung überhaupt nicht zu schätzen." Und während sie das sagte, erinnerte ich mich daran, dass auch ihre Mutter sich immer überfordert und wenig wertgeschätzt gefühlt hatte. Das waren die wichtigsten Begleiter im Leben von Stacys Mutter gewesen. Das war ihr Hauptkriegsschauplatz gewesen. Und nun legten sich ihre Lasten auch auf Stacy. Und schließlich kam es so weit, dass sie Teil ihrer Identität wurden: „Ich bin überfordert. Ich werde nicht wertgeschätzt." Sie öffnete diesen Sätzen die Tür und erteilte ihnen ihre Zustimmung.

Das Schwierige daran ist, den Zeitpunkt herauszufinden, an dem man so etwas ansprechen kann. (Es geht wieder ums gute Timing!) Dazu braucht es Liebe, Weisheit und ein großes Maß an Geduld. Man will da ja nicht einfach losstolpern und die Minen hochgehen lassen.

Während Stacy beschreibt, was sie empfindet, ist mir bewusst, dass sie gerade das Lebensgefühl ihrer Mutter auf sich übertragen hat. Normalerweise fühlt sie sich nämlich keineswegs überfordert, und sie bekommt viel Wertschätzung von uns. Doch wenn man selbst davon betroffen ist, ist so etwas nicht so leicht zu erkennen – weil sich alles so wahr *anfühlt*. Wenn ich jetzt herausplatze: „Dir ist hoffentlich klar, dass dies eigentlich gar nicht dein Problem ist, Schatz“, wird sie den Eindruck bekommen, ich würde ihre Gefühle nicht ernst nehmen oder sie gar anklagen. (Dem Feind würde es gefallen, wenn sie sich angeklagt fühlt, denn dann wäre sie noch weiter davon entfernt, von der Sache freizukommen. Ich wäre der böse Bube, der seiner Frau alle Arbeit überlässt und sie dann noch auslacht, wenn sie sich darüber beschwert. Und vielleicht könnte er sie sogar dazu bringen, sich noch tiefer darauf einzulassen, nur um mich zu bestrafen. Das ist in jeder Ehe sein bewährtes Spielchen.)

Wenn ich ihr sage: „Zwischen dir und deiner Mutter besteht eine ungesunde Bindung“, gehen die Tretminen ebenfalls hoch. Sie hat dann das Gefühl, ich würde sie angreifen und hätte etwas gegen ihre Mutter. Dann geht der Rollladen runter, das Gespräch ist beendet, der Feind hat gewonnen. In einem solchen Szenario könnte es Monate dauern, bis wir überhaupt wieder über dieses Thema sprechen können.

Also lasse ich sie zunächst wissen, dass ich ihr zuhöre und dass sie mir am Herzen liegt: „Schatz, mir scheint, als würde dich gerade vieles belasten. Das habe ich verstanden.“ Das ist keine „Technik“. Ich meine das wirklich so – sie ist mir wichtig und ich höre ihr aufmerksam zu. Dann wende ich mich der eigentlichen Frage zu: „Liebes, du weißt doch, dass dieses Gefühl, überfordert und nicht wertgeschätzt zu sein, eigentlich zu den Kriegsschauplätzen deiner Mutter gehört, nicht wahr?“ Anschließend warte ich auf ihre Reaktion, denn es ist wichtig, dass sie das selbst erkennen kann. „Wie wäre es, wenn wir all das, was zu dieser geistlichen Auseinandersetzung gehört, im Gebet aus dem Weg räumen? So können wir das Übrige klären, ohne dass der Feind es dir noch schwerer macht.“

Es ging mir darum, dass wir die Klarheit und Wahrheit Gottes zwischen Stacy und ihrer Mutter aufrichteten. Es war wichtig, dass Stacy selbst dieses Gebet sprach – dass sie selbst diese Entscheidung traf und ihren Willen bekundete. Anschließend brach sie mit dieser Zustimmung zu dem Gefühl der Überforderung und der fehlenden Wertschätzung. Das Leuchten kehrte zurück in ihre Augen und die Wolke hob sich.

Die Grenzen der Ursprungsfamilie

Als unsere Freunde Jim und Sandy heirateten, geriet Jims Schwester gerade in eine schlimme Lebenskrise: Ihr Ehemann hatte ihr mitgeteilt, er habe eine Affäre. Nach ein paar Monaten verließ er sie. Sie war damals mit ihrem ersten Kind schwanger. Jim und Sandy mieteten ein großes Haus und boten seiner Schwester an, bei ihnen einzuziehen. Das war sehr lieb von ihnen.

Aber es war auch falsch.

Die darauffolgenden sechs Monate lebten die Frischvermählten ständig mit dem Soziodrama rund um die Trennung. Das kostete immense emotionale Energie. Jim brachte Stunde um Stunde damit zu, seine Schwester seelsorgerlich zu unterstützen. Sandy fühlte sich außen vor. Es mag ja sehr christlich scheinen, einer alleinstehenden Mutter zu helfen, aber eine andere Frau – und zudem eine emotional sehr bedürftige Frau – ins eigene Heim zu holen, wo man gerade erst am Anfang der Ehe steht, war ein großer Fehler. Im Rückblick wurde Jim klar, dass er noch nicht einmal Gott um Rat gefragt hatte. Sandy trug viele innere Verletzungen davon, und das daraus entstehende Chaos verursachte über Jahre hinweg viel Schmerz. Es wäre besser gewesen, wenn Jims Schwester zu den Eltern gezogen wäre; oder die Familie hätte ihr gemeinsam helfen können, eine eigene Wohnung zu finden und sich mit ihrer Situation zu arrangieren.

An dem Tag, an dem Gott Adam und Eva zusammenführte, zog er ein paar familiäre Grenzen: „Deshalb verlässt ein Mann Vater und Mutter, um mit seiner Frau zu leben. Die zwei sind dann eins, mit Leib und Seele" (1. Mose 2,24). Das Ziel ist die Einheit von Mann und Frau. Und es ist nun mal eine Tatsache, dass man dem anderen nicht „anhangen" kann (wie Luther dieses Zusammenleben übersetzt hat), wenn man noch an der eigenen Familie „klebt".

Man kann nicht eins werden, wenn man die Ursprungsfamilie nicht in den Kreis außerhalb der eigenen Ehe verschiebt. Wenn Mann und

Frau heiraten, bilden sie eine neue Familie, einen neuen Haushalt. Zwischen ihnen beiden besteht nun das engste Band. Alle anderen Bindungen sind dieser untergeordnet und sollten an zweiter Stelle stehen.

Ich begleitete einmal einen Mann in einer sehr schwierigen Phase seiner Ehe. Er war bereits 18 Jahre mit seiner Frau verheiratet. „Sie spricht jeden Tag mit ihrer Mutter. Ich würde mir wirklich wünschen, dass sie so viel mit *mir* redet." Das Ganze lief so ab: Seine Frau schnappte sich Tag für Tag das Telefon und unterhielt sich eine Stunde lang mit ihrer Mutter. Sie fand das normal. Sie hatte schon immer eine enge Beziehung zu ihrer Mutter gehabt – weitaus enger als zum Vater. In vielerlei Hinsicht waren sie die besten Freundinnen. Sie wandte sich gern an ihre Mutter. Das machte sie seit Jahren so. Sie erkannte nicht, dass sie damit ihrem Mann die Botschaft vermittelte: „Dir vertraue ich nicht. Ich brauche dich nicht. Ich habe ja einen anderen Menschen, an den ich mich mit allem wenden kann." Das tat seinem Mannsein nicht gut. Sie hatte eigentlich ihr Elternhaus nie ganz „verlassen", und als Folge davon waren Mann und Frau nie wirklich eins geworden.

Sie sind inzwischen ein großes Mädchen beziehungsweise ein großer Junge. Es ist an der Zeit, dass Sie Ihr Elternhaus auch innerlich verlassen. Lassen Sie Ihre Mama und Ihren Papa, Ihre Brüder und Schwestern los. Sie können keine echte Freundschaftsbeziehung zu Ihrem Ehepartner aufbauen, solange Sie das nicht tun.

Die Hetze des Alltags

Wir haben nur noch für einen weiteren „kleinen Fuchs" Platz, aber das bedeutet nicht, dass wir den gesamten Bestand durchgegangen wären. Es gibt noch andere und sie vermehren sich wie die Karnickel: Geldsorgen, Kindererziehung, die Frage, wo man Weihnachten feiert oder ob man eine harte oder weiche Matratze kauft. Bitten Sie Gott, Ihnen zu zeigen, welche Füchse gerade auf Ihren Feldern ihr Unwesen treiben.

Doch einen müssen wir noch nennen: Es ist schlicht und ergreifend die *Hetze des Alltags.*

Jedes Zeitalter hat seinen Zeitgeist und unserer ist die Hektik. Geschäftigkeit bis zum Umfallen. Die meisten Familien rennen wie Hamster in ihrem Rad. Es ist der reinste Wahnsinn.

Die Eltern lassen ihre Kinder jede nur erdenkliche Sportart ausüben und das in jedem nur erdenklichen Alter, dazu noch Musikstunden und natürlich die Jugendgruppe in der Gemeinde. Wo in aller Welt soll das hinführen? Diese Geschäftigkeit erstickt die Seele. In jedem Fall laugt sie Ihre Ehe völlig aus. Es bleibt keine Zeit und keine Energie mehr füreinander. In der Hektik des Alltags verfallen wir nur allzu leicht in den „abgesicherten Modus" – eine Art Überlebensstrategie, in der wir nur noch funktionieren. Wir bringen die Kinder zur Schule, zum Zahnarzt und zum Fußballtraining. Wir bezahlen Rechnungen, mähen den Rasen, kaufen Lebensmittel ein, waschen die Wäsche und halten unseren Körper in Form.

Das frisst Sie bei lebendigem Leib auf. Halten Sie beide auch mal lange genug inne, um ein Gespräch zu führen? Wie oft geschieht das? Täglich, wöchentlich, monatlich? Was tun Sie, um Ihre eheliche Freundschaft zu vertiefen? Wie oft spielen Sie und Ihr Ehepartner zusammen, sprich, tun Sie etwas einfach nur so, weil es Spaß macht? (Merken Sie, wie unwohl Sie sich bei dieser Frage fühlen?) Der hektische Lebensstil hat uns alle bereits bei der Gurgel gepackt. Ohne Böses zu wollen, entfernen wir uns innerlich voneinander – einfach aufgrund der Hetze in unserem Alltag.

Sind Sie bereit, über Ihr Lebenstempo zu sprechen?

Wäre es sinnvoll, weniger unterwegs zu sein oder weniger Aktivitäten zu pflegen? Wie steht es mit den vielen Sportarten Ihrer Kinder, mit den Musikstunden – haben Sie Gott *gefragt*, ob Ihre Kinder das alles machen sollen? Wir fühlen uns oft mitgerissen von der Schwungmasse unseres Alltags, doch diese haben wir selbst *durch unsere Entscheidungen* festgelegt. Es wäre gut, wenn Sie diese Entscheidungen überdenken. Wie viele Abende sollten Sie außer Haus sein – was wäre ein gutes Maß für Sie beide? Wie viele Wochenenden können Sie unterwegs sein – was wäre hier ein gutes Maß?

Eine gute Freundin von Stacy und ihr Mann, der Pastor ist, nehmen sich jeden Freitag gezielt Zeit für ihre Beziehung. Sie sind beide sehr engagiert und fast jeden Abend der Woche in ihrem gemeinsamen Dienst involviert. Sie brauchen diese gemeinsame Zeit, um ihre Beziehung als Freunde, Gefährten und Liebende zu pflegen. Das ist ihnen sehr wichtig. Der Freitag ist ihr Tag.

Um ehrlich zu sein, ich fand das schon irgendwie blöd. Das klang nach einem Beitrag aus dem Buch „Die perfekte christliche Ehe" oder so. Echt schnulzig. Aber inzwischen erkenne ich den Balken in meinem Auge. Diese Leute waren mir um Längen voraus. Ich nahm mich und Stacy nicht annähernd so wichtig, wie ich es hätte tun sollen.

Die Töne verblassen nur langsam, wenn Schwarz und Weiß sich in Grau verwandeln. Gedanken schleichen sich ein, Entscheidungen werden getroffen, ein Preis wird dafür zu bezahlen sein.
Casting Crowns, Slow Fade

Wenn Sie sich nicht genug um Ihre Ehe bemühen, wird sich das schnell rächen. Es braucht Entschlossenheit. Um zu dem gemeinsamen Abenteuer zu finden, um das Schöne zu kultivieren, das sich zwischen Ihnen beiden ereignen kann, müssen Sie *selbst* Ihr Lebenstempo *bestimmen*. Die Welt wird Ihnen dabei nicht helfen. Alle rennen herum wie aufgescheuchte Hühner. Da fühlt es sich so an, als hätten Sie keine Wahl, doch Sie haben immer die Wahl. Immer! Sie können sich dazu entschließen, leidenschaftlich und entschieden auf Ihren Ehepartner zuzugehen. Sie können die Hetze des Alltags verändern, damit Sie das Schöne in Ihrem gemeinsamen Leben genießen können. Das ist so.

Ein weites Herz

Die kleinen Füchse sind so übel, *weil* sie so klein sind. Wenn jemand brüllt, ist das offensichtlich. Wenn zwei gar nicht mehr miteinander reden, fällt es nicht sonderlich auf. Sie merken gar nicht, dass Sie immer den letzten Schluck Milch trinken und anschließend die leere Milchtüte auf dem Küchentisch stehen lassen. Aber Ihr Ehepartner hat die Schnauze gestrichen voll davon. Achten Sie auf die kleinen Füchse!

Wenn es um die Verwandlung geht, die Gott mit uns anstrebt, befinden wir uns alle erst noch auf dem Weg, und das nicht immer in zielstrebigem Tempo. Da kann es sich leicht so anfühlen, als habe Ihr Ehepartner das Auto auf dem Seitenstreifen der Autobahn abgestellt. Und das mag ja auch so sein, und in dem Fall sollten Sie darüber reden. Doch selbst die Besten unter uns sind weit von der Wiederherstellung entfernt, die wir eigentlich bräuchten, und wir werden einander (immer wieder) zum Wahnsinn treiben. Die Ehe ist ein U-Boot, in dem man Aschenputtel und Huckleberry Finn zusammen eingesperrt hat. Wie soll man da eine Meuterei verhindern? Oder dass die beiden mit dem Messer aufeinander losgehen?

Mit einem weiten Herzen.

Das ist die entwaffnendste Eigenschaft, die es in der Ehe braucht.

Ja, es gibt Dinge, über die man reden muss. Sie brauchen keine Angst zu haben, diese Themen auf den Tisch zu bringen – *nachdem* Sie mit Gott darüber gesprochen haben. Wenn wir aber jedes Mal aufhören würden, an unseren eigenen Problemen zu arbeiten, sobald unser Ehepartner etwas macht, was uns irritiert, würden wir niemals über das Frühstück hinauskommen. *(Ist es zu viel verlangt, wenn du das Waschbecken ausspülst, nachdem du dir die Zähne geputzt und hineingespuckt hast? Hast du etwa gerade den letzten Joghurt gegessen? Du summst schon wieder vor dich hin! Könntest du damit bitte aufhören?!)* Das meiste davon können Sie einfach loslassen. Lassen Sie es einfach los.

Ein Mensch, der Einsicht hat, regt sich nicht auf; es gereicht ihm zur Ehre, bei Kränkungen Nachsicht zu üben.
SPRÜCHE 19,11

Vor allem lasst nicht nach in der Liebe zueinander! Denn die Liebe macht viele Sünden wieder gut.
1. PETRUS 4,8

Vergessen Sie nicht, dass Gott Ihnen Ihren Ehepartner gegeben hat, um auf diese Weise Ihre scharfen Kanten zu glätten. Gott ist eine unermesslich weitherzige Person – und er möchte auch Ihnen ein weites Herz geben.

Wenn wir unserem Ehepartner den Raum geben wollen, den er braucht, um zu dem Menschen zu werden, zu dem er (oder sie) gedacht ist, dann müssen wir ihm auch genug Leine lassen, um draufloszusegeln und auf die Nase zu fallen. Wir müssen einfach nur beschließen, seine irritierenden Eigenarten und sein gedankenloses Verhalten loszulassen. Wachsen Sie darüber hinaus. Vergeben Sie, bevor der andere um Vergebung bittet. Tragen Sie nichts nach, sondern sorgen Sie jeden Tag für ein bereinigtes Konto.

Zu einer Liebesgeschichte inmitten kriegerischer Auseinandersetzungen gehört eben beides: Liebe und Krieg. Sie spielen hier schließlich nicht „Unsere kleine Farm". Ein weites Herz wird Ihnen beiden immens helfen. Wenn es dann um die größeren Auseinandersetzungen geht, haben Sie Ihre Liebe nicht schon in den kleineren Grabenkämpfen geschwächt.

Kapitel 10

Wenn Stürme kommen

In dieser Welt werdet ihr Angst haben.
JESUS

Mary fand während des Studiums zum Glauben an Gott. In einem Studenten-Bibelkreis lernte sie Bill kennen, der ebenfalls neu zum Glauben gekommen war. Es dauerte nicht lange, bis die beiden sich heillos ineinander verliebten. Da sie sowohl einander als auch Jesus für immer und ewig treu sein wollten, heirateten sie, sobald sie ihr Studium beendet hatten.

Der Ärger begann, nachdem sie von ihrer kurzen, aber schönen Hochzeitsreise heimgekehrt waren. Mary fand schnell heraus, dass Bill eine Pornografiesucht hatte, die sehr stark ausgeprägt war. Als Zehnjähriger war er auf die Hardcore-Pornozeitschriften seines Vaters unter dessen Bett gestoßen (oder hatte der Feind die Sache eingefädelt?!). Bill verfiel der Sucht sehr früh und war seitdem ihr Gefangener. (Oft liegen die Wurzeln einer Abhängigkeit in der genealogischen Linie des Betreffenden begründet – die Sünden der Väter oder Mütter, die an die Folgegenerationen weitergegeben werden.)

Jede Sucht richtet im Herzen des Betroffenen und derer, die ihn lieben, großes Unheil an. Bei Bill und Mary war es so, dass sein Problem zu fehlender Intimität, zu Leid und zu unbeschreiblichem Schmerz führte. Bill konnte nicht damit aufhören, darum versuchte er, Mary zu hintergehen, indem er die Bilder versteckte oder sie anlog. Doch es funktionierte nie wirklich. Mary wiederum fühlte sich betrogen, beschmutzt, verletzt und wütend. Bills Abhängigkeit schien immer schlimmer zu werden.

Über die Jahre begab sich Bill in zwei verschiedenen Kliniken in Behandlung. Er nahm, ebenso wie Mary, an einem 12-Schritte-Programm teil. Eine Weile keimte Hoffnung auf, doch das hielt nicht lange. Die Festungen des Feindes waren mächtig. Bill bot Mary sogar an, sich scheiden zu lassen, damit sie ihn los war. Sie lehnte ab. Doch glücklich war sie keineswegs. Sie fühlte sich in ihrer Ehe einsam und verzweifelt. Hunderte, ja Tausende Male zog ihr Mann die digital nachbearbeiteten Traumfrauen ihr selbst vor.

Das waren für beide sehr herausfordernde Jahre!

Nicht immer geht es um eine Sucht oder um offenen Betrug. Nicht immer zeigt sich das Elend in einer erdrückenden Krankheit oder einem vom rechten Weg abgekommenen Kind. Doch wo immer das Leid in eine Ehe eindringt, kommt es uns so vor, als würde unsere Welt aus den Fugen geraten. Der sichere Hafen, der zwei Menschen Zuflucht bieten sollte, erscheint einem manchmal wie der unsicherste Ort auf der ganzen Welt.

Sicher durch den Sturm

John und ich lagen im Bett und hielten uns vor dem Einschlafen im Arm. Draußen heulte ein Wintersturm. Unser Haus liegt am Fuß der Rocky Mountains und um das Haus herum fegten Windböen von bis zu 120 Stundenkilometern. Die Fenster klapperten, als hätten sie Angst. Ich schwöre, sogar unser Bett vibrierte. Der Sturm fegte die Berghänge hinunter und warf sich allem entgegen, was ihm im Weg stand.

Manchmal fühlt sich unser Leben ebenso an. Es ist, als wären die Kräfte der Natur und die äußeren Umstände unseres Lebens wie der Teufel darauf aus, uns in Stücke zu reißen. Wenn wir gerade denken, dass wir nicht noch etwas Schlimmes ertragen können, geht wieder etwas schief, und wir erzittern angesichts der Erkenntnis, dass der große böse Wolf womöglich doch in der Lage sein könnte, unser Lebenshaus zum Einsturz zu bringen.

Ist Ihnen aufgefallen, dass wir dieses Kapitel nicht mit der Überschrift „*Falls* Stürme kommen“ versehen haben? Natürlich ist das Leben hart, manchmal unerträglich hart. Als ich hörte, wie der Sturm an unserem Haus rüttelte, war ich froh, dass John und ich an diesem entscheidenden Punkt unserer Ehe eins waren und nicht gegeneinander, sondern *miteinander* kämpften. Wir sind ein Team, das miteinander und mit Gott verbunden ist. Und wenn das so ist, dann sind wir stark, und dann weiß ich in der Tiefe meines Herzens, dass wir es schaffen werden, egal, was kommt – und Gott allein weiß, was noch kommen wird.

Doch so ist es nicht immer gewesen. Wir hatten schwere Jahre zu bestehen, wie jedes andere Ehepaar aus unserem Bekanntenkreis auch. Das Eheschiff sicher durch stürmische Gewässer zu navigieren, ist eine Herausforderung, vor die jedes Ehepaar gestellt wird.

Es kann frustrierend sein, die Grenzen, die einem Buch wie diesem gesetzt sind, anerkennen zu müssen. Das empfinden wir besonders bei diesem Kapitel. Es ist einfach unmöglich, alle Variablen einzubeziehen, die ihren Anteil daran haben, dass Ehepaare in raue See geraten, und alle Antworten im Blick zu haben, warum die romantische Liebe erstirbt, warum sich ein Ehepaar auf die Scheidung zubewegt und wie Sie einen sicheren Hafen finden können. Doch wir möchten ein paar Schritte aufzeigen, die Ihnen helfen können, Ihren Weg durch die harten Zeiten zu gehen.

Warum geraten wir in raue See?

Vorgestern Abend hatte Stacy einen Unfall.

Sie wollte links abbiegen, geriet auf einen vereisten Fahrbahnbereich und rutschte in einen geparkten Laster hinein. Der Aufprall ließ das rechte Seitenfenster bersten und demolierte die Beifahrertür. Doch Gott sei Dank wurde niemand verletzt.

Sie rief mich an und fragte, was sie tun solle. Ich muss zu meiner Schande gestehen, dass ich voreilig meine Schlüsse zog. Ich wollte mit ihr schimpfen, dass sie zu schnell gefahren sei, und sie tadeln, dass sie nicht den Allradantrieb benutzt hätte. Oh, Mann – da stand meine arme

Frau zitternd in der Kälte und bat mich um Hilfe, und ich fing gleich an, sie zu beschuldigen, als wäre ich der Staatsanwalt.

Mein einziger Trost – der kein wirklicher Trost ist – lautet, dass ich nicht der Einzige bin, der sich so verhält. Wenn es zur Krise kommt und unsere Fundamente erschüttert werden, stockt uns allen der Atem, und wir suchen irgendwie darin Halt, einen Schuldigen zu finden. Das ist wie bei einem Ertrinkenden. Wir werden von Panik übermannt und greifen vorschnell zu Anschuldigungen, wilden Spekulationen ... oder einer Schachtel Schokoküsse.

Doch bevor Sie einen weiteren Schritt tun, sollten Sie kurz innehalten und sich fragen: „*Warum* ist diese Situation jetzt gerade so schwierig?"

Ziehen Sie keine voreiligen Schlüsse. Erteilen Sie nicht ungeprüft irgendwelche Zustimmungen. *Wir gehen unter. Er liebt mich nicht. Es ist mein Fehler. Wir hätten niemals heiraten dürfen.* Halten Sie einen Augenblick inne. Wie Sie diese Situation *deuten,* wird alles Weitere mitbestimmen – Ihre Gefühle, Ihre Sichtweise, Ihre Entscheidungen. Wenn Sie falschliegen, werden Sie sich auf schlechte Wege begeben und einen hohen Preis dafür bezahlen. Holen Sie einmal tief Luft. Legen Sie Ihre „feuerbereite Knarre" beiseite. Fragen Sie sich: „Warum ist das jetzt gerade so hart? Worum geht es hier?"

Ich (John) erinnere mich noch gut an den Tag, an dem wir zum ersten Mal als Familie Wildwasser-Rafting machten. Einen tosenden Fluss in einem kleinen Schlauchboot hinunterzufahren, gegen Felsen zu stoßen, Wellen zu durchpflügen und sich mit Absicht in Situationen zu bringen, vor denen einen jedes Pfadfinderlehrbuch warnt, hat schon etwas Erhebendes. Das Wasser schlug ständig über uns zusammen, und ich dachte, dass unser kleines aufblasbares Boot jeden Augenblick untergehen würde. (Der Begriff „aufblasbar" beinhaltet schließlich auch die Möglichkeit, dass die Luft wieder rausgeht, oder?)

„Sollen wir Wasser schöpfen?", fragte ich unseren Bootsführer, dem die Wassermassen, die in das Boot schwappten, entweder nicht bewusst oder egal zu sein schienen.

„Das ist ein selbstentleerendes Boot. Das fließt von selbst wieder ab", sagte er, während wir die nächste Welle nahmen. *Na gut. Alles normal. Nur keine Panik. Es fließt von selbst wieder ab. Es fließt von selbst wieder ab.*

Die harten, ja mitunter sogar Furcht einflößenden Zeiten in einer Ehe könnten völlig normal sein. Es wäre doch eine große Erleichterung, das zu wissen, oder? *Wir werden nicht untergehen.*

Die harten und Furcht einflößenden Zeiten könnten aber auch ein Anzeichen noch ernsterer Dinge sein. Und das wäre doch sicher auch etwas, was man wissen will, oder nicht? *Wir müssen etwas unternehmen.*

Halten Sie Ihre Gedanken im Zaum. Ziehen Sie keine voreiligen Schlüsse. Halten Sie sich an Gott und fragen Sie ihn: „Warum ist die Situation gerade so schwierig?" Die Bibel nennt uns eine Reihe von Gründen, warum wir in raue See geraten können. Jede der möglichen Ursachen verlangt nach einer *passenden Reaktion.*

Unsere persönliche Umgestaltung

Egal, was sonst noch los sein mag – Sie wissen, dass Gott Ihre Ehe benutzt, um Ihren Charakter zu formen. Sie wissen inzwischen auch, dass es Ihnen der Balken in Ihrem Auge schwer macht, irgendetwas zu erkennen. Daher ist hier der beste Ausgangspunkt, um nachzufragen, selbst wenn die Hauptursache an anderer Stelle liegen sollte.

Über zu viele Jahre unserer Ehe hinweg lebte ich (Stacy) in einer von Furcht bestimmten Haltung. Wenn John über ein Problem sprechen wollte, dachte ich immer, das bedeute etwas Schlimmes. Wenn wir die Sache ignorierten, würde sie doch vielleicht einfach verschwinden. Wenn ich um schmerzliche Themen einen Bogen machte, würde alles gut werden. Sie wissen schon: Meister im Wegschauen. Ebenso, wie ich versuchte, mir einzureden, dass heimlich gegessene Nahrungsmittel nicht ansetzen, benahm ich mich in der Ehe wie der Vogel Strauß, der den Kopf in den Sand steckt und hofft, dass die Probleme vergehen, wenn er nur nicht hinschaut.

Gott brachte mich in seiner liebevollen Art dazu, meine angstbesetzte Form der Lebensbewältigung anzuschauen. Er zeigte mir die dahinterliegenden Gründe, um mich frei zu machen.

Egal, welche Gründe es für die harten Zeiten gibt, Gott benutzt sie, um unsere Sünden aufzudecken – auch die unseres Ehepartners. Am besten ist es, wenn wir als Erstes fragen: *Herr, was willst du uns in dieser Situation zeigen? Worauf hast du es abgesehen?*

Achten Sie auf Ihre Reaktionen, Emotionen und Gedankengänge. Achten Sie darauf, zu welcher Handlungsweise Sie neigen. Es kann gut sein, dass noch andere Themen im Spiel sind – das ist meist so –, aber trotzdem ist das ein guter Ausgangspunkt: Nehmen Sie Ihren eigenen Veränderungsbedarf an.

Geistliche Auseinandersetzungen

Wir leben in dieser Welt in einer Art „Kriegszustand". Sie *müssen* auch daran denken, dass es sich bei Ihren Problemen um eine geistliche Auseinandersetzung handeln kann, sonst werden Sie mindestens die Hälfte all der Dinge, die sich in Ihrer Ehe ereignen, falsch interpretieren.

Stellen Sie sich das so vor, als würde man Benzin in ein Feuer schütten. Es mag ein reales Problem zwischen Ihnen beiden geben – unverarbeitete Wut, eine geheime Sucht, Missverständnisse. Das ist das „Feuer". Doch dann gerät die Situation völlig außer Kontrolle – wird überbewertet oder völlig verworren –, weil der Feind auf die Sache aufspringt und Ihnen etwas einflüstert, Sie provoziert oder das Ganze verzerrt. Das ist das „Benzin".

Sie werden entdecken, wie hilfreich es ist, den Feind zu kennen, wenn die Zeiten rauer werden oder Krisen eintreten. Der Feind ist vielleicht nicht der Verursacher der Situation, aber Sie können sicher sein, dass er versuchen wird, sie auszunutzen. Er tritt zu, wenn Sie ohnehin schon am Boden liegen. Verbannen Sie den Feind aus Ihrer Ehe! Schaffen Sie sich das alles vom Hals, damit Sie eine klare Sicht bekommen.

Sie werden entdecken, dass es sehr schwer wird, den Weg aus der stürmischen See zu finden, wenn Sie die geistlichen Auseinandersetzungen ignorieren.

Unsere eigene Zerbrochenheit

Eine gute Bekannte leidet seit ihrer Teenagerzeit an einer Essstörung. Ihr Mann, ein gläubiger Christ, hat lange Jahre erfolglos versucht, ihr zu helfen. „Du musst einfach disziplinierter sein, Schatz." Er ließ sie aufschreiben, was sie am Tag aß, doch sie verlor immer weiter an Gewicht. Er saß neben ihr, um sie zum Essen anzuhalten, doch das konnte sie schon gar nicht ertragen. Er wurde wütend: „Du musst endlich normal essen!"

Würden Sie jemanden, der sich den Arm gebrochen hat, auffordern, den Ärmelkanal zu durchschwimmen? Genauso wenig können Sie von gebrochenen Menschen verlangen, so zu leben, als wären sie heil und gesund.

Es hat nichts mit Disziplin zu tun; damit macht man es nur noch schlimmer. Was wir brauchen, ist Heilung. Manchmal liegt es an der Zerbrochenheit in uns oder unserem Ehepartner, wenn unsere Ehe wie ein Tollhaus ist. Doch wir schämen uns so sehr dafür, dass wir versuchen, diese Zerbrochenheit zu verbergen. Darum benutzt Gott Schwierigkeiten, um uns aus dem Versteck zu scheuchen.

Deshalb müssen wir ihn fragen: *Wo zeigt sich hier unsere Zerbrochenheit, Herr? Worum geht es?* Und eine ebenso wichtige Frage: *Wo können wir Heilung finden?*

Die Höhen und Tiefen einer Ehe

Jede Ehe hat ihre Höhen und Tiefen. Das ist einfach so.

Der nüchterne Prediger sagt, dass alles seine Zeit hat: „weinen und lachen, wehklagen und tanzen" (Prediger 3,4). Es wird Zeiten geben, in denen Sie sich ganz nah sind, und andere Zeiten, in denen Sie sich nicht weiter voneinander entfernt fühlen könnten. Und das allein aus dem Grund, dass es nun einmal so ist.

Wir mögen den Winter nicht wirklich. (Warum um alles in der Welt leben wir nur in Colorado?) Doch der Winter kommt, ob wir es mögen oder nicht. Auch Menschen haben ihre Aufs und Abs. Wenn einer von Ihnen durch sein persönliches Tal geht, hat das natürlich auch Auswirkungen auf die Ehe. Doch dabei geht es eigentlich gar nicht um die Ehe. Das ist doch ziemlich entlastend.

Doch Sie können diese Höhen und Tiefen nicht zulassen, wenn Ihre Ehe ständig „glücklich" sein muss. Dann werden Sie aus jeder Tiefzeit gleich etwas Schlimmeres machen. Man kann einen Regenschauer zum Taifun aufbauschen. Wenn Sie nicht akzeptieren können, dass Ihr Ehepartner eben seine Höhen und Tiefen durchlebt, werden Sie seine inneren Kämpfe so empfinden, als wären sie gegen Sie gerichtet, und dann haben Sie ein richtiges Problem. Das ist wie mit einer Wunde, bei der man ständig am Schorf herumpult. Lassen Sie die Finger davon und es wird von selbst heilen.

Klären Sie die Frage mit Gott: *Ist das nur ein „Tief", Herr, oder ist diese Sache ein Hinweis für etwas Ernsteres?*

Das Wesen dieser Welt

Das „Entropiegesetz der Ehe" wirkt sich folgendermaßen aus: Alle Dinge fallen automatisch auf den kleinsten gemeinsamen Nenner zurück. Wir gehen immer zu dem zurück, was am einfachsten ist.

Stacy und ich gehen gern zum Essen aus. Doch mir ist aufgefallen, dass wir in den letzten Jahren meist die Restaurants in der Nähe den entfernter liegenden oder exotischeren oder geschmacklich besseren Restaurants vorgezogen haben. Wir können durch die halbe Stadt fahren oder in das Restaurant um die Ecke gehen. Wenn wir müde sind, landen wir immer in dem um die Ecke. Nach einer Weile haben wir von den immer gleichen Burritos die Nase voll und dann bleiben wir ganz zu Hause.

Auch in Gesprächen macht sich das Entropiegesetz bemerkbar. Es entsteht so eine Art Steno-Konversation, die ein geringstmögliches Maß an Energie verlangt.

„Wie war dein Tag?"

„Gut. Und deiner?"

„Bin müde."

„Deine Mutter hat angerufen."

„Oh."

„Wo sind die Jungs?"

„Auf dem Sportplatz."

Wie oft entsteht ein Streit einfach aus dem Grund, dass beide Ehepartner müde sind? Wie häufig ist sexuelles „Desinteresse" weniger eine Frage fehlender Anziehungskraft als viel mehr eine Folge von Erschöpfung? Die Frage ist: *Warum sind wir so erschöpft?* Hat sich die Hamsterrad-Welt bei uns eingeschlichen und uns das Leben geraubt? *Jesus, gibt es an unserer Lebensführung etwas, das wir dringend ändern sollten?*

Bewährung

Es gibt eine Passage im Hebräerbrief, die wir nicht sonderlich mögen.

„Obwohl er Gottes Sohn war" – hier ist von Jesus Christus die Rede –, „hat er zunächst durch das, was er durchmachen musste, Gehorsam gelernt" (Hebräer 5,8).

Peng. Wenn sogar *Jesus* durch Leiden lernen musste, bleibt wohl nicht allzu viel Raum für Beschwerden, oder? Wie sollten wir diese Lektion überspringen, wenn sogar er sie lernen musste? Leid ist offensichtlich ein Teil unserer Erziehung als Kinder Gottes.

Das soll *nicht* heißen, dass alles Schlechte, das Ihnen widerfährt, eine Strafe Gottes wäre. Es bedeutet nicht, dass Ehekrisen eine Art Vergeltung für vergangene Sünden wären. Das ist ein völlig verkorkstes Verständnis von Theologie, das schon vielen Menschen geschadet hat.

Als eine Freundin einmal unter einer schlimmen Erkältung litt, sagte sie: „Ich hoffe sehr, dass ich bald lerne, was Gott mir damit sagen will, damit ich das überwinden kann." Ich wollte nicht unfreundlich sein, deshalb hielt ich den Mund. Aber innerlich dachte ich: *Du denkst, dass Gott dich krank gemacht hat?! Es gibt noch andere Ursachen für Krankheiten auf dieser Welt. Viren zum Beispiel.*

Wir leben in einer zerbrochenen Welt, und zu einem Leben jenseits von Eden gehören Krankheiten, Unfälle und Verletzungen nun einmal dazu. Auch gibt es in dieser Welt viele üble Einflüsse, die eine Menge Unheil anrichten. Die Sünde der Menschen allein würde schon ausreichen, um das ganze Schiff zu versenken. Mischen Sie all diese Zutaten zusammen und Sie bekommen jede Menge Gründe, warum Menschen leiden. Sie sollten nicht meinen, dass alles Schlechte, was geschieht, eine Strafe Gottes ist.

Dallas Willard ermahnt uns: *Was wir durch Jesus über Gott erfahren, sollte uns zeigen, dass das Leid und die „schlimmen Dinge", die uns widerfahren, nicht zur bevorzugten Art des Vaters gehören, mit uns umzugehen. Manchmal sind sie vielleicht nötig, doch sie sind niemals die Mittel, die er – alles in allem – bevorzugt.*

Nicht sein *bevorzugtes Mittel* – vergessen Sie das bitte nicht!

Auch wenn er uns Leiden schickt, erbarmt er sich doch wieder über uns, weil seine Liebe so reich und groß ist. Es macht ihm selbst keine Freude, seinen Kindern Schmerz und Kummer zu bereiten.
Klagelieder 3,32–33

Nachdem das geklärt wäre, müssen wir aber doch die Tatsache anerkennen, dass Leid ein ungeheuer wirkungsvoller Lehrmeister ist. Nichts erregt unsere Aufmerksamkeit effektiver als Schmerz. Doch die gute Nachricht ist, dass Leid auch einen sehr positiven Effekt auf uns hat:

Mehr noch: Wir rühmen uns sogar der Leiden, die wir für Christus auf uns nehmen müssen. Denn wir wissen: Durch Leiden lernen wir Geduld, durch Geduld kommt es zur Bewährung, durch Bewährung festigt sich die Hoffnung. Unsere Hoffnung aber wird uns nicht enttäuschen. Denn dass Gott uns liebt, ist uns unumstößlich gewiss. Seine Liebe ist ja in unsere Herzen ausgegossen durch den Heiligen Geist, den er uns geschenkt hat.
Römer 5,3–5

Hoffnung ist die Frucht eines geprüften Charakters, und der Charakter wird geprüft, wenn wir in schweren Zeiten standhaft bleiben.

Manchmal sind harte Zeiten einfach gut für uns.

„Eine Neurose", so sagt C. G. Jung, „ist immer ein Ersatz für legitimes Leid." Es gibt tatsächlich so etwas wie legitimes Leid. Es gibt bestimmte Dinge im Zusammenhang mit Gott, die wir nie begreifen werden, solange wir keine harten Zeiten durchmachen. Auch über uns selbst würden wir sonst so manches nicht erkennen.

Daher ist es hilfreich, wenn wir Gott fragen: *Vater, kommt das aus deiner Hand? Handelt es sich hier um etwas, von dem du möchtest, dass ich es ertrage?*

Stützende Gemeinschaft

Die Zeiten sind heute hart für eine Ehe. Bei den meisten Leuten leben die nächsten Verwandten heutzutage weit weg. Gemeinschaft scheint eine Institution der Vergangenheit zu sein, und die Kirche verliert offenbar immer mehr an Bedeutung (ob das nun stimmt oder nicht, sei dahingestellt). Wir sind alle so beschäftigt, dass wir für tiefe Beziehungen so gut wie keine Zeit mehr haben. Das gilt insbesondere für die Paarbeziehung. So sind wir zunehmend isoliert.

Und das ist gefährlich.

Keine Ehe überlebt allein. Wir brauchen die liebevolle Unterstützung anderer. In den vergangenen 25 Jahren gehörten Stacy und ich meist zu irgendeiner Kleingruppe. Es ist ungeheuer wohltuend, Freunde zu haben, die mitfühlen, mitbeten und uns helfen, die schweren Zeiten zu überstehen. John Donne hätte das Wort „Mensch" auch gut durch das Wort „Ehe" ersetzen können: „Keine Ehe ist eine Insel."

Fällen Sie schwerwiegende Entscheidungen nicht allein – allen voran die Entscheidung, den Partner zu verlassen oder die Ehe zu beenden. Holen Sie sich Rat und eine gesunde Einschätzung von Freunden, die Ihre Ehe gut kennen, von Ihrem Pastor oder Pfarrer, von einem Seelsorger oder von anderen Menschen, die eng mit Gott verbunden sind. Sie brauchen die Sicht anderer auf Ihre Ehe. Sie brauchen andere Ehepaare.

Wie wäre es, wenn Sie ein paar Ehepaare zu sich einladen und gemeinsam dieses Buch lesen und über einige Punkte daraus sprechen würden? Das würde bestehende Freundschaften vertiefen und außerdem die Tür für neue öffnen! Darüber hinaus würde es Ihnen und Ihrem Ehepartner die Möglichkeit eröffnen, diese Themen in einem liebevollen und unterstützenden Umfeld zu diskutieren.

Die Liebe gibt niemals auf

Einer der härtesten Tage meines (Johns) Lebens sollte sich als einer der heilsamsten für unsere Ehe erweisen. Es war in der Zeit, als ich Therapeutische Seelsorge studierte. Der Lehrplan verlangte, dass man auch selbst an Therapiesitzungen teilnahm. (Diese Anforderung ist sehr gut! Studiengänge, die das nicht vorsehen, begehen so etwas wie einen Kunstfehler.) Wir mussten nicht nur wöchentlich einen der Seelsorger aus dem Team besuchen, wir hatten auch „Gruppentherapie". Dabei sollten wir zum einen lernen, wie man mit Therapiegruppen arbeiten kann, zum anderen sollten wir sie selbst erleben.

Die Sitzung verlief so, dass nacheinander jeder „seine Geschichte erzählte". Dann fragte der leitende Dozent die Zuhörer: „Nun, was habt ihr gehört?" Und das hieß im Grunde: „Zieht die Masken runter. Wo ist dieser Mensch kaputt?"

Nachdem ich meine Geschichte beendet hatte, stellten ein paar Studenten ergänzende Fragen, und dann kam die berüchtigte Frage des Dozenten. Das Feedback, das ich bekam, lautete fast einhellig: „Wir trauen dir nicht." *Ihr traut mir nicht?!* Ich fühlte mich verletzt und wütend. Sie hakten nach: „Du versteckst dein wahres Ich. Wir würden dir als Seelsorger nicht einen Augenblick lang vertrauen." Ich war sprachlos. Wovon redeten die?

Ich hatte mich an meinen Lebensstil bereits so gewöhnt, dass ich gar nicht bemerkte, wie er auf andere wirkte. Die Gruppe enthüllte an jenem Tag meinen Perfektionismus, meine Abwehrhaltung und meine feste Entschlossenheit, keinen Menschen zu brauchen. Sie vertrauten mir nicht, weil ich ihnen nicht vertraute. Und auch keinem anderen Menschen. Es war eine sehr schmerzhafte Erfahrung. Ich stand da wie der berühmte Kaiser ohne Kleider – splitterfasernackt. Doch das setzte einen Veränderungsprozess in Gang, und niemand hat von diesem Segen mehr profitiert als Stacy. Es ist traurig, das sagen zu müssen, doch ich hatte all ihre Versuche, mir mitzuteilen, welche Wirkung ich auf sie hatte, nie richtig gehört. Und dann brachte mich Gott in diesen Studiengang, sozusagen als letzte Möglichkeit, um an mich heranzukommen.

Sie müssen die Verantwortung für *Ihre* Probleme übernehmen, wenn Sie die Verantwortung für Ihre Ehe übernehmen wollen. Außerdem müssen Sie darauf bestehen, dass Ihr Ehepartner sich seinen Problemen stellt.

Ich (Stacy) war letztes Jahr wirklich wütend. Es war sehr klug von John, mir vorzuschlagen, wegen dieser Wut seelsorgerliche Hilfe in Anspruch zu nehmen. Er musste da gar nicht beharrlich sein, denn ich *wollte* ja Hilfe. Doch wenn ich nicht gewollt hätte, wäre es trotzdem richtig gewesen, wenn er darauf beharrt hätte. Das Gleiche gilt umgekehrt für John. Wenn er zum Beispiel nicht auf Gottes Anstoß reagiert hätte, das Glas Alkohol am Abend sein zu lassen, hätte ich die nächste Phase einleiten müssen: „Du musst dich mit diesem Problem befassen."

Jahrelang dachten wir beide, es sei liebevoll, die Probleme des Ehepartners zu ignorieren. Seien wir ehrlich, wir sind doch alle irgendwie Wracks. Wir haben meist mehr als nur einen Balken im Auge. Manchmal fühlt es sich an wie ein ganzes Blockhaus. Wer bin ich schon, dass ich John seine Fehler vorhalten dürfte? Doch dann las ich den betreffenden Vers noch einmal durch: Wir nehmen zuerst den Balken aus unserem Auge, *damit wir dann unserem Ehepartner helfen können*, den Splitter aus seinem Auge zu entfernen. Wir sehen über die kleinen Marotten des anderen hinweg. Wir vergeben ihm, wenn er uns verletzt hat. Doch das bedeutet nicht, dass wir blind sind für die Dinge, die unserem Ehepartner oder unserer Ehe oder den Kindern letztlich schaden. Gott tut das jedenfalls nicht.

Es ist nicht liebevoll, wenn Sie über die Sünden, die Zerbrochenheit oder die Unreife Ihres Ehepartners hinwegsehen. Es ist nicht liebevoll, wenn Sie zulassen, dass etwas, das falsch ist, immer so weitergeht.

Das ist nicht richtig! Um die Wahrheit zu sagen, es ist sogar ein Mangel an Liebe, der solche Dinge über Jahre schleifen lässt. Wenn Sie sich von Ihren Ängsten davon abhalten lassen, Ihren Ehepartner auf etwas anzusprechen, ist das eine schlechte Form von Selbstschutz oder Gleichgültigkeit. Gott liebt so lange, bis der, den er liebt, rein ist. George MacDonald hat gesagt:

Die Liebe liebt bis zur Reinheit. Die Liebe hat immer die vollkommene Liebenswürdigkeit dessen im Blick, den sie umfängt. Darum muss alles an dem Geliebten, was nicht schön ist, alles was sich dazwischenstellt und nicht dem Wesen der Liebe entspricht, zerstört werden. Und unser Gott ist ein verzehrendes Feuer.

*

Eine Freundin von uns steckte in einem Dilemma. Ihr Ehemann verlor immer häufiger die Beherrschung und verhielt sich ihr gegenüber wütend und verletzend. Er rastete wegen Kleinigkeiten aus und bedachte sie mit üblen Schimpfwörtern. Sie bat ihn, einen Therapeuten aufzusuchen. Er weigerte sich, und sie zog aus. Sie wollte sich nicht von ihm trennen, aber sie spielte mit hohem Einsatz. Es war ein sehr harter Schritt. Sie musste sich finanziell selbst versorgen und war auf einmal ganz allein. Die Leute in ihrer Gemeinde verstanden sie nicht und hießen ihre Entscheidung nicht gut. Doch es ist nicht liebevoll, wenn man zulässt, dass der Ehepartner in einem schädlichen Verhalten verharrt. Wütend verlangte ihr Mann, dass sie wieder nach Hause kommen sollte. „Ich werde nach Hause kommen", antwortete sie, „wenn du eine Therapie machst."

Wir wünschten sehr, diese Geschichte hätte ein glückliches Ende.

Doch er weigerte sich und fuhr fort, sie zu beschimpfen und ihr zu drohen. Sie bot ihm an, mit ihm gemeinsam zum Therapeuten zu gehen. Auch das verweigerte er. Stattdessen brachte er seinen Pastor dazu, ihm darin zuzustimmen, dass er als Ehemann das Recht habe, von seiner Frau zu verlangen, dass sie nach Hause zurückkehrte. (Um fair zu bleiben: Ich glaube nicht, dass der Pastor die ganze Geschichte kannte, sondern nur die Seite des Ehemannes.) Schließlich reichte dieser zornige, nicht zur Umkehr bereite Ehemann die Scheidung ein.

Man kann Menschen nicht zwingen, mit Gott zu leben. Man kann sie auch nicht zur Umkehr zwingen. Das Einzige, was wir tun können, ist, selbst integer zu leben und den anderen einzuladen, es ebenso zu tun.

Gehen Sie schrittweise vor. Lassen Sie den anderen die Konsequenzen spüren, die seine Weigerung, ernste Probleme anzugehen, hat. Und beten Sie! Beten Sie um Himmels willen. Bereiten Sie jeden Schritt im Gebet vor. *Ist jetzt der richtige Zeitpunkt, um dieses Thema anzusprechen, Herr? Gib mir die richtigen Worte. Wie kann ich die Konsequenzen dieses Fehlverhaltens spürbar werden lassen? Wann ist der richtige Zeitpunkt gekommen?* Bitten Sie auch Freunde, mit Ihnen zu beten.

Nun gibt es Dinge, bei denen Sie auf einer sofortigen Abhilfe bestehen sollten. Sie dürfen verlangen, dass Ihr Ehepartner *sofort* aufhört, sie anzuschreien. Es ist nicht „normal", wenn Mann und Frau sich gegenseitig anbrüllen. Suchen Sie auch keinerlei Entschuldigungen für körperliche Gewalt – weder Ihnen noch Ihren Kindern gegenüber. „Aber er sagt doch jedes Mal, dass es ihm leidtut." Das mag ja sein, aber trotzdem werden Menschen verletzt, und es kommt zu keiner Veränderung. Nehmen Sie Ihre Kinder, und ziehen Sie an einen sicheren Ort, bis Ihr Mann sein Aggressionsproblem angeht!

Gibt es Hoffnung?

Bei diesem Kapitel überkommt uns eine gewisse Demut. Wir haben das Gefühl, wir sollten jetzt (wie Mose am Dornbusch) „die Schuhe ausziehen". Wir haben zwar harte Zeiten erlebt, und das nicht zu knapp, aber sie verblassen im Vergleich zu den Nöten, die manche unserer besten Freunde durchmachen mussten. Darum haben wir uns an diese Freunde gewandt und gefragt: „Was habt ihr dabei gelernt?"

David und Meg waren seit 8 Jahren verheiratet. John hatte damals die

Trauzeremonie gehalten. Im vergangenen Frühjahr verschlechterte sich Megs mentales und emotionales Wohlbefinden rasant. „Ich befand mich in einem Zustand ständiger Angst und Depression“, erklärte sie. „Unser Alltag bog sich geradezu unter dieser gewaltigen Last.“ Ein dunkles Tal voller ungelöster Geheimnisse. Was kann helfen? Therapie? Medikamente? Ein Wunder? Sie probierten alles, doch Megs Zustand verschlechterte sich zusehends. Sie fühlten sich beide „erschöpft, verwirrt und traurig“. Um die Unterstützung ihrer Eltern in Anspruch nehmen zu können und um eine Behandlung zu ermöglichen, zogen sie zurück an die Ostküste.

Als sie drei Monate später nach Colorado zurückkehrten, taten sie dies „in der vagen Hoffnung, unser gemeinsames Leben wieder aufbauen zu können. Wir erkannten, dass unser Versuch herauszufinden, was nicht stimmte, in vielerlei Hinsicht am Wesentlichen vorbeigegangen war. Der Punkt ist, dass ein Verlust etwas Reales ist. Verluste brechen uns das Herz. Und die Frage, mit der wir zu kämpfen haben, wenn das Leben tonnenschwer über uns zusammenbricht, ist, woher wir die Kraft beziehen, um weiterzuleben. Wie viel Wiederherstellung ist für eine Ehe möglich?“

Das ist eine Frage, die viele Ehepaare stellen.

Vergangenen Monat besuchten David und Meg die Hochzeit eines guten Freundes. Sie hörten die Worte: „Ich will dich ehren und achten, solange ich lebe, in Wohlstand und in Armut, in Krankheit und in Gesundheit, in guten wie in schlechten Tagen.“ Später sagte Meg: „Wir erkannten, dass es in vielen Momenten unser Eheversprechen gewesen war, das uns davon abgehalten hatte, das sinkende Schiff zu verlassen. Auch wenn unsere Umstände ganz persönlicher Natur waren, war die Erfahrung von Krankheit und von „schlechten Tagen“ doch etwas, das sich seit Jahrhunderten in diesem Versprechen widerspiegelt. Und wir hatten uns mit unserem Wort dazu verpflichtet. Langsam kommen wir von dem kalten Atemhauch des Todes und der Verzweiflung los und haben neu die Hoffnung gefunden, dass Liebe und Erlösung mächtiger sind als unsere eigenen Entscheidungen und Zerbrochenheiten. Die Hoffnung, dass es inmitten all der Scherben und verloren gegangenen Träume doch einen handelnden, liebevollen und gnädigen Schöpfer gibt, der uns beharrlich zu der Hoffnung einlädt, dass ein Leben, eine Familie, ja selbst die Erinnerung wahrhaftig wiederhergestellt werden kann."

Ihre Entscheidung, einander zu lieben und umeinander und um die Wiederherstellung ihrer Ehe zu kämpfen, macht uns sprachlos. Langsam, aber umso sicherer bessert sich Megs Zustand.

Erlösung

Erinnern Sie sich noch an Mary, von der wir zu Beginn dieses Kapitels berichtet haben? Obwohl ihre Ehe schwierig und eine ständige Quelle für Leid war, blieb Mary ihrem Gott und dem Versprechen, das sie ihrem Mann Bill gegeben hatte, treu. Sie kämpfte für ihren Mann und ihre Ehe. Sie betete viel und bekniete Gott unter Tränen in der Abgeschiedenheit ihres Schlafzimmers, ihr zu helfen. Sie suchte Gottes Rat und er antwortete ihr. Nach 16 Jahren ehelicher Auseinandersetzung und unsagbaren Leids erlöste Gott ihren Mann. Es kam der Tag, an dem Bill genug Kraft, Willen, Sehnsucht und Gnade zusammenraffte, um zu beschließen: „Schluss damit. Ich entscheide mich für Gott und für dich."

Das war vor zwei Jahren.

Mary ist eine wirkliche Gebetskämpferin. Ihr Herz ist weit und ihre Gebete kraftvoll und oft von Tränen begleitet. Sie ist eine Frau mit viel Mitgefühl und Barmherzigkeit, die *Gott wirklich kennt.* In ihrem Herzen trägt sie eine so starke Ahnung davon, wie Gott ist, dass man gern in ihrer Gegenwart ist und sich von ihr inspirieren lässt. Das Leben, das sie heute mit Gott verbindet, wurde unter Schmerzen geboren. Das zeigt sich auch in einer buchstäblich vom Tod auferstandenen Ehe – in einer von Hoffnung, Vergebung und Lachen erfüllten Ehe.

Nicht in jeder Ehe dauert es 16 Jahre, bis der Durchbruch kommt, und um ehrlich zu sein, nicht jede Ehe lässt sich retten. Aber ich erzähle Ihnen von Mary, weil ich beim Zusammensein mit ihr merke, dass ich es mit einer Frau nach Gottes Herzen zu tun habe. Ihr ganzes Leben, ihre tiefe Hingabe an Gott, ihre Liebe und ihre Ehe, die schließlich doch noch Heil erlebte – all das sind Früchte der unzähligen kleinen Entscheidungen dieser Frau, Gott zu gehorchen und zu lieben. Und das war es in jeder

Hinsicht wert. Selbst wenn ihr Mann niemals umgekehrt wäre, wäre es das alles trotzdem wert gewesen.

Fangen Sie mit den Grundwahrheiten an

Jesus berichtet uns von zwei verschiedenen Gebäuden und ihrer Widerstandskraft gegen den Sturm:

Wer diese meine Worte hört und sich nach ihnen richtet, wird am Ende dastehen wie ein kluger Mann, der sein Haus auf felsigen Grund baute. Als dann die Regenflut kam, die Flüsse über die Ufer traten und der Sturm tobte und an dem Haus rüttelte, stürzte es nicht ein, weil es auf Fels gebaut war. Wer dagegen diese meine Worte hört und sich nicht nach ihnen richtet, wird am Ende wie ein Dummkopf dastehen, der sein Haus auf Sand baute. Als dann die Regenflut kam, die Flüsse über die Ufer traten, der Sturm tobte und an dem Haus rüttelte, fiel es in sich zusammen und alles lag in Trümmern.
MATTHÄUS 7,24–27

Die Stürme werden kommen, so viel steht fest. Sie brauchen einen Platz, an dem Sie sicher stehen können. Sie brauchen ein festes Fundament unter Ihren Füßen. Wenn Sturm aufkommt und die Flut steigt – und sei es nur in Ihrem Innern –, ist es aus unserer Sicht sehr hilfreich, wenn man sich an einige Grundwahrheiten hält:

Ich bin geliebt – zutiefst und wahrhaft geliebt.

Ich habe nie aufgehört, dich zu lieben. Ich bin dir treu wie am ersten Tag.
JEREMIA 31,3

Würde man all das Leid der Welt sammeln und je nach Ursache in verschiedene Becken fließen lassen, so würde die Mehrzahl der Tränen einen wahren Ozean bilden, und an diesem Becken stünde: „Ungeliebt". Denn geliebt zu werden, ist die tiefste Sehnsucht des Menschen – egal, wie sehr wir uns bemühen vorzugeben, es wäre nicht so. Wenn unsere

Ehe uns Schmerzen bereitet, beinhalten die Pfeile, die unser Herz durchbohren, immer auch die Botschaft: *Du bist nicht geliebt.* Die einzelnen Pfeile mögen anders heißen – Ablehnung, Wut, Verrat, Anschuldigungen oder Schweigen. Doch die Botschaft ist immer die gleiche: *Du bist nicht mehr geliebt und eigentlich warst du es noch nie.*

Wir müssen unser Herz daher in der einen Liebe verankern, die uns ganz sicher ist. Sie sind heute geliebt, so wie Sie es schon immer waren und immer sein werden. Vielleicht hilft es Ihnen, wenn Sie sich das immer wieder sagen – jeden Tag oder auch jede Stunde. Das ist das Boot, das Ihr Herz über das Meer des Schmerzes in den sicheren Hafen Gottes leitet.

Ich bin geborgen und sicher – zutiefst und wahrhaft geborgen.

Niemand kann [dich] mir aus den Händen reißen, weil niemand [dich] aus den Händen meines Vaters reißen kann.

JOHANNES 10,28–29

Mit der Heirat haben wir alle unserem Ehepartner einen Teil von uns selbst gegeben. Wir wurden eins – auf eine tiefe und beinahe mystische Weise. Darum fühlen sich Witwen und Witwer oft so, als hätten sie *einen Teil von sich selbst verloren.* Darum kann es uns so scheinen, als ginge es um unsere eigene Seele, wenn es in der Ehe hart auf hart kommt, wenn wir Leid und Distanz erleben und alles andere als eins sind. Doch Sie haben einen sicheren Ort, wenn Sie wissen, dass Sie zu Gott gehören.

Mir wurde vergeben – ganz und gar vergeben.

Er hat uns unsere ganze Schuld vergeben.

KOLOSSER 2,13

Wir gehen davon aus, dass Sie jemand sind, dem die eigene Ehe am Herzen liegt. Schließlich lesen Sie ja dieses Buch, und wenn es nicht so wäre, hätten Sie nicht bis zum 10. Kapitel durchgehalten. Nun gut, dann ist es vermutlich auch zulässig anzunehmen, dass Sie dazu neigen, die Schuld bei sich selbst zu sehen. Sie sind vermutlich jemand, der sich seiner Unzulänglichkeiten in der Ehe bewusst ist. Daraus folgt in der Regel auch, dass Sie sich selbst manchmal schlechtmachen. Ja sicher, Sie haben Ihren Anteil an dem ganzen Schlamassel. Aber Sie können und sollten das Gott bringen und sich von ihm vergeben lassen. Sonst hängt Ihnen Ihr Versagen wie ein Mühlstein um den Hals. Alles wurde vergeben. *Ihnen* wurde vergeben.

Gott ist mit mir – er wird mich niemals verlassen.

Niemals werde ich dir meine Hilfe entziehen, nie dich im Stich lassen.
HEBRÄER 13,5

Angst, Befürchtungen, Unsicherheit, Panik – all das bringt nichts Gutes. Absolut nichts! Oft richtet sich die Angst auf eine ungewisse Zukunft: *Werden wir es schaffen? Was wird aus mir werden? Was soll aus den Kindern werden?* Davon sollten Sie sich lösen, so schnell es geht! Sie sind sicher und geborgen. Gott wird Sie nicht verlassen. Sie werden emotional, finanziell und körperlich versorgt sein. Beruhigen Sie sich!

Wenn es in der Ehe hart auf hart kommt, kann es uns so scheinen, als würden die Fundamente unseres Lebens wackeln. Es ist gut, sich daran zu erinnern, dass das Fundament unseres Lebens feststeht, weil es auf dem beruht, was Jesus Christus für uns getan hat. Es gibt ein paar Dinge, die behalten ihre Gültigkeit – für immer und für alle Kinder Gottes, egal, was auch geschieht. Es tut unendlich gut, wenn Sie in diesen Wahrheiten zur Ruhe finden:

Ich bin geliebt.
Ich bin geborgen und sicher.
Mir wurde vergeben.
Gott ist mit mir.

Schreiben Sie sich diese Sätze auf, und haben Sie sie griffbereit, wenn die Stürme kommen. Kleben Sie sie in Ihren Kalender oder an den Badezimmerspiegel.

Denn die Stürme *werden* kommen. Der Wind wird heulen und die Flut wird anschwellen. Und Jesus, der in der Lage ist, jeden Sturm zu stillen, wird Ihnen jetzt und in alle Ewigkeit beistehen.

Kapitel 11

Ein Kapitel über Sex

Trinkt und werdet trunken von Liebe!
HOHELIED 5,1 (LUTHER)

Als wir die grobe Struktur dieses Buches entwickelten, war uns klar, dass wir auch ein Kapitel über all die Fragen schreiben wollten, die mit Sex zu tun haben. Doch jetzt, wo wir an diesem Punkt angekommen sind, kommen uns Bedenken: *Herr, wir wollen ein Kapitel über Sex schreiben. Was in aller Welt sollen wir sagen? Welche Geschichten sollen wir erzählen?*

So beschlossen wir, das Kapitel auf drei Aussagen zu begrenzen:

Sie brauchen Sex – und zwar oft. In einer Weise, die Ihnen beiden Freude bereitet – immense Freude. Wenn das nicht der Fall ist, müssen Sie der Frage nachgehen, warum es nicht so ist. Eben weil Sie Sex brauchen – und zwar oft. In einer Weise, die Ihnen beiden Freude bereitet – immense Freude.

Das ist ein wenig scherzhaft gemeint. Aber warum haben wir dieses Bedürfnis, lustig zu sein? Warum macht uns alle dieses Wort allein so nervös? Was macht Sex zu einem Thema, bei dem wir uns so unbehaglich fühlen? Warum ist es eine dieser klassischen „Sperrzonen" – selbst unter Ehepaaren, die schon jahrelang verheiratet sind? (Reden Sie beide über Ihr Sexleben? Können Sie entspannt darüber sprechen?) Hat das nicht vielleicht damit zu tun, dass dieses Thema die Frage berührt, wer wir sind und wie es uns als Mann oder Frau geht? Hat es nicht damit zu tun, dass die Nacktheit beim Sex weit mehr betrifft als nur die körperliche Ebene?

Im ersten Buch Mose heißt es: „Die beiden [Adam und Eva] waren nackt, aber sie schämten sich nicht voreinander" (1. Mose 2,25). Das haut mich um! Hier wird eine tiefe Selbstvergessenheit beschrieben, eine totale Freiheit im Umgang mit dem eigenen Körper und mit dem Körper des anderen, eine beneidenswerte Freiheit im Umgang mit der eigenen Sexualität und mit der eigenen Person. Was wäre, wenn wir dahin zurückkehren könnten?!

Neulich hörte ich zufällig das Gespräch zwischen zwei Ehepaaren mit – beides Paare, deren Nest inzwischen leer ist. Sie sprachen darüber, wie es ist, wenn die Kinder aus dem Haus sind:

„Es ist toll. Wir haben viel mehr Zeit, um in der Bibel zu lesen", meinte eines der Paare.

In der Bibel lesen?! Seid ihr von Sinnen?

„Wir haben endlich die Möglichkeit, nackt im Haus herumzulaufen und miteinander zu schlafen, wann immer uns danach ist!", antwortete das andere Paar.

Eines dieser beiden Paare ist dem Paradies viel näher als das andere. Und das ist nicht das Ehepaar mit der Konkordanz auf dem Nachttisch!

Menschen, die sich nicht so gut in der Bibel auskennen, sind in der Regel überrascht, wie häufig darin von Sex die Rede ist, und das mit, sagen wir mal, viel Enthusiasmus. Die strengen Gebote sind nur die eine Seite des Gesamtbildes. Und sie werden auch nicht mit dieser Haltung ausgesprochen: „Am besten wäre es, wenn ihr euch von dem ganzen Kram fernhaltet!", sondern eher als eine Art abschließende Lagebesprechung, bevor die neuen Rekruten sich mit ihrem Fallschirm aus dem Flugzeug stürzen. Die Gebote dienen alle unserem Schutz. Sie entspringen der Überzeugung, dass Sex etwas Wildes und Kraftvolles ist und dass der Sturz aus dem Flugzeug herrlich und gefährlich ist.

Drei Dinge kann ich nicht erklären und das vierte ist mir erst recht ein Geheimnis: der Flug des Adlers am Himmel, das Gleiten der Schlange über eine Felsplatte, die Fahrt des Schiffes auf weglosem Meer und der unwiderstehliche Drang des Mannes zu einer Frau.
SPRÜCHE 30,18–19

Lesen Sie den Text noch einmal. Der Verfasser versucht, das Geheimnis von Sex zu ergründen, und benutzt dafür die Sprache der Poesie. (Das ist vermutlich auch die einzig mögliche Sprache, um über Sex zu reden – ganz ohne technische Anleitungen.) Sind Ihnen die Bezüge aufgefallen? Ein Adler am Himmel – hoch oben in den Lüften kreist er schwerelos dahin. Sex ist etwas, das uns in höhere Sphären erhebt. Sex hilft uns, uns über die leidigen kleinen Füchse zu erheben. Ja, es ist sogar so, dass wir guten Sex nur dann erleben können, wenn wir in der Liebe zum anderen über uns selbst hinauswachsen. Und das gehört zu den großartigsten Geschenken überhaupt: frei zu sein von der ständigen Selbstbeobachtung, die uns Menschen plagt – und sei es nur für einen Augenblick. Sex sollte Sie über sich selbst hinausheben; er sollte Sie wie einen Adler in die Lüfte tragen.

Eine Schlange wärmt sich normalerweise auf einer Felsplatte. Sie nimmt die Sonnenstrahlen und die vom Untergrund abstrahlende Wärme in sich auf. Hier führt uns das Gedicht vom Himmel zur Erde zurück. Sex ist heiß und feucht. Oft liegen Stacy und ich zusammen und erwärmen uns buchstäblich für den Körper des anderen und für das, was wir da tun. Wenn die Schlange sich weiterbewegt, bewegt sie sich geschmeidig und in sanften Schwüngen.

Als Nächstes benutzt der Verfasser das Bild eines Schiffs auf hoher See. Mann, diese Jungs aus der Bibel haben es genau getroffen – Sex schlägt hohe Wellen. Sex ist wie ein Schiff, das von einem tosenden Orkan mitgerissen wird. Das Wasser prasselt auf das Deck und alle an Bord müssen sich gut festhalten. Es soll so sein, dass wir vom Sex richtig verschlungen und von seiner Kraft und Herrlichkeit mitgerissen werden. Es gibt eigentlich keinen „Safer Sex" – man kann ihn nicht kontrollieren, und eigentlich will man das auch gar nicht (auch wenn wir es aus Angst und

Verletzungen heraus oft versuchen). Die tosende Kraft, die die körperliche Vereinigung zweier Menschen besitzt, sollte uns demütig machen und uns größten Respekt einflößen, damit wir wie Seeleute werden, die zumindest versuchen, den Sturm zu verstehen und ihre Segel entsprechend zu trimmen und den Bug auszurichten, um das Beste aus diesem wilden Ritt zu machen. Wer leichtfertig oder dumm mit Sex umgeht, riskiert Leib und Leben. (An diesem Punkt kommen die strengen Gebote ins Spiel.) Doch wenn der Sturm vorüber ist, empfinden wir so etwas wie Ehrfurcht, ja sogar Anbetung.

Gott hat den Körper und das Herz von uns Menschen so geformt, dass wir Leidenschaft und Ekstase erleben können, wenn wir ganz und gar in der Liebe zu einem anderen Menschen aufgehen. Da ist etwas Übernatürliches, etwas zutiefst Irdisches und gleichzeitig auch Himmlisches. Sex ist ein Geschenk Gottes, das uns Freude bereiten soll. Das sollte auch unser Bild von Gott verändern – Freude ist ihm ein echtes Anliegen!

Im Zentrum des Hohelieds, in dem die Liebenden wirklich mit Vollgas rangehen, spricht Gott zu ihnen. Seine Worte lauten: „Trinkt und werdet trunken von Liebe!“ (5,1; Luther). Werdet *trunken!* Wollen wir mal sehen, ob wir den Weg dahin zurückfinden.

Sex – von ganzem Herzen

Jeder Teenager weiß, dass man Sex auch außerhalb der Ehe haben kann. Sie können auch außerhalb der Ehe Orgasmen und Ekstase erleben – eine Weile lang.

Doch die Ehe ist der Schutzraum, den Gott für den Sex geschaffen hat. Nur dort, in diesem Zufluchtsort einer durch ein gegenseitiges, öffentliches Versprechen geschützten Liebe, werden Sie Sex in Vollendung erleben. Und das lebenslang. Das Zusammentreffen zweier Körper im Feuerwerk der Sinne ist als Fest gedacht – der Höhepunkt einer Beziehung zwischen zwei Herzen und zwei Seelen, die bereits außerhalb des Schlafzimmers zusammengefunden haben und es nun kaum erwarten können, ihre Vertrautheit zu vertiefen, so weit es nur geht. „Ich *will* dich", das sagt alles – zwei Menschen wollen einander mit Haut und Haaren. Diese Leidenschaft entspringt der Seele, und die ersten Tanzschritte dieser Symphonie finden statt, lange bevor vier nackte Beine sich im Bett ineinander verschlingen.

Fangen wir also an dieser Stelle an:

Der beste Sex ist der, bei dem Liebe im Spiel ist.

Sich ohne Liebe einem anderen Menschen hinzugeben, grenzt an Prostitution. Sex ohne Liebe zu verlangen, ist Missbrauch. Wir sprechen schließlich davon, dass zwei Herzen ineinander verschlingen, wenn die beiden Körper eins werden. Je mehr Ihnen das bewusst ist, umso besser wird es laufen.

Und darum schuf Gott die Frau. Sie lässt sich durch eine tiefe Beziehung erregen, durch sanfte Worte und dadurch, dass der Mann ihr seine Stärke bereits weit außerhalb des Schlafzimmers und lange vor dem Sex anbietet. (Daher auch das Sprichwort: „Sex beginnt in der Küche", das meist so missverstanden wird, dass man es nicht nur im Bett, sondern auch in der Küche treibt. Tut mir leid, Jungs, aber der Boden wäre ohnehin ziemlich kalt. Hier geht es darum, um ihr Herz zu werben.) Damit eine Frau sich ganz ihrem Mann hingeben kann – was richtig gutem Sex entspricht, wie er eigentlich gedacht ist –, muss er ihr Herz gewonnen haben und immer wieder neu gewinnen, und sei es nur auf ganz unscheinbare und simple Weise. Damit die Frau in die Lage versetzt wird, sich selbst völlig zu vergessen – was für ihren Orgasmus fast immer wesentlich ist –, muss der Mann dafür sorgen, dass die Beziehung stimmt.

Wie wunderbar von Gott, dass er das so eingerichtet hat. Das ist total faszinierend. Es gibt keine Abkürzung. Sex ist ganz und gar als Höhepunkt aller Intimität gedacht.

Bei mir waren schon viele Frauen in der Seelsorge, die mir sagten: „Ich überlasse ihm meinen Körper, aber nicht meine Seele." Der Grund dafür ist, dass er sich noch nicht das Recht erworben hat, in ihre Seele einzudringen, und – wie ich meine – damit auch nicht das Recht hat, in ihren Körper einzudringen. Wenn eine Frau sich einem Mann öffnet, ist das ein Akt erstaunlicher Verletzlichkeit. Diese einladende Offenheit kann man nur durch Liebe und Vertrauen bekommen. Darum hat Gott es so eingerichtet, dass wirklich guter Sex Liebe und Vertrauen außerhalb des Bettes verlangt. Das entspricht zutiefst dem Charakter Gottes. Es funktioniert einfach nicht, Gott um seinen Segen für unsere Anliegen zu bitten, wenn wir nicht in einer Beziehung zu ihm leben. Seine Geschenke sind für die Menschen da, die ihn lieben und auch entsprechend *leben.*

Genauso ist es bei einer Frau.

Da wir gerade von Eva reden, ist Ihnen aufgefallen, dass Gott ihre Sexualität so ausgestaltet hat, dass ihr sexuelles Crescendo häufig – wenn auch nicht immer – mehr Zeit in Anspruch nimmt als seines? Er ist eine Stange Dynamit. Sie ist ein Geysir. Er hat eine kurze Lunte und dann geht die Post ab. Sie baut sich innerlich immer mehr auf und dann folgt ein großes Halleluja. Warum hat Gott das so gemacht? Warum sollte er einer ohnehin angespannten und unbeholfenen Sache durch diese Unterschiedlichkeit noch mehr Frustrationspotenzial geben? Es muss einen Sinn haben, dass unsere Erregung und unser Orgasmus so völlig unterschiedlich ablaufen.

Auch das ist absolut wunderbar. Die Nummer mit dem „Rein – raus – danke" ist einfach nicht erlaubt. Was erwartet Gott vom Mann, wenn er Evas Sexualität so gestaltet, dass Adam es sich so einfach nicht machen kann? Er muss sich zurücknehmen, muss sie umwerben und lieben und sich auf das Vorspiel einlassen, damit *sie* so ganz und gar loslassen kann, wie *er* es sich von ihr wünscht.

Wie durch und durch liebenswert! Das verlangt viel Selbstlosigkeit auf seiner Seite.

Lassen Sie mich (Stacy) an dieser Stelle den Spieß umdrehen, damit niemand auf die Idee kommt, es gehe nur um Adams Selbstlosigkeit. Das Verletzlichste, was eine Frau anbieten kann, ist ihre Schönheit – nicht wahr, meine Damen? Und unsere Schönheit ist das, wonach Adam sich sehnt. Er braucht unsere Schönheit, um Interesse zeigen zu können. Ich spreche hier nicht nur von äußerer Attraktivität, auch wenn die ebenfalls dazugehört. Das Geheimnis von Eva besteht darin, dass jede Frau in sich eine innere Schönheit trägt (und sie oft verbirgt). *Jede* Frau. Das ist ihr feminines Herz, und wenn sie ihm das zusammen mit ihrer weiblichen Sexualität anbietet, ist es atemberaubend. Die meisten Frauen zweifeln an ihrer Schönheit – zutiefst. Obwohl mir auch aufgefallen ist, dass Frauen oft ihre Schönheit in Situationen, in denen (zum Beispiel bei einer Familienfeier) nach einem Foto verlangt wird, sozusagen der Kamera wegen „einschalten". Sie wird sich, und sei es nur für einen kurzen Augenblick, „zeigen", damit sie als schön angesehen wird.

Da ist eine willentliche Entscheidung im Spiel.

Das Schöne an Adams Sexualität ist, dass auch sie es nötig hat, dass Eva sich *zeigt.* Männer wollen typischerweise häufiger Sex als Frauen. (Obwohl das alles keine eisernen Regeln sind. Wir sprechen hier eher von generellen Gegebenheiten, die sich über die Jahrhunderte als gültig erwiesen haben.) Männer wollen häufiger Sex und sie sind schneller zum Sex „bereit" als Frauen.

Was bedeutet das für Eva? Wir müssen ein Risiko eingehen. Wir müssen unseren „Wohlfühlbereich" verlassen. Die meisten Frauen verbergen sich hinter Geschäftigkeit und Effizienz. Jede von uns zweifelt aber tief drinnen daran, dass sie wahre Schönheit zu bieten hätte. Darum braucht eine Frau Liebe und Mut, um sich ihrem Mann anzubieten. Sie muss ihn selbst ihren eigenen Bedürfnissen und Ängsten vorziehen, ebenso wie er durch ihre Art der Sexualität aufgefordert ist, sie den eigenen Wünschen vorzuziehen.

Sex ist ein atemberaubendes Bild dafür, was Mann und Frau einander im Grunde in jedem Lebensbereich zu bieten haben. Er ist eine Metapher, ein leidenschaftliches Schauspiel darüber, was es bedeutet, maskulin beziehungsweise feminin zu sein.

Bitte gestatten Sie uns ein paar etwas pikante Metaphern: Wenn Mann und Frau einander sexuell lieben, dringt der Mann in die Frau ein und bietet ihr damit seine Stärke an. Die Frau lädt den Mann in ihr Innerstes ein. Wenn der Mann in dieser Situation nicht über sich selbst hinauswächst, wird es kein Feuerwerk geben. Er muss handeln, seine Stärke muss sich zeigen, bevor er in sie eindringen kann. Wenn er passiv bleibt, wird es nicht dazu kommen. Aber genauso wenig wird die Liebe zu einem verzehrenden Feuer, wenn die Frau sich ihm nicht öffnet. Wenn sie innerlich immer auf der Hut ist, wird es nicht zu einer wirklichen, tiefen Vereinigung zwischen ihnen kommen. Der Mann dringt in die Frau ein und bietet ihr seine Stärke an. Sie zieht ihn zu sich hin, nimmt ihn auf und umfängt ihn. So funktioniert Sex und so funktioniert auch das Leben selbst.

Viele Dinge tragen zu einer guten Ehe bei, aber im Kern sind es *Stärke* und *Schönheit*. Das geht weit über Sex hinaus. Es handelt sich um eine Wirklichkeit, die alle Aspekte unseres Lebens als Mann und als Frau durchdringt.

Der Mann trägt in vielerlei Hinsicht das Bild Gottes in sich, doch am meisten zeigt es sich in seiner Stärke. Nicht durch dicke Muskeln, sondern durch seinen Mut, sein Engagement und seine Tatkraft. Haben Sie, meine Damen, sich jemals gefragt, worum es bei all dem Gerede um Superhelden eigentlich geht? Oder bei Autorennen? Oder beim Fußball? Bei militärischen Dingen? Warum lieben Männer Actionfilme, in denen alles zu Bruch geht? Warum vollführen Fußballspieler nach jedem Treffer ihr Freudentänzchen? Ein Mann möchte seine Kraft spüren. Das wurde ihm in die Wiege gelegt.

Es fällt auf, dass in Filmen die Verführerin häufig die „hilflose" Frau ist, die dem Mann das *Gefühl* gibt, ein richtiger Mann zu sein. „Du bist wundervoll", haucht sie mit einem Augenaufschlag, der ihm sagen soll, dass sie ganz ihm gehört, und zack ... schon hängt er am Haken. Sie hat ihm das Gefühl gegeben, *stark* zu sein.

Auch die Frau trägt das Bild Gottes auf vielerlei Weise in sich, am deutlichsten jedoch in ihrer Schönheit. Das steht nicht für eine perfekte Figur, sondern beinhaltet ihre Zärtlichkeit, ihre Verletzlichkeit und ihre Anziehung. Jungs, habt ihr euch jemals gefragt, worum es bei all dem romantischen Kram eigentlich geht? Bei Filmen wie *Sinn und Sinnlichkeit* oder *Die Brücken am Fluss?* Warum rennt sie zum Friseur, sobald sie ein graues Haar entdeckt? Warum mag sie Hochzeiten so sehr? Warum liebt sie herzergreifende Romane? Warum schaut sie sich Sendungen wie die *Oscar*-Verleihung an? Eine Frau möchte *gefreit* und umworben werden. Sie möchte sich begehrenswert und *schön* fühlen. Das wurde ihr in die Wiege gelegt.

Es fällt auf, dass in Filmen der Frauenheld immer der Mann ist, der mit ihr reden und ihre Gefühle ergründen will. Er vermittelt ihr das Gefühl, schön zu sein. „Du bist die schönste Frau auf der ganzen Welt", flüstert er. „Ich würde alles für dich tun." Zack, schon hängt sie am Haken. Er hat ihr das Gefühl gegeben, schön zu sein.

All das spielt sich auf hundertfältige Weise ab, lange bevor wir unter die Decke schlüpfen. Der Mann bietet ihr seine Stärke an, wenn er sie abends an seinem Leben teilhaben lässt – wenn er die Sportschau ausmacht, sich seiner Frau zuwendet und sie fragt: „Erzähl mal, wie war dein Tag?" (Es muss nicht immer dramatisch zugehen.) Ein Mann zeigt sein Engagement, wenn er seine Frau vor ihrer alles kontrollierenden Mutter schützt: „Sie kann gerade nicht." Und wenn er ihr einen Platz für ihre Emotionen einräumt – ohne selbst darin unterzugehen – und ihr sein zärtliches Verständnis entgegenbringt.

Eine Frau bietet ihre Schönheit an, indem sie sanft ist. Die Welt überschüttet uns nicht gerade regelmäßig mit Zärtlichkeit oder Barmherzigkeit. Wir alle brauchen das. Wenn Sie Ihrem Mann einen sicheren Hafen für seine Gedanken, Sorgen und Zweifel anbieten, ohne zugleich selbst ängstlich zu reagieren, ist das ein wunderbarer Ausdruck Ihrer Liebe. Wenn Sie die Stärke Ihres Mannes wahrnehmen und ihm sagen, was Sie in ihm sehen, ist das Nahrung für seine Seele. Eines der kostbarsten Geschenke, die eine Frau ihrem Mann machen kann, ist die Botschaft, *dass sie an ihn glaubt:* Er ist genau der Richtige. Er ist ein echter *Mann.*

Wir bieten ihm unsere Schönheit an, wenn wir weder seine Männlichkeit noch unsere Weiblichkeit fürchten. Ein hübsches Negligé ist nur eine konkrete Möglichkeit, unsere Freude an beidem auszudrücken. Für die Frau fühlt es sich sehr gewagt an, heiße Unterwäsche zu tragen. Ja, genau, man macht sich damit verletzlich. Wenn Sie Ihre Deckung fallen lassen und Ihrem Mann Ihre ganze Verletzlichkeit hinhalten, übermitteln Sie ihm damit eine Botschaft von Ihrer Schönheit, die alle Worte übersteigt.

Wenn ein Mann sich passiv verhält, kompromittiert er sein eigentliches Wesen. Und er verletzt dadurch die Menschen um sich herum. Er kann seine Frau regelrecht aushungern, wenn er sich weigert, mit ihr zu reden. Er kann ihr das Gefühl völliger Verlassenheit vermitteln, wenn er sich weigert, an ihrem Leben Anteil zu nehmen. Darum liebt ein Mann seine Frau, indem er ihr seine Stärke anbietet.

Wenn eine Frau sich innerlich hart macht, kompromittiert sie ihr eigentliches Wesen. Und sie verletzt die Menschen um sich herum. Sie kann ihrem Mann durch kontrollierte Effizienz und ihre Weigerung, sich verletzlich zu zeigen, buchstäblich seine Männlichkeit rauben. Sie kann ihren Mann durch Geschäftigkeit und mangelnde Zugänglichkeit regelrecht aushungern. Darum liebt eine Frau ihren Mann, indem sie ihm ihre Schönheit anbietet.

Wer wagt, gewinnt

Eine Freundin wollte bald heiraten und ich (Stacy) wollte ihr etwas Hübsches für die Flitterwochen kaufen – irgendetwas Schönes, *Kleines,* mit Spitze. Ich ging in die Unterwäscheabteilung eines örtlichen Bekleidungsgeschäfts und betrachtete die hübschen Auslagen. Da gab es ja eine riesige Auswahl! Mein Blick blieb an einem rosa Nachthemd aus fließendem Stoff hängen, das mich sehr an das erinnerte, was ich in unserer Hochzeitsnacht getragen hatte. Ich ging hin und befühlte es und merkte auf einmal, dass ich in der Reihe mit den großen Größen gelandet war –

bei *meiner* Größe. Sofort dachte ich: *Oje, an mir sähe das sicher schrecklich aus.* Doch in dem Augenblick spürte ich, wie der Heilige Geist mich sanft schubste, *es anzuprobieren.* Ich fühlte mich unsicher und es war mir peinlich, aber eine tiefere Sehnsucht trieb mich an. Und so schnappte ich mir das Nachthemd und ging zur Umkleidekabine. Wie lange war es her, dass ich so etwas für mich, für *John*, gekauft hatte? Über 10 Jahre!

Ich probierte das Nachthemd in Überschallgeschwindigkeit an, gab mir nur eine Millisekunde, um zu überlegen, und kaufte es.

Zwei Wochen später hatte mein Mann es immer noch nicht zu Gesicht bekommen. John und ich sollten nach Boulder, Colorado, reisen, wo er die Hochzeitszeremonie des jungen Paares leiten würde. Beim Packen starrte mich das Nachthemd vom Schrank aus an. Ich spürte, wie Gott mich drängte, es mitzunehmen und mich John bewusst in all meiner Verletzlichkeit anzubieten. Also wickelte ich das Ding sorgfältig in ein Tuch und versteckte es in meinem Koffer. Ein zusätzliches Nachthemd packte ich erst gar nicht ein. Ich war wild entschlossen.

Nach dem Dinner am Abend vor der Hochzeit kehrten John und ich in unser Hotelzimmer zurück. Schon im Fahrstuhl war ich nervös. In der Regel geht die Initiative zum Sex nicht von mir aus; es fällt mir nicht leicht, diesen ersten Schritt zu tun. Und dieses Nachthemd war ein klares Signal. Uff.

John putzte sich die Zähne und setzte sich anschließend aufs Bett, um seine Ansprache für den nächsten Tag noch einmal durchzugehen. Ich ging ins Bad, um mich bettfertig zu machen und das aufreizende Teil anzuziehen. Nun bereute ich es, kein anderes Nachthemd mitgebracht zu haben – mein ausgeleiertes Schlaf-T-Shirt aus dichtem Baumwollstoff zum Beispiel. Aber aus dieser Nummer kam ich wohl nicht mehr raus. Also putzte ich mir die Zähne, kämmte mir die Haare und dann zog ich es an und betete: *Hilf mir, Gott! Komm in diese Situation und gib mir den nötigen Mut! Bitte, lass es gut ausgehen!*

Ich fühlte mich kein bisschen sexy oder attraktiv. Ich war deutlich übergewichtig und führte an dieser Front einen aussichtslosen Kampf. Es kam mir vor, als würde ich furchtbar aussehen und mich total lächerlich machen. Doch Gott lud mich ein, mich von dieser lähmenden Last der Anklage zu befreien und meinem Mann die Schönheit anzubieten, *die ich besaß*. Ich betete noch einmal. Und dann ging ich durch die Tür und stellte mich an das Fußende des Bettes.

John blickte überrascht auf und meinte: „Oh, wie hübsch!"

Dann schaute er wieder in seine Notizen.

Oje! Das war nicht ganz das, was ich bewirken wollte. Was sollte ich jetzt machen? Ich nahm mir eine Zeitschrift des Hotels, setzte mich auf meine Seite des Bettes und versuchte, verführerisch zu wirken. Doch ich musste schnell feststellen, dass dieses Nachthemd nicht zum Sitzen entworfen worden war. Ich fühlte mich unwohl und war mir nicht sicher, ob und wie ich noch einmal ansetzen sollte. Daher war ich ganz dankbar, als das Telefon klingelte und John den Hörer abnahm. Es war einer unserer Söhne. Da er sicher als Nächstes mit mir reden wollte, stand ich auf und ging wieder auf Johns Bettseite. Ich stand also da – wartend, hoffend.

John übergab mir den Hörer und diesmal wandte er seinen Blick nicht wieder von mir ab – Gott sei Dank. Nachdem ich aufgelegt hatte, schob er seine Notizen beiseite und reagierte so, wie ich es mir erhofft hatte. Es wurde eine wunderbare Nacht, weil ich meine Schönheit angeboten hatte – mein Herz, meine Seele und meinen Körper.

*

Okay, jetzt bin ich (John) dran. Die folgende Geschichte ereignete sich vor etwa zwei Monaten. Es war mitten in der Nacht.

Als ich aufwachte, zeigte die Uhr gerade 2:30 Uhr. Ich spürte, wie sich Stacy neben mir im Bett herumwälzte. Wir haben seit ein paar Jahren häufig mit Schlafproblemen zu kämpfen, insbesondere, seit wir *Ransomed Heart Ministries* gegründet haben. Meist handelt es sich um geistliche Angriffe. Wir haben schon viele lange gebetsmäßige Auseinandersetzungen um unseren Schlaf geführt. Manchmal fürchte ich mich schon vor dem Zubettgehen. Mit der Zeit wird man mürbe – vor allem, wenn man nicht immer gewinnt. Vom Gefühl her kratzt es an meiner Männlichkeit: *Ich bin ein Idiot. Ich kann uns nicht einmal vor so etwas schützen!*

Wie auch immer, ich lag also da und hörte Stacy seufzen. Sie wusste noch nicht, dass ich ebenfalls wach war. Mir war klar, dass sie meine Unterstützung brauchte – dass ich für sie einstehen und für sie beten sollte. Aber ich war das alles so leid! Was, wenn es nichts bewirkte? Dann wäre es eine weitere Niederlage. Ich empfand eine große Ambivalenz. Die meisten Männer warten bei Herausforderungen gern so lange ab, bis ihnen der Sieg sicher ist. Doch die Stunde der Wahrheit war gekommen: Ich konnte mich einfach auf die andere Seite drehen, so tun, als ob ich schlief, und Stacy würde nie erfahren, dass ich wach war. Ich atmete tief ein und ganz langsam wieder aus. Ich wollte kein Weichei sein. Also drehte ich mich zu Stacy herum und fragte: „Schatz, geht es dir gut?" (Die meisten Männer fürchten diese Frage, denn sie öffnet die Tür zu einem Bereich, mit dem Männer gewöhnlich nichts anzufangen wissen. Aber eben darum ist es auch so kraftvoll und liebevoll, diese Frage zu stellen.)

Hintergrund der Geschichte war, dass Stacy von einer Freundin sehr verletzt worden war. Es war mitten in der Nacht, und ich wollte einfach nur mit Stacy beten und dann versuchen, wieder einzuschlafen. Aber ich wusste, dass sie etwas Zeit zum Reden brauchen würde. Im Mondschein konnte ich die Tränen in ihren Augen glitzern sehen. „Schatz, wo drückt dich der Schuh?", fragte ich. Dann ließ ich sie erzählen und wir verarbeiteten das Ganze gemeinsam.

Wir stießen auf eine Lüge, die Stacy über sich selbst zutiefst glaubte. Nun war noch mehr Kraft gefordert. Ich fing sanft, aber deutlich an, ihr die Wahrheit zu vermitteln: „Liebste, das ist *nicht* wahr. Du versuchst, mit einem Dämon zu diskutieren."

Ich war sehr direkt, aber sie erkannte die Lüge als solche. Bis dahin war ich sanft gewesen, doch nun war es an der Zeit, entschlossen zu handeln. Ich begann, *über* Stacy gegen das Böse anzubeten. (Jetzt wurde mir eine dritte Alternative deutlich: meine Stärke anzubieten, ein Opfer zu bringen; denn je mehr ich intervenierte, umso wacher wurde ich. Meine Hoffnung auf Schlaf schmolz dahin und ich akzeptierte das.) Es war nicht mit einem Gebet getan; ich musste mehrmals ansetzen. (Das ist wie beim Bäumefällen: Es braucht oft mehrere kräftige Schläge.)

Nach einer Weile fragte ich nach: „Wie geht es dir jetzt?"

„Viel besser."

Ich spürte, wie verletzlich Stacy in diesem Moment war. Ein weiteres Risiko wollte eingegangen werden, um diesen gemeinsamen Kampf zu einem wunderbaren Ende zu führen. Was aber, wenn ihr gerade nicht nach Sex war? Was, wenn die Einladung zum verkehrten Zeitpunkt kam und meine Avancen total falsch rüberkamen? Es war jetzt 3:30 Uhr. Vielleicht wollte sie einfach nur wieder einschlafen. Ich schloss sie in die Arme und öffnete innerlich alle Türen, indem ich ihr sagte, wie wunderschön sie in meinen Augen und auch in Wahrheit ist.

Es wurde eine wunderbare Nacht, weil ich ihr meine ganze Stärke anbot – mit Herz und Seele und Körper.

Lassen Sie es mich so ausdrücken, meine Damen und Herren: Wenn es sich nicht riskant anfühlt, sind Sie vermutlich zu vorsichtig. Die Bereitschaft zum Risiko entfacht das Feuer der Leidenschaft.

Und ich kann Ihnen versichern, dass „Rettungssex" noch besser ist als „Versöhnungssex"!

Neue Freude am Sex

Denn der Menschensohn ist gekommen, zu suchen und selig zu machen, was verloren ist.
LUKAS 19,10 (LUTHER)

Die Hoffnung in dieser Verheißung ist wie ein Sonnenaufgang. Selbst jetzt, wo ich den Text wieder lese, den ich schon so oft gelesen habe, wird etwas in meiner Seele ganz still, und all die Stürme und die Angst ebben ab. Gott ist auch dabei, die Dinge wiederherzustellen, die mir so viel bedeuten. Welch eine Entlastung. Wir haben einen ungeheuer mächtigen Helfer an unserer Seite. Er versteht etwas von der Auferstehung.

Wir leben in einer Liebesgeschichte, die mitten in einer kriegerischen Auseinandersetzung spielt. Da sollte es uns nicht verwundern, wenn Sex oft ein Ort voll Enttäuschungen, Schmerz und Leid ist. Vielleicht sogar *der* Ort für solche Erfahrungen. Der Feind hat sich darauf spezialisiert, der menschlichen Sexualität verheerenden Schaden zuzufügen. Wenn er Männer und Frauen an dieser Stelle verletzt, gehen die Wunden so tief wie kaum etwas anderes. Seien Sie nicht überrascht, wenn Ihre sexuelle Intimität angegriffen wird. Die Heiligkeit des Ehebetts ist ein beliebter Kampfschauplatz. Vor der Ehe scheinen Verlangen und Leidenschaft noch kein Problem zu sein; sie im Zaum zu halten, schon eher. Doch häufig verwandelt sich nach der Heirat Leidenschaft in Angst und Verlangen in Zögern. Das geht nicht nur Ihnen so, sondern fast allen Ehepaaren. Weil wir zerbrochene Menschen sind, deren Lebensgeschichte oft ebenfalls von Zerbruch gekennzeichnet ist, fällt es uns häufig schwer, uns in der Ehe anhaltend und selbstvergessen an unserer Sexualität zu erfreuen. Doch vieles lässt sich zurückgewinnen, vieles kann Heilung erfahren.

Und das ist es wert, dass wir darum kämpfen.

Es gibt viele Gründe für sexuelle Schwierigkeiten, darunter auch einige sehr ernste. Behandeln Sie die Sexualität wie einen kostbaren Schatz! Nehmen Sie diese Dinge ernst. Die Hilfestellungen, die wir Ihnen hier anbieten, können Sie einer erneuerten, von tiefer und gegenseitiger Freude geprägten sexuellen Beziehung ein gutes Stück näher bringen. Doch es kann sein, dass die Dinge, über die wir sprechen, nicht die Ursache Ihrer sexuellen Probleme sind. Und selbst wenn sie es sind, bedeutet Verstehen noch nicht automatisch Heilung, und Klarheit führt nicht immer zur Wiederherstellung. Möglicherweise benötigen Sie dazu professionelle Hilfe. Zeigen Sie so viel Liebe zu Ihrem Ehepartner, dass Sie solche Hilfe in Anspruch nehmen!

Nun gut, wie also finden wir zu paradiesischen Zuständen in Sachen Sex zurück? Oder wenigstens zu den Zuständen irgendeines Kaffs im Umkreis von 100 Kilometern um den Garten Eden herum? Es fängt damit an, dass Sie Ihrem Partner Ihre Stärke beziehungsweise Ihre Schönheit auch außerhalb des Schlafzimmers anbieten. Die Art, wie Sie im Alltag miteinander leben und einander lieben, ebnet den Weg zum Schauplatz Ihrer Liebesnächte – es bereitet Ihre Herzen darauf vor und heilt Ihre Gefühle füreinander, sodass in Ihnen eine tiefe, ganzheitliche Sehnsucht nach Ihrem Ehepartner geweckt wird.

Der nächste Schritt kann einem riesig erscheinen: Reden Sie darüber. Reden Sie miteinander über Ihr Sexleben. Fragen Sie Ihren Ehepartner, wie er (oder sie) das Zusammensein mit Ihnen empfindet, ob er Spaß daran hat und was er sich wünschen würde.

Meist scheue ich mich sogar heute noch ein wenig davor, dass Stacy mich nackt und sexuell erregt sieht. Jahrelang haben wir überhaupt nicht über unsere Sexualität gesprochen. Doch es war gut, sich vorzuwagen und die Frage zu stellen: „Wie fandest du die letzte Nacht?" Oder: „Was würdest du gern einmal ausprobieren?" Oder gar: „Kannst du mir sagen, warum ich in letzter Zeit so wenig Interesse bei dir gespürt habe?"

Wenn Sie über Ihr Sexleben sprechen, nehmen Sie Spekulationen den Wind aus den Segeln – und die sind, wie gesagt, mit das Tödlichste und Unnützeste, was es gibt. Außerdem verlangt so ein Gespräch auch, dass Sie Ihre Gefühle in Bezug auf Sex sortieren, was auch eine sehr gute Sache ist. Überall da, wo Dinge vernachlässigt werden, machen sich Spinnweben breit. Doch Ihr Herz sollte an dieser Stelle möglichst frei und engagiert sein. Wenn das nicht der Fall ist, sollten Sie sich fragen, warum das so ist.

Als Nächstes sollten Sie beten. Laden Sie Jesus in Ihr Ehebett ein – auch wenn das äußerst seltsam klingt. Wir *mussten* das über Jahre hinweg tun, weil so viele Dinge aus unserer Vergangenheit wie dunkle Wolken über unserem Sexleben waberten. Erst beteten wir jeder für sich und wussten nicht einmal, dass der andere auch betete. Dann gelangten wir dahin, dass wir gemeinsam offen darüber beten konnten. Das war für uns absolut unglaublich. Gerade diese Woche hatte ich wieder das Gefühl, dass zwischen uns zu viel Distanz und Unbehagen herrschte. Stacy hatte sich im Bett mit mir körperlich unwohl gefühlt. Und ich hatte zugelassen, dass ich mich dadurch angegriffen fühlte. Also bat ich Jesus, unser Liebesleben wiederherzustellen und unsere Sexualität erneut durch seine Gnade zu segnen. Und wieder tat er es.

Viele von Ihnen waren vor der Ehe sexuell aktiv. Bei Stacy und mir war das so, und das ist überhaupt nichts Glorreiches – ganz egal, was

Hollywood dazu sagen mag. Es richtet so viel Schaden an. Und man muss die Vergangenheit verarbeiten, um die Zukunft zu gewinnen.

Ich kam in der dritten Klasse mit Pornografie in Berührung. Stacy wurde in jungen Jahren sexuell missbraucht. Als Zwanzigjährige wurde sie vergewaltigt. Beide erlebten wir den Schmerz einer Abtreibung, und das mehr als einmal. Sie müssen sich vor Augen halten, dass auch unsere Liebesgeschichte unter den Angriffen des Bösen zu leiden hat. Doch wenn *wir* den Weg – aus Schmerz, Dunkelheit und Sünde – zu einer Sexualität gefunden haben, die reicher und besser ist als alles zuvor, dann können Sie das auch!

Sie werden um Heilung und um den Durchbruch kämpfen müssen. So etwas kommt nicht einfach mit der Post. Doch die gute Nachricht lautet: Ein Neuanfang und Heilung sind möglich. Manche Schritte machten wir durch Seelsorge, manche durch Gebet, anderes wiederum ereignete sich einfach dadurch, dass wir immer neu beschlossen, einander zu lieben. Wir haben im Anhang zu diesem Buch ein Gebet um sexuelle Heilung eingefügt. Viele Menschen fanden das sehr, sehr hilfreich. Wenn Sie in Ihrer Lebensgeschichte Erfahrungen mit Sex gemacht haben, die sich jetzt möglicherweise negativ auf Ihre Ehe auswirken, sollten Sie dieses Gebet sprechen.

Wir kennen Ehepartner, die ganz aufgehört haben, miteinander zu schlafen – entweder aufgrund unverarbeiteter Erfahrungen der Vergangenheit oder aufgrund gegenwärtiger Schwierigkeiten. Wir verstehen das. Wir denken aber auch, dass es eine ziemlich schlechte Entscheidung ist. Gott scheint es ebenfalls als schlechte Entscheidung anzusehen. Die Bibel heißt eine begrenzte Zeit der sexuellen Enthaltsamkeit gut, um sich über einige Dinge klar zu werden. Manchmal ist das geboten. Doch dann, sagt Gott, sollen beide wieder zusammenkommen:

Der Mann soll der Frau die eheliche Pflicht leisten und ebenso die Frau dem Mann. Die Frau verfügt nicht über ihren Körper, sondern der Mann; ebenso verfügt der Mann nicht über seinen Körper, sondern die Frau. Entzieht euch einander nicht – höchstens, wenn ihr euch einig werdet, eine Zeit lang auf

den ehelichen Verkehr zu verzichten, um euch dem Gebet zu widmen. Aber danach sollt ihr wieder zusammenkommen ...
1. Korinther 7,3–5

Geben Sie den Sex nicht auf, außer wenn Sie beide sich darin einig werden, und auch dann nur für eine kurze Zeit. Rutschen Sie nicht in eine „einmal im Jahr am Valentinstag"-Nummer ab oder so etwas.

Natürlich ist es so, dass die Ehesituation jedes Paares etwas sehr Persönliches ist, und es gibt leider auch Beziehungen, in denen der Sex die Grenze zum Missbrauch überschritten hat. Dafür gibt es keine Rechtfertigung.

Die Mehrzahl aller Ehen erlebt irgendwann Zeiten, die in sexueller Hinsicht schwierig sind. Wie finden wir in solchen Zeiten zurück zu körperlicher Nähe?

Ergreifen Sie trotzdem die Initiative. Beide. Selbst wenn Sie Angst haben. Selbst wenn Sie sich nicht sicher sind, wie Ihr Ehepartner reagieren wird. Eine junge Frau bekam einmal den Rat: „Manchmal musst du ihn küssen, auch wenn dir nicht danach ist. Manchmal musst du dich auf Sex einlassen, damit dir wieder danach ist. Wenn wir uns Gottes Entwurf der Ehe beugen – ob uns danach ist oder nicht –, wird Jesus etwas oder auch uns selbst in Bewegung bringen. Und das auf eine Art, wie wir es uns niemals hätten träumen lassen."

Ich (Stacy) bin ungeheuer dankbar für meine Freundschaft mit einigen gottesfürchtigen Frauen, die älter sind als ich selbst. Eines Nachmittags vertraute mir eine kluge Frau in einem unserer Gespräche an, dass sie niemals Nein sagt, wenn ihr Mann den Wunsch nach sexueller Intimität äußert. *Niemals.* Sie hatte sich diese Bibelstelle zu Herzen genommen, die ihr sagt, dass ihr Körper nicht mehr nur ihr selbst gehört, sondern auch ihrem Mann. Ich hatte vor unserer Heirat in einem Buch einen ähnlichen Rat gelesen und versuchte, ihm zu folgen. Frauen brauchen, wie wir alle wissen, meist etwas länger, um sexuell erregt zu sein. Nun wurde ich ermutigt, auf das Interesse meines Mannes positiv zu reagieren, einfach Gott zu vertrauen und meinen Mann zu lieben, ob mir nun gefühlsmäßig danach war oder nicht. Das Ergebnis war nur gut.

Für die „Oldtimer“ unter Ihnen kann es vielleicht einmal hilfreich sein, aus der Routine auszubrechen. Verändern Sie den Ort oder die Position. Machen Sie schöne Musik an. Öffnen Sie eine Flasche Wein. Suchen Sie sich übers Wochenende ein nettes Hotel. Finden Sie heraus, was Ihren Ehepartner erregt, und bieten Sie ihm *das* an.

„Ich wünschte, er wüsste, dass ...“ Meine Damen, wie würden Sie diesen Satz ergänzen? Ich würde John Folgendes sagen: „Entscheidend ist das Vorspiel, der Ton deiner Stimme, der Ausdruck in deinem Gesicht. Dass du mir im Vorbeigehen sanft über den Rücken streichst. Ja, und auch, dass du den Tisch abräumst und mir mit dem Geschirr hilfst. Es geht um dein Lachen. Darum, wie du dich neben mich setzt und mich fragst, was ich gerade mache und woran ich denke. Es ist die Art, wie du mir Stellen aus Büchern vorliest, die dich bewegt haben. Die kleinen Dinge, durch die du mir zeigst, dass ich dir wichtig bin und du dich an mir freust. Liebster, das ist es. Mein Herz gehört dir. Und nun ab ins Schlafzimmer! Auch ich gehöre ganz dir.“

„Ich wünschte, sie wüsste, dass ...“ Männer, was sind das für Dinge, von denen ihr euch wünschen würdet, dass eure Frau sie wüsste? Ich (John) möchte Stacy sagen: „Wo ist dieses Negligé von neulich? Zieh es doch öfter an. Ich mag es, wenn du die Initiative ergreifst. Du kannst mich mitten in der Nacht wecken, wenn du möchtest. Ich freue mich, wenn du mir am Tag schon das Gefühl gibst, ein Held zu sein, und zu mir sagst: ‚Du bist wunderbar!‘ Ich möchte wissen, was dir Freude macht. Ich möchte wissen, dass *ich* dir Freude mache.“

Werdet trunken!

Der Punkt, auf den wir hinauswollen, ist folgender: Geben Sie dieses kostbare Geschenk Gottes niemals auf. Nicht, solange Sie nicht durch hohes Alter oder eine echte körperliche Erkrankung dazu gezwungen werden.

Eine gute Ehe ist ein Ort, an dem wir gesehen und geliebt werden. Dort haben wir jemanden, der uns ganz grundsätzlich gut findet und das Beste von uns denkt und sich sogar an uns freut. Und all diese Liebe, dieses Vertrauen und diese Annahme finden im Ehebett ihre innigste Herberge.

Unsere sexuelle Intimität ist als ein geheiligter Ort gedacht, an dem wir Zuflucht und Geborgenheit finden. Die Ehe ist die Beziehung, die uns die größte Sicherheit geben kann – ein Refugium vor der Welt, in der wir uns ständig beweisen müssen; vor der Anstrengung, uns verständlich zu machen. Die Ehe ist als ein Ort gedacht, an dem wir „loslassen" und ganz wir selbst sein dürfen – wo wir erkannt, geliebt und willkommen sind. An diesem Ort kommen unsere Seele und unser Körper in der liebevollen Umarmung zur Ruhe.

Guter Sex kann so heilsam für eine Ehe sein. Er kann all das wegspülen, was in der Ehe schiefläuft. Sie haben keinen Sex? Warum nicht? Es ist schon lange her? Warum? Sie hat kein Verlangen danach, er hat keinen Spaß daran. Warum? In 9 von 10 Fällen sind Probleme im Ehebett Brandherde, die sich daran entzünden, dass es in anderen Bereichen der Ehe Probleme gibt. Da wären Sie schön dumm, wenn Sie das ignorieren würden!

Sexuelle Intimität in der Ehe ist wie ein guter Wein. Sie wird mit der Zeit immer besser! Die Liebe unseres Ehepartners ist wie eine wunderbar bequeme Couch, in deren Behaglichkeit und Sicherheit wir ausruhen können. Es braucht seine Zeit, bis wir einander so gut kennen. Vertrauen wächst mit der Zeit. Ebenso wie Freundschaft. Auch die Fähigkeit, ehrlich über Sex zu sprechen, nimmt mit der Zeit zu.

Nur allzu leicht lassen wir an dieser Front nach, wie in so vielen Lebensbereichen. Nur allzu leicht geben wir auf und überlassen dem Feind das Feld. Kämpfen Sie darum, dass Sie tollen Sex mit Ihrem Ehepartner haben, der für Sie beide zutiefst befriedigend ist. Wagen Sie etwas! Bieten Sie Ihre Stärke an. Bieten Sie Ihre Schönheit an. Machen Sie sich verletzlich. Seien Sie ganz und gar präsent. Das entspricht dem Wesen der Liebe – insbesondere in Kriegszeiten.

Wie sagt Gott? „Werdet trunken von Liebe!"

Kapitel 12

Liebe will gelernt sein

So folgt nun Gottes Beispiel ... und lebt in der Liebe!
PAULUS (EPHESER 5,1–2; LUTHER)

Manche Ehen schaffen es, manche nicht: Die Chancen stehen noch immer etwa fifty-fifty.

Die Chancen auf eine *glückliche* Ehe stehen noch geringer, denn wie Sie sicher wissen, bedeutet allein die Tatsache, dass eine Ehe nicht zerbricht, noch lange nicht, dass es den Ehepartnern dabei auch gut geht. Fürs Erinnerungsfoto zu Weihnachten kann jeder ein fröhliches Gesicht aufsetzen. Viele Ehen „überleben", indem sie sich eine seelentötende Taubheit zulegen oder indem sie Geschäftigkeit (zum Beispiel die Kindererziehung) als Ablenkung verwenden oder indem sie stillschweigend übereinkommen, unter demselben Dach ein getrenntes Leben zu führen. Auf der Skala ehelicher Glückseligkeit von 1 bis 10 rangieren die meisten noch intakten Ehen irgendwo um die 3 herum (soll heißen: „Wir kommen zurecht."). Manche Ehen bestehen auch nur als ein gewalttätiger, schädlicher Teufelskreis fort.

Doch es gibt auch Ehepaare, die ihren Weg zu etwas Schönem finden – zu etwas wahrhaft Schönem. Wir beten darum, dass Sie zu diesen Ehepaaren gehören. Und wir glauben, dass Ihre Chancen, zu den glücklichen Ehepaaren zu gehören, sehr viel besser stehen, wenn Sie sich helfen lassen – und das nicht nur für ein paar Wochen, nicht wie bei den üblichen Versuchen in Sachen Diät, Bewegung oder Sparen.

Es gibt natürlich keine Erfolgsgarantie. Auch das wissen Sie alle. Warum also die Mühe und das Risiko eingehen? Warum sollten Sie sich von ganzem Herzen in ein solch gefährliches, kostspieliges und ungewisses Abenteuer werfen?

Wägen Sie Ihre Antwort sorgfältig ab.

„Weil ich hoffe, dass er (oder sie) sich noch ändern wird" ist keine gute Antwort. Denn das können Sie nicht wissen. Wenn das Ihr Grund ist, werden Sie Ihre Bewertungen immer davon abhängig machen, wie es Ihrem Ehepartner geht. Sie werden dadurch manipulativ oder fordernd. Und Sie werden den Mut verlieren.

„Weil Gott wollte, dass wir heiraten, und ich darum weiß, dass er unsere Ehe gelingen lassen wird." Möglicherweise stimmt das, doch Sie sollten vorsichtig mit Behauptungen darüber sein, was Gott Ihnen zugesagt hat. Auch die meisten christlichen Ehepaare, die inzwischen geschieden sind oder unglücklich verheiratet bleiben, dachten ursprünglich, Gott wäre für ihre Verbindung gewesen. Dass er offenbar nichts getan hat, um ihre Ehe zu retten, hat ihren Glauben bis in die Grundfesten erschüttert.

„Weil ich ein Versprechen gegeben habe." Das kommt einer sehr guten Antwort schon wesentlich näher. Ja, Sie haben ein Versprechen gegeben. Es wird Ihnen durch viele schwere Jahre und vielleicht sogar bis ans Ende hindurchhelfen, wenn Sie dieses Versprechen ernst nehmen. Doch viele gute Männer und Frauen haben auch entdecken müssen, dass dieses Versprechen ihnen nicht die Basis bietet, die man braucht, um mit Herz und Seele für die Ehe engagiert zu sein. Es entspricht nicht ganz dem, was Gott sich gedacht hat, wenn Sie mit einem Menschen verheiratet bleiben, der Sie zwar nicht verlassen wird, der Sie aber auch nicht mehr wirklich liebt.

Wir wollen Sie nicht entmutigen. Wir möchten realistisch bleiben. Es geht um diese wunderbare, spannende Liebesgeschichte inmitten der kriegerischen Auseinandersetzung.

Die Ehe ist ein Schmelztiegel, eine Gladiatorenarena für Liebe und Krieg. Letztlich wird in der Ehe alles offengelegt, was in Ihnen zerbro-

chen ist. Jede Ihrer Sünden wird darin offenbar, und sei es nur vor den Augen Gottes. Ihre Entschlossenheit zur Selbstverteidigung wird Tag für Tag ins Blickfeld gerückt. Sie werden enttäuscht und verletzt werden. Sie werden in jedem Fall geprüft werden, denn es gibt vermutlich keinen besseren Charaktertest auf diesem Planeten als die Ehe.

So stellt sich die Frage: Warum in aller Welt sollte sich irgendjemand von ganzem Herzen in ein derart gefährliches, kostspieliges und ungewisses Abenteuer stürzen?

„Weil das der Art von Mensch entspricht, die ich sein will."

Na, das ist doch mal eine richtig gute Antwort.

Wir wurden zur Liebe geschaffen

Ich (John) habe einmal ein Buch gelesen, das von einem jungen Soldaten geschrieben worden war, der vier Jahre im Zweiten Weltkrieg gekämpft hatte. Er erlebte die Gefechte in Afrika, Italien, in der Normandie und in Deutschland mit. Er war ein sensibler und nachdenklicher junger Mann, der früh erkannte, welche Auswirkungen der Krieg auf die Menschen hatte. Sein Buch beginnt mit einem Brief, den er von der Front geschrieben hat:

Die vergangenen Wochen waren hart – voller bitterer und hasserfüllter Dinge. Es gab nur wenige kurze glückliche Momente. Manchmal fühle ich mich sehr alt. Wir haben viel Zeit an der Frontlinie verbracht. Es hat mich so weit gebracht, zweifelsfrei zu erkennen, dass ich diese Zeit hier nur mittels der harten Lektion des Christseins überstehen kann: indem ich die feineren Züge meiner Kampfgenossen entdecke und sie dafür liebe. Die nackten, kalten, prophetischen Worte von Auden „Wir müssen einander lieben oder sterben" gingen mir in diesen kalten, schlaflosen Nächten mehr als einmal durch den Kopf.

Vielleicht kannst ja noch nicht einmal du genug Anteil an dem Leben hier drüben nehmen, um das zu verstehen. Du müsstest miterleben, wie eine gute und feine Familie zerbricht; Menschen, die du lieben gelernt hast und die durch nichtige persönliche Fehden zerstört werden. Du müsstest miterleben, wie Menschen ins Gesicht geschlagen oder verprügelt werden, vielleicht, weil sie eine Notlüge erzählen oder weil irgendein sadistischer Impuls befriedigt werden muss. Du müsstest alte Männer und Frauen sehen, die mit ihren ärmlichen Habseligkeiten im peitschenden Regen eine Straße entlangziehen; die nicht wissen, wohin sie gehen sollen, und nur versuchen, auf dieser versengten Erde etwas Schutz und ein wenig zu essen zu finden. Oh, du müsstest vieles miterleben, um zu verstehen, warum ich zu der Erkenntnis gekommen bin, dass mir angesichts einer solchen primitiven Wahrheit wie dieser nur eine Alternative zum Tod bleibt, und die lautet: zu lieben.

(Glenn Gray, The Warriors)

Ich fand diesen Brief so belebend wie einen Sprung ins kalte Wasser. Auch prophetisch – die ehrliche Wahrheit eines Lebens, das aller Lügen beraubt wurde. Die Gedanken dieses Mannes erreichten mich in einer kritischen Phase. Die vergangenen Monate waren für uns besonders schmerzhaft gewesen. Gott sei Dank nicht als Folge gegenseitiger Verletzungen, aber doch im Blick auf eine Beziehung, die Stacy und mir sehr wichtig gewesen war.

Das war alles sehr verletzend. Wir standen oft unter Beschuss in dieser Liebesgeschichte inmitten der Auseinandersetzungen. Der Kampf scheint hitziger zu werden, und es kostet seinen Preis, wenn man im Widerstand ist. Liebe erscheint da wie eine Dummheit. Es kommt einem durchaus vernünftig vor, sich zu ducken und zu versuchen, nicht noch schwerer verletzt zu werden.

Da las ich die Worte dieses Soldaten und musste an die Ankündigungen der Endzeit denken, die Jesus gemacht hat – einer Zeit, in der die Finsternis zunimmt, die Menschen ihre Unterdrückung immer mehr zu spüren bekommen und die Liebe erkaltet. „Ein Volk wird gegen das andere kämpfen, ein Staat den andern angreifen ... Und weil der Ungehorsam gegen Gottes Gesetz überhandnimmt, wird die Liebe bei den meisten von euch erkalten" (Matthäus 24,7.12).

Es sind herausfordernde Zeiten – für uns alle. Ich wage zu behaupten, dass noch schwierigere Zeiten vor uns liegen. Doch der Soldat hatte recht. Auden hatte recht: Wir müssen einander lieben oder sterben.

Weil die Liebe das ist, wozu wir geschaffen wurden. Sie ist der Grund für unsere Existenz. Die Liebe ist unsere Bestimmung. Liebe Gott und liebe deinen Mitmenschen – das sind die beiden höchsten Gebote der Menschheit. Das Geheimnis des Lebens lautet: Wir sind auf dieser Welt, um zu lernen, wie man liebt.

Es ist eine echte Erleuchtung, wenn diese Wahrheit uns zum ersten Mal dämmert. Das könnte die befreiendste Erkenntnis sein, die wir jemals haben werden. Wir sind hier, um zu lernen, wie man liebt. Das ist unsere größte Mission, unsere Bestimmung.

Obwohl das die grundlegendste Wahrheit überhaupt ist, scheint sie nur wenigen von uns zu dämmern – oder besser gesagt, nur wenige von uns scheinen das zu *akzeptieren.* Die meisten Menschen bleiben anderen Lebenszielen verpflichtet – persönliches Glück, Überleben, Rache, Erfolg und was es noch so alles gibt. Wenn Menschen die Tatsache akzeptieren, dass wir hier sind, um zu lernen, wie man liebt, ist das, als würde bei ihnen zum ersten Mal die Sonne aufgehen. All die Jahre haben sie unter der Erde verbracht und nun sind sie zum ersten Mal ans Tageslicht getreten.

So war es, als ich Christ wurde.

Ich war damals 19. Meine Highschoolzeit war geprägt von den Drogenexzessen und der sexuellen Freizügigkeit der späten 1960er- und frühen 1970er-Jahre. Doch all das hinterließ in mir eine schmerzhafte Leere und so begab ich mich auf eine spirituelle Suche. Und dann tauchte eines Tages plötzlich Jesus auf. Das war wirklich so! Ich kann mich an den Abend noch gut erinnern. Ich saß in meinem Zimmer und dachte darüber nach, wie trostlos mein Leben war. Alle meine Beziehungen waren von Manipulation und Unaufrichtigkeit geprägt. Es war nichts Echtes an ihnen. Mir wurde mit einem Schlag klar, dass ich kein liebevoller Mensch war. Ich sah mich selbst mit einer ungeheuren Klarheit, und was ich da sah, war brutal, egoistisch, ja beinahe unmenschlich. Mir gefiel die Richtung nicht, in die ich mich entwickelte.

Lieblos zu sein bedeutet, in dem einen zu versagen, zu dem wir geschaffen wurden. Es ist eine Ablehnung unseres tiefsten Seins, eine Ablehnung der Liebe, die uns geschaffen hat. George MacDonald bekennt: „Ich bin eine Bestie, bis ich liebe, so wie Gott liebt."

Und so wandte ich mich an diesem Abend an Gott und bat ihn sowohl um Vergebung als auch um Heilung. Ich bat Jesus, mein Leben zu heilen und mir zu helfen, ein liebevoller Mensch zu werden. So wurde ich zu einem Nachfolger von Jesus; ich schrieb mich in seiner Schule der Liebe ein.

Ich denke, man kann die Menschen, die diese Art „Erleuchtung" erlebt haben, leicht von denen unterscheiden, die das nicht erlebt haben. Ihre Art, das Leben anzugehen, ist eine andere – was sie ärgert, was sie zum Lachen bringt und *insbesondere* die Art, wie sie mit Menschen umgehen. Sie drücken es vielleicht nicht so aus, doch in ihnen ist es zu einer fundamentalen Verschiebung gekommen. Fast immer geschieht dies durch einen wie auch immer gearteten schmerzlichen Bruch. Sie erkennen, dass ihr bisheriger Beziehungsstil ein Desaster ist. Vielleicht haben sie einen nahestehenden Menschen verloren. Manchmal kommt es durch eine Krankheit zu diesem Bruch, oder durch den Schock der Erkenntnis, dass die Tage ihres Lebens gezählt sind, und durch die damit verbundene Frage, wofür sie leben. Die Erleuchtung kann auch – wie in meinem Fall – durch das Offenlegen einer durch und durch egoistischen Grundhaltung eintreten. In den meisten Fällen ist sie verbunden mit einer Begegnung mit Gott. Sein Lebensinhalt ist Liebe, und wenn man lange genug mit Jesus zusammen ist, färbt das ab.

Wie auch immer uns die Erleuchtung trifft, sie ist gekoppelt mit der Erkenntnis, dass das Leben im Grunde und vor allem darin besteht: Wir sind hier, um zu lernen, wie man liebt.

Das ist die große Verschiebung, diese fundamentale Neuordnung der Ambitionen, die unser Herz vorantreiben. Es ist ein zentraler Schlag gegen die Macht der Sünde in uns. Es ist überhaupt nichts Bedrückendes daran. Wer diese Verschiebung mitgemacht hat, gehört zu den glücklichsten Menschen der Erde. Das sind wahrhaft freie Menschen.

Ich denke an Freunde, die beschlossen haben, nicht zu heiraten, und an andere Freunde, die beschlossen haben, zu heiraten, aber keine Kinder zu bekommen. Sie sind zutiefst egoistisch. Man kann es einfach nicht anders beschreiben. Das ist keine Wissenschaft; sie haben einfach herausgefunden, dass das Leben umso leichter ist, je weniger Menschen von einem abhängig sind. Ich denke an Ehen aus unserem Bekanntenkreis und an Paare, die nicht so gut miteinander zurechtkommen. Da ist mehr als nur eine Enttäuschung, sie scheinen beide völlig perplex zu sein. Ihre Reaktion zeigt, was sie für das Wesen der großen Geschichte halten. „Ich bin nicht glücklich. Du machst mich nicht glücklich. Wenn du mich nicht glücklich machst, machst du mich unglücklich. Und eigentlich geht es mir deinetwegen hundeelend."

Nun, wir beide verstehen die berechtigte Enttäuschung und den tiefen, tiefen Schmerz einer unglücklichen Ehe. Das ist schlimmer, als wenn man an irgendeinem anderen Ort auf dieser Welt unglücklich ist – schlimmer, als im Gefängnis zu sitzen oder irgendwo auf einer einsamen Insel gestrandet zu sein; denn dort bleibt einem die Hoffnung auf Freilassung oder Rettung. Man hofft auf einen Ausweg. Doch in der Ehe gibt es keinen Ausweg als nur den, voranzugehen. Mike Mason schreibt in *The Mystery of Marriage:* „Wenn die Gefängnistür der Liebe ins Schloss fällt, bleibt einem nur eines: noch verliebter zu sein als je zuvor. Es gibt einfach keinen anderen Weg, um da rauszukommen."

Doch die dahinterliegende Klage offenbart einen grundlegenden Fehler: Sie haben geheiratet, um glücklich zu sein. Nicht wahr? So hat Gott Sie in dieses Abenteuer hineingelockt. Und dann benutzt er die Ehe, um Sie dazu zu bringen, dass Sie sich seine Ziele zu eigen machen. Oh ja, dann herrscht Freude – wahres Glück. Mich beschämt es manchmal richtig, wie viel Glück wir genießen dürften. Doch es ist einfach so, dass das Glück darauf wartet, dass Sie sich Gottes Ziele zu eigen machen.

Egal, was man Ihnen vor der Hochzeit über die Ehe gesagt hat, es zählt nicht, solange Sie sich nicht in der Ehe befinden und eine Weile *in* der Ehe gelebt haben. Dann fangen Sie an zu begreifen.

Das ist ungefähr so, als würde man sämtliche Schlüssel an einem Schlüsselbund ausprobieren, um zu sehen, welcher die Tür zum Leben öffnet. Der Schlüssel, auf dem steht: „Mein Ehepartner wird mich glücklich machen", scheint nicht zu passen. Der hübsche Schlüssel mit der Aufschrift „Nettes kleines Heim" passt auch nicht. Der verschnörkelte mit dem Namen „Schütze dich selbst!" funktioniert auch nicht. Es ist doch zum Mäusemelken! Es gibt nur einen Schlüssel, der die Tür öffnet, und das ist der hier: „Ich bin hier, um zu lernen, wie man liebt." Huch. Das ist der Schlüssel, den die meisten von uns als Letztes ausprobieren.

Doch er schließt diese Tür auf und dann können wir unser Leben wirklich leben.

Unzählige kleine Entscheidungen

Wären Sie nicht auch froh, wenn es zu Ihrem Leben einen Soundtrack gäbe? Das wäre ja so hilfreich.

Wenn irgendeine gruselige Filmmelodie wie bei Alfred Hitchcock oder Freddy Krueger erklingen würde, sobald ich das Haus betrete, würde es mir viel leichter fallen zu glauben, dass die geistlichen Auseinandersetzungen real sind. Wenn plötzlich Josh Groban zu singen begänne, wüsste ich, dass nun etwas Romantisches kommt. Wenn ich dagegen so eine angespannte, pulsierende Musik hören würde, wie die Titelmelodie zu *Die Bourne-Identität*, wüsste ich, dass etwas Gefährliches droht. Wenn es an der Zeit wäre, Mut zu zeigen, würde ich schwungvoll zur Waffe greifen, sobald der Titelsong von *Gladiator* erklingt. Würde es uns nicht helfen zu erkennen, dass wir tatsächlich Teil einer großen epischen Erzählung sind, wenn das Leben mit einem Soundtrack versehen wäre?

Stattdessen höre ich im Augenblick nur den Schneepflug meines Nachbarn. Aber das hat irgendwie nicht die gleiche Wirkung.

Wir alle erwarten, dass die Liebe von dramatischen Effekten begleitet wird. Wir wissen, wie gewaltig und schön Liebe ist. Doch warum fühlt sie sich nicht immer so an? Liebe drückt sich auf scheinbar ganz unspektakuläre Weise aus – Sie sammeln Ihre Socken vom Boden auf, Sie überhören den bissigen Kommentar Ihrer Frau, Sie klappen den Toilettensitz nach unten. Doch gerade darum ist es ein Roman, weil die Liebe sich in unzähligen kleinen Entscheidungen ausdrückt, die unbemerkt bleiben und *nicht* von einer Filmmelodie untermalt werden. Das macht Liebe so schön.

Vor einigen Jahren hatten Johns Eltern ihren 50. Hochzeitstag. Um das mit ihnen zu feiern, luden wir sie für fünf Tage nach Mexiko ein. Wir teilten ein Ferienhaus auf einem Hügel, von dem aus man den Golf von Kalifornien überblickte. Es war herrlich – mit Loungesesseln, Hängematten und dem Klang der Wellen. Aber wissen Sie, welchen Augenblick ich am schönsten fand – welcher wunderbare Anblick für mich das größte Privileg darstellte?

Ich weiß nicht viel über die Ehe von Johns Eltern. Ich habe zu Hause ein Bild von einer hübschen jungen Frau, die lachend auf dem Schoß eines sehr glücklichen jungen Mannes sitzt. Diese Aufnahme stammt aus dem ersten Jahr ihrer Ehe. Das war die große, wahre Liebe. Man konnte es ihnen ansehen. Doch mit den Jahren wurde das Leben schwieriger. Die Dinge liefen nicht so, wie sie es sich erträumt oder vorgestellt hatten. Ihr Leben war hart und leidvoll. Die Gesundheit von Johns Vater verschlechterte sich über viele Jahre hinweg immer mehr. Heute ist er dement. Er kann ungeduldig, sarkastisch, launisch sein – ein richtiger Griesgram. Doch er hat eine treue Gefährtin, die ihn umsorgt, ihm zuhört und sich um ihn kümmert. Seine Frau.

Der Augenblick, den ich meine, war folgender: Wir wollten an einem der Abende ausgehen und Patricia hatte sich bereits zurechtgemacht. Sie ist noch immer eine hübsche Frau mit gutem Geschmack und natürlicher Anmut. Bob saß in einem Sessel und konnte es nicht erwarten wegzukommen. „Noch nicht, Bob", sagte sie freundlich. Und dann kniete sie vor ihm nieder, half ihm, in seine neuen blauen Tennisschuhe zu schlüpfen, und band ihm sorgsam die Schuhbändel. Eine ganz gewöhnliche und einfache Aufgabe, die sie schon hunderte, wenn nicht gar tausende Male für ihn übernommen hatte. Ein Akt zärtlicher, wortloser, hingebungsvoller Liebe, der mir die Tränen in die Augen trieb.

Manchmal ist es einfach eine Berührung. Ich (John) war heute Morgen etwas „stachelig", als ob es etwas gäbe, worüber ich mich ärgern müsste, ohne zu wissen, was es war. Ich fühlte mich einfach weder liebevoll noch liebenswert. Nun mag Stacy es aber, wenn wir uns morgens eine Weile im Arm halten. Ich weiß, dass es ihren ganzen Tag aufhellt, wenn sie am Morgen als Erstes von mir liebevoll berührt wird. Doch mir war nicht danach, ihr das zu geben. Ich war nicht gänzlich auf Rückzug gestimmt, nur so ein bisschen widerspenstig. Bevor sie zur Küchentür hereinkam, wandte ich mich zum Fenster, um ein Reh zu beobachten, und drehte ihr den Rücken zu. So richtig stachelig eben. Stacy trat von hinten an mich heran und berührte mich liebevoll. Was für ein wunderbarer Entschluss von ihr! Die Stacheln fielen förmlich von mir ab, so, als würde man die Samenschirme von einer Pusteblume wegblasen.

Es ist nicht leicht, darüber zu schreiben, weil viele dieser kleinen Entscheidungen „geheim" sind, insofern, als sie der Ehepartner nicht wahrnimmt. Es sind Entscheidungen zwischen uns und Gott. Man fühlt sich unwohl, wenn man darüber schreibt, so, als würde man ein Geheimnis verraten. So, als würde man die rechte Hand wissen lassen, was die linke tut, oder so ähnlich. Doch wir wollen Ihnen von einigen dieser „Geheimnisse" berichten, damit Sie besser verstehen können, wie Sie das in Ihrem eigenen Leben umsetzen können.

Unsere Freunde Craig und Lori befanden sich vergangenes Wochenende gerade auf der Rückfahrt von Los Angeles, wo sie die Ferien bei ihren Kindern verbracht hatten. Sie waren zwei Wochen weg gewesen und hatten es in vollen Zügen genossen. Nun ging es wieder nach Hause. „Ich bin ein Gaul, der an seinem Stall hängt", meinte Craig. „Wenn man meine Nase in Richtung Heimat dreht, will ich nichts anderes als nach Hause in meinen Stall." Die meisten Männer kennen das vermutlich: Die Kilometer sind dazu da, erobert zu werden, und anzuhalten kommt einer Niederlage gleich. (Ganz besonders dann, wenn der Sattelschlepper, den man vor 40 Minuten überholt hat, an einem vorbeidonnert, während die Ehefrau gerade auf der Toilette ist.)

Doch Lori wollte in Santa Fe Mittagspause machen. Sie liebt gutes Essen und in Santa Fe gibt es ein paar besonders nette Cafés. Aber es war auch verlockend nah an zu Hause; nur noch fünf Stunden bei einer Gesamtstrecke von 18 Stunden. Außerdem waren ihre Ferien ja nun vorbei und sie hatten in L. A. bereits häufig gut gegessen. Nun war es Zeit, nach Hause zu kommen. Doch Craig ging mit Lori in Santa Fe essen – zwei Stunden lang.

„Ich mache die Besorgungen."

„Wir können auch deine Lieblingssendung anschauen."

„Ja, du kannst das Licht gerne dimmen."

„Nein, es macht mir nichts aus, wenn du heute Abend ausgehst."

„Magst du einen von meinen Keksen probieren?"

Solche Augenblicke begegnen uns jeden Tag zuhauf. Heute Vormittag mussten wir zu einer Veranstaltung, bei der wir die Hauptredner waren. Stacy und ich hatten am Tag zuvor vereinbart, dass wir um 8:00 Uhr aus dem Haus gehen. Nun war es schon 8:10 Uhr und sie war immer noch nicht fertig. Stattdessen werkelte sie noch im Bad herum. Augenblicke wie dieser offenbaren, was uns antreibt. *He – du wolltest doch unbedingt pünktlich aus dem Haus. Also, los jetzt!* Warum kratzt mich diese Viertelstunde? Was ist das für eine Zwanghaftigkeit und Anspannung? Geht es nicht eigentlich darum, dass ich die Dinge im Griff haben will und sicher sein möchte, dass wir einen guten Eindruck hinterlassen? Das ist schlimm. Ich denke mehr an meinen guten Ruf als an das Herz meiner Frau.

Also setzte ich mich an den Küchentisch, aß mein Müsli zu Ende und trank eine Tasse Tee. Ich wartete einfach, bis sie auftauchte und verkündete: „Ich bin so weit!" Ich machte noch nicht einmal eine spitze Bemerkung. Das sind diese kleinen Entscheidungen, die wir Tag für Tag treffen. Wir lernen, was es heißt zu lieben.

„Es tut mir leid!"

Eine glückliche Ehe ist die Vereinigung zweier Menschen, die vergeben.
Ruth Bell Graham

Ich (Stacy) wollte nie übergewichtig sein. Ich bin nicht eines Morgens aufgewacht und habe mir gesagt: *Jetzt weiß ich, welche Last ich tragen möchte. Ich möchte stark übergewichtig sein – das soll mein Kreuz sein!* Ich habe mich auch nie nach dem Schmerz gesehnt, an einem Schaufenster oder

Spiegel vorbeizugehen und mich zutiefst zu schämen. (Viele Frauen kennen dieses Gefühl.) Ich habe es immer gehasst, dass ich mich für meinen Körper geschämt habe. Ein Geschäftsessen, ein Zusammentreffen mit Leuten aus Johns Bekanntenkreis, eine Verpflichtung als Rednerin – ich fühlte mich stets als peinliche Begleiterscheinung seiner Person und des Dienstes, den Gott uns anvertraut hatte.

Oh ja, ich wusste, dass andere Frauen ungeachtet ihrer persönlichen Probleme und ihrer Erscheinung wertvoll waren. Ich erkannte, dass jede *andere* Frau der Welt etwas von einmaliger Schönheit zu bieten hatte. Doch für mich selbst konnte ich das nicht annehmen. Zu jedem Ereignis, jedem Ausflug, jedem Urlaub, jeder Party, jedem Zusammensein, jedem Meeting, jedem Gang aus dem Haus nahm ich meine Scham und Unsicherheit, meine Selbstanklage und meine Selbstverachtung mit. Warum konnte ich nicht einfach weniger essen? Wo war bei mir die geistliche Tugend der Selbstdisziplin? Meine Unfähigkeit, abzuspecken und das Gewicht zu halten, verletzte meinen Mann und sogar meine Kinder zutiefst.

War es mein Fehler? Nein. Und ja. Ich wollte sie nicht verletzen. Ich habe ja versucht abzunehmen. Ich habe wirklich darum gekämpft. Mein Fehler war, dass ich in tiefen Verletzungen, geistlichen Bindungen und auch Sünde gefangen war. Habe ich meinen Mann absichtlich verletzt? Absolut nicht. Aber dennoch habe ich ihn verletzt. Musste ich – oder besser: muss ich – ihn um Vergebung bitten dafür, dass ich ihn verletzt habe? Ja, ich denke schon.

Und das fällt mir schwer. Ich möchte die Schuld auf andere schieben: „Es liegt an den Verletzungen aus meiner Kindheit." Ich möchte dem Feind die Schuld geben: „Es ist allein *seine* Schuld!" Oje, ich klinge schon genauso wie Eva. Herr, hab Erbarmen.

Ich muss für meinen Teil die Verantwortung übernehmen. Und ich muss meinen Mann um Vergebung bitten. Sein Herz ist mir wirklich wichtiger als meines. Zu erkennen, wie sehr ich ihn verletzt habe, ist schmerzhaft. Doch ich muss den nächsten Schritt gehen und mich bei ihm entschuldigen – ganz konkret. Ich muss in Liebe auf ihn zugehen und ihm sagen, dass ich erkenne, wie sehr ich ihn verletzt habe, und ihm sagen, dass mir das leidtut, und ihn um Vergebung bitten.

Wenn ich meinen Mann verletze, verhärtet das sein Herz in der Beziehung zu mir. Ich verliere Vertrauen. Stein für Stein entsteht eine Mauer zwischen uns. Diese Wand kann ich hoffentlich zum Einsturz bringen, wenn ich meinen Teil der Verantwortung trage, den dadurch verursachten Schmerz eingestehe, umkehre und ihn um Vergebung bitte.

Meine Unfähigkeit, meinen Mann so zu lieben, wie es richtig wäre, bedeutet nicht, dass ich eine Versagerin bin. Ihn verletzt zu haben bedeutet nicht, dass ich ein verletzendes Wesen hätte. An ihm schuldig geworden zu sein (oder auch an irgendeinem anderen Menschen), bedeutet nicht, dass mein wahres Wesen das einer Sünderin ist. Als Kind Gottes bin ich zutiefst geliebt. Ich bin keine Sünderin, sondern eine Heilige. (Und übrigens gilt das auch für Sie, wenn Sie Jesus Christus nachfolgen.) Ich habe ein reines, ein beschnittenes Herz. Mein Körper ist der Tempel des lebendigen Gottes. Meine Identität steht nicht infrage. Sie ist ein für alle Mal geklärt. Ich gehöre zu Gott, und alles, was er über mich sagt, bleibt wahr. Gerade aufgrund seiner erstaunlichen Liebe und weil ich glaube, was er über mich und zu mir sagt, bin ich in der Lage, meine Schuld und mein Versagen anzuschauen, statt sie schönzureden.

Niemand kommt durch diese zerbrochene, gefallene, von Kämpfen gebeutelte Welt hindurch, ohne Schaden anzurichten. Und viel von dem Schaden, den Sie angerichtet haben und von dem Sie vielleicht noch nicht einmal wissen, entspringt Ihrem persönlichen unbewussten Beziehungsstil. Die Folgen von Sünde und Zerbrochenheit und die Folgen Ihres Lebensansatzes summieren sich über die Jahrzehnte, meine lieben Freunde. Und das hat Auswirkungen auf die Menschen in Ihrem Umfeld. Und für diese Auswirkungen werden Sie vermutlich um Vergebung bitten müssen.

Gestern habe ich (John) Gott gefragt: „Was brauchen unsere Leser, Herr? Was brauchen sie für ihre Ehen?"

Er antwortete: „*Heilung*."

Also fragte ich weiter: „Wie soll diese Heilung vonstattengehen?"

Und er antwortete: „*Durch Vergebung*."

Wenn Liebe, Hoffnung und Verlangen neu erwachen sollen, dann kann das nur durch Vergebung geschehen. Wenn es erweiterte Horizonte in Ihrer Beziehung geben soll, an denen Sie über Probleme sprechen und anders mit Konflikten umgehen können, dann kann das nur durch Vergebung geschehen.

Wir haben über die Jahre eine Menge Schaden angerichtet.

Jeder von uns.

Es wird der Anbruch eines neuen Tages und ein Moment tiefer Heilung sein, wenn Sie anfangen, einander um Vergebung zu bitten. Setzen Sie sich zusammen hin und sagen Sie (wenn Sie wissen, wofür Sie um Vergebung bitten müssen): „Ich weiß, dass ich dich um Vergebung bitten muss wegen ..." Oder (wenn Sie es nicht wissen) fragen Sie einfach: „Wie ist das Zusammenleben mit mir? Welche Auswirkungen hat mein Beziehungsstil in all den Jahren auf dich gehabt? Hat er dazu geführt, dass du in bestimmten Lebensbereichen die Hoffnung aufgegeben hast? Ich möchte das wirklich gerne wissen, und ich weiß auch, dass ich deine Vergebung brauche." Das wäre sicher ungeheuer heilsam.

Nun, wir wissen – wir wissen es wirklich! –, das klingt wie die Aufforderung, aus einem fliegenden Flugzeug zu springen. Da schreit etwas in Ihnen: *Nicht um alles in der Welt! Ich werde doch diese Büchse der Pandora nicht öffnen und all diese Verletzungen und diese unverarbeiteten Probleme herauslassen. Sie sind wohl verrückt!*

Wir verstehen diese Angst. Aber, liebe Freunde, Sie können diese Dinge nicht ignorieren. Die Anhäufung all dieser Kränkungen, der großen wie der kleinen, bringt eine Ehe zum Zusammenbruch, weil unser Herz dichtmacht – zumindest ein Teil von uns: Wir verschließen uns, wir steigen aus und nehmen innerlich den Bus nach Irgendwo. *Es wird sich nie etwas ändern. Es scheint ihm/ihr egal zu sein, was das alles für mich bedeutet. Ich werde mir einfach keine Sehnsucht mehr erlauben. Ich will keine Hoffnung mehr haben.*

Sie möchten doch nicht, dass Ihr Ehepartner zu diesem Schluss kommt! Und deshalb können Sie die Auswirkungen auf Ihren Ehepartner nicht einfach übergehen und auf bessere Zeiten hoffen.

Das funktioniert hier genauso wenig wie in Ihrer Beziehung zu Gott.

Sie wissen, dass Ihre vertraute Beziehung zu Gott durch Ihre Schuld, Ihre Gleichgültigkeit, Ihren Unglauben, Ihre Abhängigkeiten gestört wird. Um sich ihm wieder zu nähern und die Beziehung wiederherzustellen, müssen Sie sagen: „Es tut mir leid. Bitte vergib mir. Ich will wieder deine Nähe erleben, Jesus. Bitte nähere dich mir. Vergib mir diesen Zornesausbruch ... diese Maßlosigkeit ... oder dass ich dich über Wochen ignoriert habe. Ich liebe dich wirklich." Das ist für unser geistliches Leben unerlässlich. Und Sie wissen auch, dass man so etwas nicht nur einmal macht. Unsere Beziehung zu Gott wird durch Vergebung gestärkt, geheilt, erneuert – immer und immer wieder.

Ohne Vergebung kommen Sie geistlich nicht vom Fleck. Auch die Ehe kommt ohne Vergebung nicht vom Fleck.

Wir müssen die heilende Kraft der Vergebung in unsere Ehe hineintragen. Und das sieht so aus, dass wir uns zusammensetzen und die Dinge auf den Tisch legen: „Schatz, da ist diese Sache mit ... (Sie müssen es konkret benennen!), und ich habe erst jetzt erkannt, wie viel Schaden ich dadurch angerichtet habe." Oder stellen Sie Ihrem Ehepartner die Frage: „Wie fühlst du dich mit mir? Wie wirkt sich das alles auf dein Leben aus?"

Und wenn Sie das Glück haben, dass Ihr Ehepartner das enorme Risiko eingeht, offen zu reden, dann *richten Sie bitte keinen weiteren Schaden an,* indem Sie das Gesagte wegdiskutieren oder sich rechtfertigen: „Jetzt aber mal langsam – du hast damit doch auch ein Problem." Oder: „Das habe ich damit doch gar nicht gemeint – du verstehst das völlig falsch!"

Hören Sie sich an, was Ihr Partner zu sagen hat, erkennen Sie an, wie viel Gewicht es hat, und sagen Sie dann: „Schatz, ich habe verstanden, was du sagst. Es tut mir von Herzen leid. Bitte vergib mir."

Das richtige Timing ist wichtig. Sie möchten doch, dass dieses Gespräch gute Früchte trägt. Wann sollen Sie das Thema ansprechen? Fragen Sie Gott. Beten Sie zuerst darüber. Beten Sie ohne Unterlass!

Und was nun folgt, ist ebenso wichtig: Sie wollen die Heilung nicht dadurch sabotieren, dass Sie genau das wiederholen, wofür Sie gerade um Vergebung gebeten haben. Ihr Ehepartner muss eine echte Veränderung erkennen können. Er muss sehen können, dass Sie sich bewusst um Veränderung bemühen. Sonst wird der Feind in Sekundenschnelle herbeispringen und die alten Sprüche wieder aufleben lassen: *Siehst du?! Es ändert sich nie etwas. Vergiss es einfach! Es ist es doch gar nicht wert, dass man dafür kämpft!*

Beruhigen Sie sich. Atmen Sie tief durch. Wir wissen, das klingt nach einer Wurzelbehandlung ohne Betäubung, aber Gott ist bei Ihnen. Sie sind geliebt. Ihnen ist bereits vergeben. Sie sind sicher und geborgen. Sie haben nur einfach etwas wiedergutzumachen.

Der wesentlichste und tiefste Grund

Ich sitze hier, schreibe an diesem letzten Kapitel, füge Stacys und meine eigenen Worte zusammen und es sind nur noch zwei Tage bis zum Abgabetermin. Plötzlich wird mir – wieder einmal – bewusst, dass es mir ziemlich gegen den Strich geht zu lieben.

Ich will nicht um Vergebung bitten. Ich will den blöden Krempel einfach hinter mir lassen.

Wir haben ein Friedensabkommen geschlossen. Wäre es nicht besser, keine schlafenden Hunde zu wecken? Es wäre zumindest *leichter* und das Leichtere wirkt auf den ersten Blick immer attraktiv. Der Feigling in mir dreht durch. Es wird mir wieder einmal schmerzlich bewusst, dass das Wesen der Liebe mir einen anderen Lebensstil abverlangt. Mann, das Glück hat seinen Preis. Und es ist gefährlich. Ich höre den Ruf: *Nimm dein Kreuz auf dich!* Er erklingt über die Hügel aus einem weit entfernten Land – aus einem anderen Königreich. Wieder eine Entscheidung, die mich auffordert, meinen Selbstschutzmechanismen, meinem Egoismus, meinem eigenen Lebensstil abzusterben.

Und so kämpfe ich mit der Frage, die wir weiter oben bereits gestellt haben: Warum um alles in der Welt sollte sich jemand von ganzem Herzen in ein so gefährliches, kostspieliges und ungewisses Abenteuer werfen? (Denn „von ganzem Herzen" ist die einzige Art, wie wir leben können und wie Liebe funktionieren kann; das weiß ich ganz sicher.)

Meine Antwort hat sich mit den Jahren verändert. Ja, so entspricht es dem Mann, der ich sein will. Das ist ein Teil der Antwort. Die Integrität des Wunsches, sein Leben gut und richtig führen zu wollen, tut der Seele so gut und stellt so viel Verlorenes wieder her, dass es einen geradezu süchtig machen kann. Ja, ich nehme mein Eheversprechen ernst, auch wenn ich am Tag meiner Hochzeit noch keine Ahnung hatte, was ich da versprach. Doch da ist noch etwas Tiefergehendes, das mich wie eine Berufung ereilt – etwas Reicheres, von dem ich kosten durfte, das mich dazu drängt, das alte Leben, das ich immer wieder neu aufzubauen beginne, loszulassen, damit ich lernen kann, wie man liebt.

Ich will Gott.

Können Sie einen besseren Grund nennen? Es gibt einfach keine andere Quelle des Lebens. Es gibt keinen anderen Wasserfall der Freude. Gott selbst ist das Glück, nach dem wir uns sehnen. Das versucht uns die Bibel begreiflich zu machen. Jeder, der Gott über die vielen Generationen hinweg kennengelernt und darüber geschrieben hat, stimmt darin überein. Doch Sie werden einen hohen Preis bezahlen, wenn Sie diese Wahrheit schließlich in Ihrem eigenen Leben Raum gewinnen lassen. „Es gibt kein anderes Glück als Gott und unsere Verbundenheit mit ihm", so hat Blaise Pascal geschrieben. Aber Junge, Junge, wie viel Glück erwartet uns, wenn wir Gott erst einmal gefunden haben!

David genoss die Freundschaft Gottes – nachdem er alles andere probiert hatte – und kam zu dem Schluss: „Deine Liebe bedeutet mir mehr als das Leben" (Psalm 63,4). Mehr als das Leben – das bedeutet: „Ich würde ohne Zögern mein Leben für die Liebe Gottes hingeben."

Die meisten Menschen lesen solche Worte und wissen nicht so recht, was sie damit anfangen sollen. Es ist nicht leicht, sich damit zu identifizieren, wenn man selbst noch nicht geschmeckt hat, wie durch und durch gut Gott ist. Das ist so, als würden einem Freunde von ihrer Reise in die Schweiz oder nach Hawaii berichten: Je leidenschaftlicher sie berichten, umso weniger scheint es zu bewirken. Sie können uns nur ihre Fotos zeigen und uns drängen: „Du solltest dir das selbst anschauen."

Das Leben als Christ ist wie die Kapelle von San Vitale in Ravenna. Von außen betrachtet ist sie nicht sehr beeindruckend. Man könnte sie für eine Bücherei halten. Doch ihr Inneres ist absolut atemberaubend. Die Wände sind mit byzantinischen Mosaiken bedeckt, die Gewölbedecken Bogen für Bogen mit Gold geschmückt und der Boden besteht aus graviertem Marmor. Es ist, als trete man in eine andere Welt ein – wie in ein Märchen. Man baute diese Kapelle im Gedenken an den Zimmermann von Nazareth. Von außen betrachtet entspricht auch er nicht unserer Vorstellung von einem „Superhelden". Doch im Innern ist er die faszinierendste Person, der Sie jemals begegnen werden. Er wird Ihnen den Atem rauben.

Ich weiß, wie wahr das ist, und darum will ich mehr von ihm.

Um Gott zu finden, muss ich da suchen, wo Gott zu finden ist. Das mag eine Hilfe für Leute sein, die sagen, Gott „erschiene ihnen so fern" – oder wie ein Freund neulich mit einem zynischen Unterton meinte: „Er scheint nicht oft hier aufzutauchen." Wenn ich einen Falken sehen will, blicke ich zum Himmel hinauf, dorthin, wo sich an den Berghängen Aufwinde bilden. Wenn ich unseren Hund finden will, muss ich einfach nur nach Stacy Ausschau halten – der Hund rollt sich meist zu ihren Füßen zusammen. Wer Gott finden will, muss dort suchen, wo Gott ist – er muss so leben wie er, muss für die gleichen Dinge und Ziele brennen. „Gott ist Liebe. Wer in der Liebe lebt, lebt in Gott und Gott lebt in ihm" (1. Johannes 4,16).

Jedes Mal, wenn wir uns dafür entscheiden zu lieben, gehen wir einen Schritt auf Gott zu. Es ist dann, als wäre er genau neben uns. Jedes Mal, wenn wir uns für etwas anderes entscheiden, gehen wir einen Schritt von ihm weg.

Ich will Gott, also beschließe ich zu lieben.

Verstehen Sie mich bitte nicht falsch: Ich liebe Stacy heute mehr denn je. Manchmal jagt es mir schon Angst ein, wie sehr ich sie liebe, weil es sich so ungeheuer verletzbar anfühlt. Du trittst ganz weit aus dir heraus und weißt, dass du dich damit angreifbar machst. „Liebe trotzdem“, sagt C. S. Lewis, „und dein Herz wird dir schwer gemacht und möglicherweise gebrochen.“ („Möglicherweise“ ist eine echte Untertreibung!) Dann lesen wir in der Bibel, wir sollten einander lieben, „so wie Gott uns geliebt hat“. Und wenn man bis dahin den Zusammenhang noch nicht verstanden hat, führt einen dieser Weg direkt zu einer Dornenkrone.

Es fällt uns nicht leicht. Wenn wir uns verlieben, gibt Gott uns dadurch einen Schubs in die richtige Richtung. Doch dann müssen wir uns entscheiden. Und man braucht schon einen wirklich zwingenden Grund, um Tag für Tag und Jahr für Jahr sein Leben hinzugeben. Um diese unzähligen kleinen Entscheidungen zum 1001sten Mal zu treffen. Es muss uns etwas dazu *zwingen.*

Was könnte zwingender sein als das? Wenn wir uns selbst hingeben, um zu lieben, sind wir am Ende dem Einen näher, der sich schon immer so hingegeben hat. Wir finden Gott.

Und wir machen eine überraschende Entdeckung.

Eines der Geheimnisse des Lebens ist dies: Man findet Gesundheit nicht, indem man sich Gesundheit zum Ziel setzt. Man findet kein Glück, wenn man das Glück zu seinem Ziel macht: Und auch Freude erlebt man nicht, indem man nach Freude sucht. All diese Dinge findet man nur, wenn man etwas anderes zu seinem Ziel macht: Wenn man Gott findet, findet man zugleich alle möglichen wunderbaren Dinge. Schließlich hat er das Paradies geschaffen und es uns zum Hochzeitsgeschenk gemacht. Die Welt wurde auf Romantik hin geschaffen – Musik, Weingärten, Sonnenuntergänge, ein inniger Kuss. „Werdet trunken vor Liebe!" So ist Gott.

Er hat auch unser Herz geschaffen und uns einander gegeben. Er möchte uns Freude und Leben in Fülle geben. „Du öffnest deine wohltätige Hand, und alles, was lebt, wird satt“ (Psalm 145,16).

Es war so wie der Moment, als ich die Kapelle von San Vitale betrat: Als ich bei Gott eintrat, stieß ich auf eine berauschende Fülle des Lebens. Ich habe jetzt etwas, wofür es sich zu kämpfen lohnt. Ich erlebe Abenteuer um Abenteuer. Und ich habe eine bezaubernde Schönheit, die ich retten will (und Sie erinnern sich sicher noch daran, was nach der Rettung der Schönen kommt).

Stacy hat das, wovon jedes Mädchen träumt: Sie hat jemanden, der für sie kämpft. Sie hat teil an einem großen Abenteuer. Und sie darf immer mehr von ihrer Schönheit enthüllen. Welch eine Freude entsteht dort, wo man sich in diese Dreierschaft mit Gott begibt und erlebt, wie der eigene Ehepartner immer heiler und lebendiger und freier wird!

Ja, die wahre Liebe kostet uns alles. Denken Sie nur an das Kreuz. Doch die Liebe ist es *immer* wert. John und ich sind nun seit über 25 Jahren verheiratet, und ich kann Ihnen ehrlich sagen, dass es immer besser und besser wird. Ich habe ihn schon von ganzem Herzen geliebt, als wir heirateten. Doch Gott hat mein Herz und auch meine Liebe weiter gemacht. Das hat mich einiges gekostet. Es hat John einiges gekostet. Und es kostet uns weiterhin etwas. Doch so ist das bei jedem großen, unschätzbaren, wunderschönen Schatz, der es wert ist, dass man ihn besitzt. Ich kann gar nicht all die Gründe zur Freude aufzählen, die mir meine Ehe mit John geschenkt hat. Sie sind die höchsten und tiefsten Geschenke meines Lebens.

Wir leben in einer Liebesgeschichte, die inmitten einer kriegerischen Auseinandersetzung spielt. Die wahre Liebe ist unsere Bestimmung, und die Hölle will uns daran hindern, diese Bestimmung zu leben. Das erklärt wirklich vieles.

Wir wachen jeden Morgen auf und erkennen, dass wir uns den Weg zurück zu all dem erkämpfen müssen, was wahr ist. Wir müssen gegen all die unzähligen Gründe ankämpfen, die uns locken, uns mit weniger als dem vollen Leben zufriedenzugeben, zu dem wir geschaffen wurden. Unser Körper wacht auf, aber dann müssen auch unser Herz und unsere Seele aufgeweckt werden, damit wir unsere Rolle in Gottes großer Liebesgeschichte spielen können. Und Gott hat unser Herz so geschaffen, dass nichts uns wacher macht als eine große Mission, die nur wir allein erfüllen können. Darum besitzen die Märchenerzählungen eine solche

Kraft, weil sie ihren Höhepunkt durch dieses Erwachen im Herzen des Jungen und des Mädchens finden.

Ich gehe davon aus, dass dieses Jahr so manche Schlacht bereithalten wird. Ich vermute, dass wir gemeinsam so manchen Dämon kleinkriegen werden.

Wir werden uns vermutlich jede Menge unnötige Sorgen um unsere Jungs machen.

Entgegen unseren besten Vorsätzen werde ich weiter meine Klamotten auf dem Boden anhäufen, und Stacy wird mir weiter sagen, wo ich abzubiegen habe.

Ich freue mich aber auch auf all das Herrliche, das vor uns liegt. Wir lachen in letzter Zeit viel.

Ich hoffe, wir werden noch mal eine Reise in einen Nationalpark machen – oder vielleicht sogar nach Italien.

Nachwort

Und was nun?

Gratuliere – Sie haben es bis an das Ende dieses Buches geschafft!

Und was nun? Stacy und ich würden Ihnen gerne ein paar „nächste Schritte“ anbieten: Lesen Sie das Buch ein zweites Mal! Ich habe das ganze Buch gerade noch einmal gelesen, einige Monate nachdem Stacy und ich es geschrieben haben. Was für eine Überraschung! Ich entdeckte, dass mich diesmal Dinge ansprachen, die mir beim ersten Mal überhaupt nicht ins Auge fielen. Ich wurde an Wahrheiten erinnert, die ich schon wieder vergessen hatte. Ich wurde zutiefst ermutigt, manchmal auch überführt und bekam einen neuen Anstoß, noch mehr aus unserer Ehe zu machen. Ich denke, es wird Ihnen ähnlich gehen – man muss diese Dinge einfach mehr als einmal gelesen haben! Schenken Sie Ihrem Ehepartner (oder Ihrem/r Verlobten) ein Exemplar des Buches, und bitten Sie ihn, es zu lesen! Nehmen Sie sich anschließend ein paar Abende Zeit, um darüber zu sprechen. Oder noch besser, nehmen Sie sich ein Wochenende frei, fahren Sie weg, unternehmen Sie etwas Romantisches und sprechen Sie dann über das Buch – was Sie bewegt hat, woran Sie gern in Ihrer Ehe arbeiten würden. Das wäre vielleicht auch ein guter Moment, um über Ihre Träume und Wünsche zu sprechen, und ein guter Augenblick, um einander um Vergebung zu bitten. Laden Sie ein paar Ehepaare aus Ihrem Bekanntenkreis ein und bilden Sie eine „Ehe-Gruppe“. Gehen Sie das Buch gemeinsam durch. Sprechen Sie darüber. Wir haben das schon mehrere Male gemacht, und das waren mit die besten Investitionen in unsere Ehe. Geben Sie dieses Buch an Ehepaare weiter, denen Sie für ihre Ehe Mut machen wollen oder die einen Rettungsanker brauchen.

Anhang

Gebete

Ein Gebet, mit dem Sie Jesus Christus in Ihr Leben einladen können

Jesus, ich glaube, dass du der Sohn Gottes bist und dass du am Kreuz gestorben bist, um mich aus Sünde und Tod zu retten und mich mit dem Vater zu versöhnen. Ich beschließe, mich von meinen Sünden, meiner Selbstbezogenheit und allem, was dir an meinem Leben nicht gefällt, abzuwenden. Ich entscheide mich für dich. Ich empfange deine Vergebung und bitte dich, in meinem Leben den Platz einzunehmen, der dir als meinem Retter und Herrn zusteht. Regiere du von jetzt an mein Herz, füll mich mit deiner Liebe und deinem Leben, und hilf mir, zu einem wahrhaft liebevollen Menschen zu werden – zu einem Menschen, der so ist wie du. Erneuere mich, Jesus. Lebe du in mir. Lebe du durch mich. Danke, Gott, in Jesu Namen. Amen.

Tägliches Gebet

Über die Jahre haben Stacy und ich das tägliche Gebet – gemeinsam oder jeder für sich – immer mehr zu schätzen gelernt. Das war ein Weg. Zu Anfang halfen uns ganz einfache Gebete wie dieses:

Jesus, wir vertrauen dir unser Haus, unsere Ehe und unsere Familie an. Leite uns und erfülle uns mit deinem Leben. Komm und sei du der Herr unserer Ehe, unseres Hauses und unserer Familie.

*

Mit der Zeit spürten wir das Bedürfnis, länger zu beten. Das hatte zum Teil damit zu tun, dass die geistlichen Auseinandersetzungen zunahmen, zum Teil lag es aber auch einfach daran, dass wir geistlich reifer wurden. Wir stellen Ihnen hier das „Tägliche Gebet" vor, so wie wir und viele Mitglieder von *Ransomed Heart* es jeden Tag beten. Es mag zunächst ein wenig langatmig erscheinen, doch mit der Zeit werden Sie entdecken, dass dieses (oder ein ähnliches) Gebet, wenn es regelmäßig gesprochen wird, einen enormen geistlichen Schutz bietet. (Es ist sogar eine kürzere Version als das Gebet, das wir momentan sprechen.)

Meist haben Stacy und ich morgens unseren eigenen Zeitplan, sodass jeder von uns für sich betet. Doch wir tun dies in dem Bewusstsein, dass wir „zusammenstehen", dass der andere das Gebet ebenso spricht und dass wir uns in diesem Gebet „eins machen". Zu anderen Zeiten merken wir, dass es wichtig ist, das Gebet gemeinsam zu sprechen – zur selben Zeit, im selben Raum –, weil uns die Einheit im Gebet besonders dringlich erscheint. Doch auf beiden Wegen wurde dieses Gebet uns zu einem enormen Segen:

Lieber Jesus,

ich komme jetzt zu dir, um mich von dir erneuern zu lassen und um deine Liebe, dein Leben und die Gnade zu empfangen, die ich heute so verzweifelt brauche. Ich erkenne dich als meinen Herrn und König an und stelle alle Bereiche meines Lebens ganz und gar unter deine Herrschaft. Ich gebe dir meinen Geist, meine Seele, meinen Körper, mein Herz, meinen Verstand und meinen Willen. Ich bitte deinen Heiligen Geist, mich durch diese Zeit zu leiten.

In alles, was ich jetzt bete, schließe ich (Name des Partners/Namen der Kinder) ein. Ich stelle sie unter deine Herrschaft und unter deinen Schutz, so wie ich mich selbst unter deine Herrschaft und deinen Schutz stelle.

Lieber Gott, heilig und dreieinig, du allein bist würdig, all meine Anbetung, alle Hingabe, all mein Lob und all mein Vertrauen zu empfangen. Ich liebe dich. Ich bete dich an. Ich vertraue dir. Ich vertraue dir die Sehnsucht meines Herzens nach wahrem Leben an. Ich bekenne hier und jetzt, dass es nur um dich gehen soll, Herr, und nicht um mich. Du bist der Held dieser Geschichte und ich gehöre zu dir. Vergib mir meine Sünden. Prüf mich und erkenne, wie ich es meine, und zeige mir, wo du in meinem Leben schon am Werk bist und wo du es gern wärst. Ich wünsche mir von dir Heilung und Erlösung und eine tiefe Umkehr.

Himmlischer Vater, danke, dass du mich schon geliebt und erwählt hast, bevor du diese Welt geschaffen hast. Du bist mein wahrer Vater – mein Schöpfer, Erlöser, Erhalter und der Vollender aller Dinge, auch meines Lebens. Ich liebe dich, ich vertraue dir, ich bete dich an. Ich liefere mich dir mit Haut und Haaren aus, damit ich in allen Dingen mit dir eins bin, so wie Jesus mit dir eins ist.

Danke, dass du uns deine Liebe gezeigt hast, indem du Jesus zu uns gesandt hast. Ich nehme ihn von ganzem Herzen für mich an. Danke, dass du mich in deine Geschichte eingeschlossen und mir durch Jesus meine Schuld vergeben hast. Danke, dass du mir seine Gerechtigkeit gewährt und mich in ihm gerechtgesprochen hast. Danke, dass du mich mit Jesus ganz neu lebendig gemacht hast und mich an seiner Auferstehung teilhaben lässt. Ich empfange das alles in Dankbarkeit und gebe dir die vollständige Verfügungsgewalt über mein Leben – über meinen Geist, meine Seele, meinen Körper, mein Herz, meinen Verstand und meinen Willen.

Jesus, hab Dank, dass du dein Leben für mich als Lösegeld gegeben hast. Ich liebe dich. Ich bete dich an. Ich vertraue dir. Ich möchte all das bewusst annehmen, was du am Kreuz für mich getan hast – durch deinen Tod, dein Opfer. Durch dein Kreuz ist der Preis bezahlt und ich gehöre für immer zu dir. Mein altes Wesen ist von mir genommen und alle Ansprüche gegen mich sind heute ungültig. Ich möchte dir immer ähnlicher werden und gebe dir mein altes Ich mit all seinem Stolz, seiner Überheblichkeit, seinem Unglauben ... (fügen Sie alles ein, womit Sie gerade zu kämpfen haben).

Ich lege mein altes Ich bewusst ab und bitte dich, dass du deine ganze Macht in mir zur Wirkung bringst. Jesus, ich wurde mit dir auferweckt zu einem neuen Leben, mit dir und für dich. Ich nehme jetzt meinen Platz in deinem Plan für mein Leben ein. Bitte schenk mir deine Demut, Liebe und Vergebung, deine Integrität, Weisheit, Kraft und deine Einheit mit dem Vater. Bring die Auferstehung in meinem Leben zur vollen Wirkung. Jesus, du hast auch die Autorität, mich mit allem auszurüsten, was ich brauche, um deine Sache voranzutreiben, und ich bitte dich jetzt darum.

Jesus, dir ist alle Macht gegeben im Himmel und auf Erden. Gegen dich kann auch der Teufel nichts mehr ausrichten. Daher bitte ich dich jetzt, mit deiner Vollmacht gegen alles anzugehen, was Satan in meinem Leben versucht. (An dieser Stelle sollten Sie geistliche Auseinandersetzungen und Schwierigkeiten konkret benennen, mit denen Sie gerade zu kämpfen haben.) All diese Dinge haben keine Macht mehr über mich, weil Jesus sie am Kreuz endgültig besiegt hat. Deshalb richte ich das Kreuz Jesu Christi als Schutzschild zwischen mir und den dunklen Mächten auf.

Heiliger Geist, danke, dass du gekommen bist. Ich liebe dich. Ich bete dich an. Ich vertraue dir. Ich nehme dich und dein Wirken und den Sieg des ersten Pfingstfestes an, bei dem du zur Erde kamst. Du bist das Band zwischen mir und dem Vater und dem Sohn geworden. Du bist in mir zum Sprachrohr der Wahrheit geworden, das Licht Gottes in mir, mein Ratgeber, Tröster, Führer und meine Kraft. Ich unterstelle mich in allen Bereichen meines Lebens deiner Anleitung. Bitte erfülle mich, und hilf mir, in allen Dingen mit dir im gleichen Schritt zu laufen. Füll mich, von Neuem. Erneuere und vertiefe meine Beziehung mit dem Vater und dem Sohn. Führe mich tiefer in die Wahrheit und segne mich in allen Bereichen meines Lebens und meiner Berufung. Ich danke dir und gebe dir die völlige Verfügungsgewalt über mein Leben.

Vater, heute lege ich die „Waffenrüstung Gottes" an – den Gürtel der Wahrheit, den Panzer der Gerechtigkeit, die Stiefel des Evangeliums, den Helm des Heils. Ich nehme den Schild des Glaubens und das Schwert des Geistes, und ich beschließe, sie jederzeit für die Sache Gottes einzusetzen.

Ich erbitte deinen Segen für mein Haus, meine Familie und alles, worüber du mir deine Vollmacht erteilt hast – im Namen des Herrn Jesus Christus. Ihm sei Ehre und Herrlichkeit. Ihm gebührt aller Dank.

Amen.

Ein Gebet um sexuelle Heilung

Die Heilung Ihrer Sexualität ist möglich. Das ist eine hoffnungsvolle Wahrheit! Doch Sie müssen sich bewusst machen, dass Ihre Sexualität sehr nah am tiefsten Kern Ihrer menschlichen Natur beheimatet ist. Darum gehört Zerbrochenheit im sexuellen Bereich mit zu den am tiefsten gehenden Formen von Zerbrochenheit. Sie müssen Ihre Heilung und Wiederherstellung ernst nehmen. Dieses angeleitete Gebet kann dabei eine immense Hilfe sein. Vielleicht merken Sie, dass Sie es mehrfach beten müssen, um bleibende Befreiung zu erleben.

Lassen Sie mich kurz erklären, warum es dieses Gebet gibt: Erstens, wenn wir unsere Sexualität durch Sünde missbrauchen, liefern wir Satan eine offene Tür, um uns im sexuellen Bereich zu knechten. Ein Mann, der Pornografie konsumiert, wird sehr gegen seine Lust anzukämpfen haben. Eine Frau, die vor der Ehe bereits sexuell aktiv war, wird noch Jahre danach mit sexuellen Versuchungen zu kämpfen haben. Daher ist es wichtig, dass wir unsere Sexualität unter die Herrschaft (und damit unter den Schutz) Jesu Christi bringen und dass wir ihn bitten, uns von unseren sexuellen Sünden reinzuwaschen. Zweitens, sexuelle Zerbrochenheit – ob nun durch eigenen missbräuchlichen Umgang mit unserer Sexualität oder durch den Missbrauch anderer – kann zu sexuellen Problemen führen, und auch das öffnet dem Feind eine Tür, um uns zu knechten. Oft braucht es an dieser Stelle Vergebung. Dazu gehört sowohl die Zuversicht, dass uns vom Herrn vergeben wurde, als auch die Entscheidung, anderen zu vergeben. Das wird sehr befreiend wirken.

Lassen Sie uns damit beginnen, das eigene Leben und die eigene Sexualität unter die Herrschaft Jesu Christi zu bringen:

Herr Jesus Christus, ich bekenne hier und jetzt, dass du mein Schöpfer bist (vgl. Johannes 1,3) und darum auch der Schöpfer meiner Sexualität. Ich bekenne auch, dass du mein Erlöser bist und mich durch dein Blut losgekauft hast (vgl. 1. Korinther 15,3; Matthäus 20,28). Ich bin mit dem Blut Christi erkauft. Mein Leben und mein Körper gehören Gott (vgl. 1. Korinther 6,19–20). Jesus, ich halte mich dir jetzt hin, heilige du mich in jeder Weise, auch in meiner Sexualität. Du forderst uns auf, dir unseren Körper als ein lebendiges Opfer darzubringen (vgl. Römer 12,1) und die Glieder unseres Körpers zu Werkzeugen deiner Gerechtigkeit hinzugeben (vgl. Römer 6,13). Das tue ich jetzt. Ich gebe dir meinen Körper, meine Sexualität (setzen Sie ein: „als Mann“ / „als Frau“) und meine sexuelle Natur hin.

Als Nächstes müssen Sie die Handlungsweisen widerrufen, durch die Sie Ihre Sexualität missbraucht haben. Je konkreter Sie diese benennen können, umso hilfreicher ist es. Ihre Sexualität wurde Ihnen von Gott gegeben, damit Sie im Rahmen des Ehebundes Freude und Vergnügen erleben. Sexuelle Aktivitäten außerhalb der Ehe können für den Betreffenden und seine Beziehungen sehr schädlich sein (vgl. 1. Korinther 6,18–20). In diesem Teil des Gebetes sollten Sie alle sexuellen Sünden bekennen und widerrufen – zum Beispiel sexuell intime Beziehungen außerhalb der Ehe. Nicht nur Geschlechtsverkehr, sondern auch andere Formen wie Masturbation oder Oralsex. Viele Menschen meinen, diese „zählten nicht wirklich als Sünden", weil sie nicht zum Verkehr führen. Doch es kam zu einer sexuellen Stimulation und zu Intimität außerhalb der Ehe. Vergessen Sie nicht, es gibt den „Geist des Gesetzes" und den „Buchstaben des Gesetzes". Es zählen nicht nur die Dinge des Körpers, sondern auch die des Herzens und des Denkens. Andere Sünden, die Sie widerrufen sollten, wären außereheliche Beziehungen, der Konsum von Pornografie und sexuelle Fantasien.

Es kann sein, dass Sie genau wissen, was Sie bekennen und widerrufen müssen. Es kann aber auch sein, dass Sie Gott bitten müssen, Ihnen die Dinge wieder in Erinnerung zu rufen. Nehmen Sie sich dazu ausreichend Zeit. Bekennen und widerrufen Sie die Ereignisse und Erinnerungen, die Ihnen ins Gedächtnis kommen. Zum Beispiel: „Herr Jesus, ich bitte dich um Vergebung für meine Sünde der Masturbation und Pornografie. Ich widerrufe diese Sünden in deinem Namen." Nachdem Sie Ihre Sünden bekannt haben – tun Sie dies, ohne verbissen nach jeder einzelnen Erinnerung zu suchen, sondern vertrauen Sie Gott, dass er Sie an alles erinnern wird –, können Sie mit dem Gebet fortfahren.

Jesus, ich bitte deinen Heiligen Geist, mir nun zu helfen, mich an meine sexuellen Sünden zu erinnern, sie zu bekennen und zu widerrufen. (Halten Sie inne, horchen Sie, erinnern Sie sich, bekennen und widerrufen Sie.) Herr Jesus, ich bitte dich um Vergebung für jede einzelne sexuelle Handlung, durch die ich gesündigt habe. Du hast uns verheißen, dass du – wenn wir unsere

Sünden bekennen – treu sein wirst und uns unsere Sünden vergeben und uns von aller Ungerechtigkeit reinigen wirst (vgl. 1. Johannes 1,9). Ich bitte dich, dass du mich jetzt von meinen sexuellen Sünden reinwäschst – meinen Körper, meine Seele, meinen Geist, mein Herz, meine Gedanken und meinen Willen. Reinige meine Sexualität. Danke, dass du mir vergibst und mich reinigst. Ich widerrufe alle Anrechte auf mein Leben oder meine Sexualität, die ich Satan durch meine sexuellen Sünden gegeben habe. Diese Ansprüche werden hiermit durch das Kreuz und das Blut Jesu Christi zerbrochen (vgl. Kolosser 2,13–15).

Als Nächstes kommt das Thema Vergebung an die Reihe. Es ist unbedingt notwendig, dass Sie sowohl sich selbst vergeben als auch denen, die Ihnen im sexuellen Bereich Schaden zugefügt haben. *Hören Sie genau zu:* Vergebung ist eine *Entscheidung.* Oft müssen wir die Entscheidung zu vergeben fällen, lange bevor uns vom *Gefühl* her danach ist. Uns ist klar, dass das schwer sein kann, doch die Freiheit, die Sie dadurch finden werden, ist diese Anstrengung wert! Vergebung bedeutet nicht zu sagen: „Es hat mir nicht wehgetan." Vergebung bedeutet nicht zu sagen: „Es war nicht so schlimm." Vergebung ist der Schritt, durch den wir einem anderen Menschen die Schuld erlassen und ihn aus aller Bitterkeit und Verurteilung freigeben. Wir übergeben diesen Menschen Gott, damit er diese Sache mit ihm ausmacht.

Herr Jesus, ich danke dir, dass du mir völlige und vollkommene Vergebung anbietest. Ich empfange jetzt diese Vergebung. Ich beschließe, denen zu vergeben, die mich sexuell verletzt haben. (Werden Sie konkret, nennen Sie die Namen dieser Menschen und vergeben Sie ihnen.) Ich entlasse sie aus der Schuld und übergebe sie dir. Ich lasse all meine Wut und meine Urteile über sie los. Komm du, Herr Jesus, in den Schmerz hinein, den sie verursacht haben, und heile mich durch deine Liebe.

Der nächste Schritt beinhaltet, die ungesunden emotionalen und geistlichen Bindungen zu zerbrechen, die durch die sexuelle Sünde zwischen Ihnen und anderen Menschen entstanden sind. Ein Grund, warum die Bibel sexuelle Sünden so ernst nimmt, besteht darin, dass sie so großen Schaden anrichten. Ein weiterer Grund besteht darin, dass sie zu Bindungen zwischen uns und anderen Menschen führen, die eigentlich für Mann und Frau in der Ehe vorbehalten sind (vgl. 1. Korinther 6,15–20). Eine der wunderbaren Auswirkungen des Kreuzes unseres Herrn Jesus Christus ist die, dass es diese ungesunden Bindungen zerbricht. „Ich aber kenne nur einen Grund zum Rühmen: das Kreuz unseres Herrn Jesus Christus. Weil er starb, starb auch diese Welt für mich, und ich bin tot für ihre Ansprüche und Forderungen" (Galater 6,14; HFA).

Ich richte jetzt das Kreuz des Herrn Jesus Christus zwischen mir und jedem Menschen auf, mit dem ich sexuell intim war. (Nennen Sie diese Personen, wenn möglich, konkret. Benennen Sie auch die Menschen, von denen Sie sexuell missbraucht wurden.) Ich breche alle sexuellen, emotionalen und geistlichen Bindungen an … (Nennen Sie die Person mit Namen, oder sagen Sie zum Beispiel „das Mädchen aus der Mittelstufe", wenn Sie sich nicht an den Namen erinnern können.) Ich richte das Kreuz Christi zwischen uns auf.

Viele Menschen leiden unter den negativen Folgen eines falschen Umgangs mit ihrer Sexualität. Solche Folgen können zum Beispiel darin bestehen, dass sie (auch nach dem Sündenbekenntnis) unter anhaltenden Schuldgefühlen leiden oder dass sie wiederholt sexuellen Versuchungen ausgesetzt sind. Eine Folge kann auch sein, dass sie sich nicht am Sex mit ihrem Ehepartner freuen können. Auch hier kann es hilfreich sein zu bekennen, was Jesus Christus für uns erworben hat. Viele Menschen erteilen dem Feind wegen des Schadens, den sie durch sexuelle Sünden erlitten haben, in unguter Weise ihre „Zustimmung" im Blick auf Sex oder ihre eigene Person oder auch im Blick auf das Mann- und Frausein. Bitten Sie Gott, Ihnen solche „Zustimmungen" zu zeigen, und brechen Sie mit diesen!

Ich widerrufe ... (benennen Sie das Problem – zum Beispiel: „die Unfähigkeit, einen Orgasmus zu erleben" oder „diese anhaltende Scham" oder „den Hass auf meinen Körper"). Ich biete die Kraft des Kreuzes und des Blutes Jesu Christi gegen diese ... (Schuld, Scham, alle Arten von negativen Folgen) auf. Herr Jesus, ich bitte dich auch, mir alle Zustimmungen zu zeigen, die ich im Blick auf die Sexualität oder dieses bestimmte Problem erteilt habe. (Ein Beispiel für eine solche Zustimmung wäre: „Ich werde immer damit zu kämpfen haben" oder „Ich habe keine Freude am Sex mehr verdient" oder „Meine Sexualität ist etwas Schmutziges". Halten Sie inne und lassen Sie Jesus solche Zustimmungen offenbaren. Brechen Sie anschließend mit ihnen.) Ich breche mit der Zustimmung ... (sprechen Sie sie aus) im Namen meines Herrn Jesus Christus und widerrufe alle Ansprüche auf mein Leben, die ich dieser Zustimmung gegeben habe.

Schließlich wird es gut sein, wenn Sie Ihre Sexualität noch einmal Jesus Christus weihen.

Herr Jesus, ich weihe nun dir in jeder Hinsicht meine Sexualität. Ich weihe dir meine sexuelle Intimität mit meinem Ehepartner. Ich bitte dich, meine Sexualität und unsere sexuelle Beziehung in jeder Hinsicht zu reinigen und zu heilen. Ich bitte dich, dass du mit deiner heilenden Gnade kommst und mich von allen Konsequenzen der sexuellen Sünde freimachst. Ich bitte dich, dass du meine Sexualität mit deiner heilsamen Liebe und Güte füllst. Stelle meine Sexualität als Ganzes wieder her. Lass mich und meinen Ehepartner all die Intimität und all das Vergnügen erleben, die du dir für Mann und Frau in der Ehe gedacht hast. All das bitte ich dich im Namen meines Herrn, Jesus Christus. Amen.

Wir könnten viele, viele Geschichten erzählen, in denen es zu erstaunlichen Erlebnissen gekommen ist, weil ein Einzelner oder ein Ehepaar ein Gebet wie dieses gesprochen hat. Nur denken Sie bitte daran – manchmal brauchen die Verletzungen und ihre Folgen lange, um zu heilen.

Wenn Sie noch keine dauerhafte Heilung erlebt haben, sollten Sie daher dieses Gebet einfach immer wieder sprechen. Sie werden sich vielleicht noch lange nach der Lektüre dieses Buches an Handlungen erinnern, die Sie bekennen müssen. Greifen Sie dann auf das Gebet zurück und bekennen Sie auch diese Sünden. Manche von Ihnen würden auch davon profitieren, einen guten christlichen Therapeuten aufzusuchen. Halten Sie fest an der Wahrheit:

Sie, Ihr Körper und Ihre Sexualität gehören zu Jesus Christus.

Er hat Ihnen ganz und gar vergeben.

Er hat Ihnen Ihre Sexualität gegeben – als etwas Ganzheitliches und Heiliges.

Er hat Ihre Sexualität dazu geschaffen, dass sie Ihnen zu einer Quelle von Intimität und Freude wird.

Jesus Christus ist gekommen, um zu suchen und zu retten, „was verloren ist" (Lukas 19,10), einschließlich all dessen, was von dem Segen verloren ging, den uns unsere Sexualität eigentlich bereiten sollte!